国家社会科学基金重点项目
"城镇化进程中农户土地退出及其实现机制研究"
（批准号：16AJY012）资助

刘同山

著

ABDICATION OF RURAL LAND-USE RIGHTS AND ITS REALIZATION MECHANISM IN THE PROCESS OF URBANIZATION IN CHINA

城镇化进程中
农村土地退出及其
实现机制

社会科学文献出版社
SOCIAL SCIENCES ACADEMIC PRESS (CHINA)

目　录

理论制度篇

序

刘同山教授的新著《城镇化进程中农村土地退出及其实现机制》即将付梓，约我作序。同山是我带的 2012 级博士生，为他作序，我当然是很乐意的，何况这是他的第一本专著。

学习经济学需要感悟，这些感悟是在大量读书和观察的基础上形成的。如果要用一个公式来表示，就是"感悟 = 读书 + 观察（包括调研）+ X"，这个 X 是什么，没有人知道，可能是个黑箱。2012 年上半年同山考上我的博士研究生，应该 9 月份入学，7 月份我接到中国科协农技中心的任务，和苑鹏研究员一起到辽宁铁岭调研农村专业技术协会，我就把他带去了。他对农村调研应该是个新手，但表现十分成熟，一点就通，连苑鹏研究员都很满意，说我招到了一个好学生。调研结束前，我在宾馆口述了调研报告写作提纲，他回来后很快完成，且基本不用修改。这个经历使苑研究员对他一直印象很好，为他毕业后到中国社会科学院农村发展研究所工作打下了伏笔。

同山在中国人民大学攻读博士学位那几年，我主要研究农民合作社问题，但在调研中发现土地流转对于合作社发展至关重要，于是开始调查土地流转问题，以至于前后几届多个博士生的学位论文写的都是土地流转问题。在调研过程中发现部分在城镇就业稳定的农民有退出土地承包经营权的意愿，当然只是个苗头，同山对经济学的感悟水平显现了出来，立即抓住了这个苗头进行深入研究，撰写了多篇质量不错的学术论文，并在此基础上形成了博士学位论文。毕业后顺利进入中国社会科学院农村发展研究所工作，又在博士学位论文的基础上成功申请国家社会科学基金课题。本书就是相关论文和课题研究成果的整合与提升。

从同山 2013 年开始研究农村土地退出问题至今，不过 6 年的时间，但当时的苗头已经发展成为一种比较普遍的经济现象，不少地方都出现了农民退出土地承包经营权、宅基地使用权甚至退出集体成员权的现象，国家也在多个地方开展了农村土地自愿有偿退出试点，越来越多的学者对这一问题展开研究。这说明同山对问题抓得准，这是做经济学研究最重要的基本功。看不准问题，就只能跟在别人后面跑，永远不可能成大气候。

在他的研究过程中，有一件事很有意义。他在宁夏平罗调查土地退出后撰写了《关于农村土地退出的调查与建议》一文，作为我主持的国家社会科学基金重点项目成果被全国哲学社会科学规划办《成果要报》（2016 年 2 月 15 日）采用后，据说得到了当时国务院领导的批示，中央农办和国土资源部都给我打电话询问情况，表示要到平罗县深入调研。这件事同样说明同山对经济学问题的敏锐性。

关于本书的内容，读者可以自己阅读，无需我在此花费笔墨。我要说明的是，从中国城镇化的大背景看，农村土地承包经营权、宅基地使用权以及集体成员权的退出，是一个必然现象。按照中共十九大的规划，中国将在 2035 年基本实现现代化，农业农村当然也要实现现代化，那时的城镇化率至少 70%，相当一部分农民将会成为市民，退出农村土地就会成为必然的选择。因此研究农村土地退出问题，意义十分重大。当然，在不同时期，农民退出农村土地以及集体成员权需要什么条件，需要学者进行广泛而深入的研究，以供决策部门制定政策时参考。从这个角度看，同山选择的这个领域具有长期研究价值。

同山到南京林业大学工作已经一年有余了。江苏地处长江三角洲，是中国经济最发达的地区之一，应该也是世界经济最发达的地区之一，会较早面临城镇化带来的农业转型与农村土地退出问题。在这样的地区就近研究农村土地承包经营权、宅基地使用权以及集体成员权的退出和其他农业经济学问题，能够为全国其他地区提供先行经验，因此有独特的理论意义和实践价值。我希望同山能够在教学之余继续深入调研，掌握大量第一手资料，发表更多更好的成果，这是作为老师最希望看到的。

是为序。

2020 年 2 月 2 日，时新冠肺炎疫情肆虐

导　论
城乡时代大变革呼唤农村土地退出

一　问题的提出

当前，中国正在经历城乡时代大变革。一方面是大量农村人口持续向城镇迁移，另一方面是传统农业加快向现代农业转型。农村人口向城镇迁移要求财富的相应流动，现代农业发展则需要适度规模和稳定的土地使用权。由于土地的不可移动性，城镇化必然伴随着进城农民与农村土地的"人地分离"，并引起农村土地资源在剩余农村人口中的再配置。

考虑到农民需求和城镇化、农业现代化需要，2015 年 10 月中共十八届五中全会通过的《关于制定国民经济和社会发展第十三个五年规划的建议》要求，"维护进城落户农民土地承包权、宅基地使用权、集体收益分配权，支持引导其依法自愿有偿转让上述权益"。此后，中共中央、国务院对进城落户农民农村土地承包权、宅基地使用权依法自愿有偿转让做出了部署。比如，2016 年、2017 年和 2018 年中央"一号文件"多次提出，支持引导进城落户农民依法自愿有偿转让土地承包权、宅基地使用权；2016 年国务院印发的《关于实施支持农业转移人口市民化若干财政政策的通知》《全国农业现代化规划（2016－2020 年）》两个文件分别要求，"要通过健全农村产权流转交易市场，逐步建立进城落户农民在农村的相关权益退出机制""在有条件的地方稳妥推进进城落户农民土地承包权有偿退出试点"。

近年来,一些农村改革试验区开始试点探索进城落户农民的农村承包地、宅基地自愿有偿退出工作。农村土地退出成为农村改革的前沿热点领域。所谓农村土地退出,是指城镇化进程中农户让渡农村土地承包经营权、宅基地使用权等土地权利的一种自主选择行为。与农村土地所有权、承包权、经营权"三权分置"下的土地经营权出租①一般时间较短、稳定性较差且具有很强的可逆性不同,农村土地退出是更为充分且彻底的农村土地权利转移。

然而,现有农村土地退出,主要以保障农民土地财产权利、支持农业转移人口市民化为出发点,较少考虑农业转型和农村土地优化配置。再加上受"土地是农民的命根子""农民不能失地"等固有观念的影响,社会各界对实施农村土地退出的必要性、重要性和紧迫性认识不足。

一些人认为,"土地是农民的命根子",是农民的生存保障,因此政策安排应当避免"农民失地",所以他们不赞成让农民退出土地。上述观点存在两个问题:一是在农民与农村土地配置方面,忽视了城镇化进程中农户分化这一社会现实,没能考虑"谁是农民"和不同类型农户的差别化土地需求;二是在农村土地的保障作用方面,仅笼统地强调要发挥农村土地的保障作用,没能进一步思考农村土地是否能够提供生存保障。

"谁是农民"?在城乡壁垒已经打破、户籍改革基本完成、农村人口"离农、进城"的大背景下,不是户籍在农村或拥有承包地的人就是农民。从国内外实践发展看,"农民"终将从身份概念转变成为一种职业概念,只有收入主要来自农业经营或者说"以农为业"者,才是农民。将收入完全来自非农领域、常年在城市工作和生活的人称为"农民"②,显

---

① 按照中国现有的政策,对于农村宅基地来讲,则是所有权、资格权、使用权的"三权分置"。为方便论述,以下内容主要考虑农村承包地。

② 农业农村部《中国农村经营管理统计年报(2018年)》的数据显示,2018年,有7.9%的农户,拥有承包地却未经营农业。我们2018年对黄淮海农区1026户农户的调查发现,10.74%的农户完全没有农业收入。

然不合适。农户分化已经成为当前中国农村的一个突出现象（王春光等，2018），农户兼业甚至离农、进城情况普遍。分化形成的不同类型农户有差别化的土地需求。一些有志于发展现代农业的家庭农场、专业大户愿意支付一些费用，获得更多土地；也有一些"离农、进城"农户想要退出农村土地。

农村土地能够提供生存保障吗？习近平总书记在 2013 年中央农村工作会议上讲话时指出，"种粮比较效益越来越低，种一亩粮的收入还比不上打几天工"。再加上生活费用持续上涨，单靠几亩承包地，难以保障农民的基本生活。而且，不少进城"农民"① 已经拥有城镇职工养老保险，他们可能也不再需要以农村土地作为保障。

土地不是农民的"命根子"，却是农业之基。多达 41.05% 的农户，农业收入占比不到家庭总收入的 5%。② 他们不关心土地产出、不在意农业收入，因此对土地惰耕，甚至弃耕撂荒。③ 然而，对耕地资源高度紧张④的中国农业来讲，应对"洋粮入市、国粮入库"的国际农产品竞争压力，提高土地产出率和农业经营效益，需要优化农村土地配置。农村土地制度安排，不能继续像以往那样强调农村土地对于农民的福利保障作用，在"按人均分"的基础上将使用权固化，而要注重现代农业发展的需要。全球化时代，超小规模的农业不具有国际竞争力。因此，"土地流转和多种形式规模经营，是发展现代农业的必由之路，也是农村改革的基本方

---

① 二轮承包以来的 20 余年间，大量农村人口迁移至城市成为市民。但是在"增人不增地、减人不减地"的政策安排下，他们依旧拥有农村承包地，因而仍然是一些人认为的"农民"。

② 全国农村固定观察点对全国 31 个省份 2 万余农户的跟踪调查数据显示，2016 年，农业收入占比不到 5% 的农户（实际是离农户）比例已经高达 41.05%。

③ 我们的调查和权威媒体报道都表明，由于务农比较效益低，当前耕地撂荒现象多发，并有从山区、丘陵地带向平原蔓延的趋势。

④ 根据世界银行的数据，2015 年，中国的人均耕地面积只有 0.087 公顷，在全球 190 余个国家中排名 129 位，虽然高于日本（0.033 公顷）、韩国（0.029 公顷），却远低于世界平均水平（0.194 公顷）。再加上由于农村人口数量仍然庞大，中国农业劳动力人均耕地面积只有 0.775 公顷，不仅远低于人均耕地较多的欧美国家，还明显低于人均耕地更少的日本（1.743 公顷）和韩国（1.029 公顷）。

向"（习近平，2019）。

从农业农村发展方面看，如果农民"离农、进城"却不能退出农村土地，会造成"不在所有（absentee ownership）"（Schultz，1964），形成新时期的"不在地主（absentee landlord）"（费孝通，2007；郭熙保，2014）。"不在地主"收取的农地租金，实质是城镇对农村财富的掠夺（费孝通，2007）。在"城市像欧洲、农村像非洲"（习近平，2015）的隐喻下，继续从相对落后的农村地区汲取收入较低的农民的财富补贴城镇居民，既不符合国家的大政方针，也有失社会公平公正。不仅如此，Schultz（1964）在《改造传统农业》一书中已经详细论证，"不在所有"会造成农业经营效率损失。

理论上看，如果"离农、进城"农户有退出农村土地的意愿，却由于制度、市场等方面的原因难以退出，作为同一枚硬币的两面，也就意味着有志于现代农业、想扩大经营规模的农户难以获得合意规模和产权形式的土地，这会出现农地资源错配。资源错配或称资源的不当配置会造成效率损失。正如 North 和 Thomas（1973）在《西方世界的兴起》一书中所指出的："不能自由转让土地和牢牢限制劳动的移动明显地妨碍着资源的有效配置。有效率的农民不能随意获得更多的土地，无效率的农民不能随意处置他的某些土地，这种情况通常都会降低农业的总效率。"

然而遗憾的是，现有关于中国农村土地流转或称农村土地优化配置及其影响的实证研究，主要集中在土地经营权租赁（这会形成"不在地主"）方面，关于农村土地承包权退出的研究非常缺乏。不多的农村土地退出研究文献，也主要是考察农民的农村土地退出意愿及其影响因素，或分析农村改革试验区的农村土地退出案例，很少关注"退出不畅"或者说农地资源错配造成的农业效率损失。这导致社会各界对中国实施农村土地退出的重要性、紧迫性认识不足。

城镇化本质上是人口、土地、资金等资源要素在地理空间的整合与优化。引导"离农、进城"农民退出农村土地、优化农村土地配置，是很多国家在城镇化和农业转型过程中普遍面临的问题。比如，20 世纪 60 年代以来，法国、日本曾采取了不少措施，甚至出台了专门的法律，推动"离农、进城"农户或者老年农民退出农村土地，同时支持青年农民获得更多土地，以此来促进农业规模经营和现代农业发展。近年来，中国也有越来越多的农村改革试验区开展农村土地退出试点，并取得了一些可复制、可推广的经验。不过，学界对当前农村土地退出试点改革经验的总结明显不够，而且也未能在集成现有改革经验的基础上，提出能够在更大范围内推行的改革方案。

总之，正如习近平总书记2016年4月在安徽小岗村主持召开的座谈会上指出，"新形势下深化农村改革，主线仍然是处理好农民和土地的关系"。如何配置和利用农村土地，不仅关系到农民福利，而且决定着农业发展。在城镇化进程中，从农村人口迁移和农业转型发展的角度，重新审视农民、土地、农业的关系，论证为"离农、进城"农户提供农村土地退出通道、优化农村土地配置的重要性和紧迫性，总结改革试验区的创新做法和国外经验，进而提出加快农村土地和农业农村人口优化配置的政策建议与实施方案，无疑有重要理论价值和现实意义。

二　研究目标及内容

（一）研究目标

本书的研究目标主要有三个。

一是让社会各界更好地认识到，分化形成的不同类型农户有差别化的土地需求，农村土地政策应当分层分类看待农民群体，摒弃"农民不能失地"的传统观念，为"离农、进城"农民提供自愿有偿退出农村土地的制度通道，是提高农村土地利用效率、保障农民财产权利的内在要求。

二是厘清"离农、进城"农户低效率利用甚至撂荒（闲置）农村土地的实际状况，测算农村土地"退出不畅"对"粮食增产""农民增收"的负面影响，促使政界、学界对城乡时代大变革中的农民、土地、农业关系进行再思考，进而推动农村土地制度的政策目标，从强调农民福利向重点关注农业发展转变。

三是基于农民需求和农业发展需要，结合国内农村土地退出的创新实践和国际转型期优化农村土地配置的经验，提出一个打通有利于农民进城和农业转型的"人地"资源优化配置政策建议与改革方案，加快实现"人尽其才、地尽其利"，以提高农业经营效率、农业经营者收入和农产品国际竞争力，保障国家粮食安全。

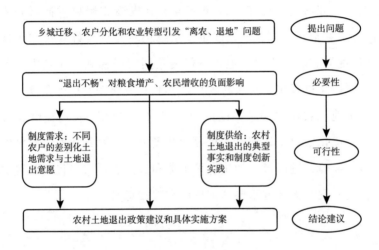

图 1　全书逻辑框架

（二）研究内容

为了完成上述研究目标，本书坚持理论研究和经验研究相统一、实证分析与规范分析相结合的原则和思路，主要从以下三个方面展开研究。

首先，在理论分析城镇化进程中农户分化、农业转型导致农民有差别化的农村土地需求的基础上，探究一些农户"离农、进城、退地"而另一些农民则想扩大农业经营规模的驱动力，进而厘清当前农村承包地、宅基地制度的改革进展与面临的挑战，以及农业农村改革发展面临的一些障碍，亦即本书第一篇。

其次，基于大样本农户一手调查数据，考察农民的农村承包地、宅基地退出意愿，并分析农村土地退出意愿的影响因素，进而测算农村土地"退出不畅"对"粮食增产""农民增收"的影响，并对当前的土地制度安排能否促进"离农、退地"以避免产生新时期"不在地主"进行思考，上述内容构成本书第二篇。

最后，总结了中国农村改革试验区农村承包地、宅基地退出的创新探索，以及法国、日本在农业转型期推动农村土地优化配置的经验做法，亦即本书第三篇。

在上述研究内容的基础上，本书得出结论"农村土地再配置促进农民进城、农业增效"，提出了调整农村土地政策目标、消除农村土地"供求错配、空间错位"、实现"人尽其才、地尽其利"的政策建议和一个政府主导下的以"收储—整理—转让"为核心特征的农村土地退出实施方案。

三　方法与数据资料

（一）研究方法

本书主要采用三种研究方法。

一是使用文献分析和数理分析法。一方面从理论上论证城镇化进程中为什么需要允许部分农民退出农村土地，如何才能实现农村土地的优化配置；另一方面从实践上分析中国农村土地制度改革进展及存在的问题，以及农业农村转型发展面临的阶段挑战。

二是利用统计分析和计量分析法。一方面基于黄淮海农区大样本农户一手调查数据，使用 MvProbit、BiProbit 或 Logistic 模型，考察农民的农村承包地、宅基地退出意愿及其影响因素；另一方面，以粮食（小麦）亩均产量、农地亩均收益为被解释变量，以农民从承包地退出（进入）意愿作为关键解释变量，选择合适的工具变量（Instrumental Variable，IV）后采用处理效应模型（Treatment Effect Model，TEM）、内生转换回归

（Endogenous Switching Regression，ESR）模型及加权最小二乘法（Weighted Least Squares，WLS），测度承包地"退出不畅"或说农地资源错配造成的"粮食增产""农民增收"损失。

三是采用多案例分析法。剖析国内农村改革试验区开展农村承包地、宅基地退出的创新实践，以及法国、日本等国在农业转型期优化农村土地配置的经验做法，论证农村土地退出的现实可行性，为推进农村土地退出、改革农村土地制度提供决策支持。

（二）数据说明

因农村土地退出是一个前沿热点领域，已有的中国家庭追踪调查（CFPS）、中国居民收入调查数据库（CHIPS）、中国劳动力动态调查（CLDS）、全国农村固定观察点等大样本数据库相关指标很少，所以本书使用的数据，主要是笔者组织实施的三次农户问卷调查获得的一手数据。

第一次是2014年7~9月在河北、山东、河南3省9县（市、区）开展的农户问卷调查（简称2014冀鲁豫三省农户调查）。之所以在上述区域开展此次农户调查，是考虑到农作模式的相似性、数据获取的经济性和便利性。具体来看，此次调查区域为：河北省清河县、南宫县、巨鹿县，河南省的新密市、沁阳市、正阳县和山东省菏泽市牡丹区、郓城县、鄄城县。

样本主要分布在冀南、豫北和鲁西南三个地区，农作模式基本相同，都是一年两熟，一般是冬小麦和夏玉米轮作。几乎所有农户都种植冬小麦，个别农户会在小麦收获后种植大豆、棉花、蔬菜等。在确定县（市、区）之后，为了得到更具说服力的调查数据，课题组采取二阶段抽样方法，首先是在每个指定县（市、区）抽取5个村庄，然后根据村庄规模，每个村庄随机选择15~20个农户作为调查样本。选择农户样本后，由调查员入户完成调查问卷。

调查员主要由中国人民大学、华南农业大学四位参加问卷设计、预调研的农业经济学博士生和硕士生担任，河南农业大学经济管理学院的一些本科生参与了河南的调查。调查不仅考察农地经营和农业生产情况、不同方式下受访者的农村承包地退出意愿，还询问了农户的家庭特征、土地禀赋以及家庭成员非农就业情况。调查时，调查员主要询问户主或家里的主事人。本次调查共得到有效问卷 779 份，其中，由中国人民大学和华南农业大学四位农业经济学研究生完成的样本为 620 份。

第二次是 2018 年 1~3 月春节前后、农民工返乡期间在黄淮海农区 6 省（市）20 县（市、区）开展的农户问卷调查（简称 2018 年黄淮海农区农户调查）。考虑到大部分农民尤其是青年农民进城务工很少在村，为减少抽样偏差，本次调查特意选择春节前后、年轻农民返乡期间。黄淮海农区是中国九个农区中最大的一个，也是全国人地关系最紧张的地区之一，包括山东、天津、北京全部，河南、河北大部和江苏、安徽北部。黄淮海农区是全国小麦主产区，小麦产量占全国小麦总产量的一半以上。黄淮海农区大部分地区的农作物一年两熟，农作模式主要是小麦、玉米轮作，一般在 5 月底收获小麦，10 月初收获玉米。区域南部一些地方是小麦、稻谷轮作。近年来随着农业种植结构调整，黄淮海农区不少农户调减粮食作物种植面积，将农地用于蔬菜、果品及其他经济作物种植。

针对 2014 年冀鲁豫三省农户调查主要基于"方便抽样"原则，导致样本县（市、区）分布较为集中，再加上样本量较少，可能存在代表性不够、说服力不强等问题，2018 年黄淮海农区农户调查，在国家社会科学基金重点项目"城镇化进程中农户土地退出及其实现机制研究（批准号：16AJY012）"的资助下，采取了两阶段随机抽样方式。

首先，在黄淮海农区 318 个县（市、区）中随机抽取 20 个，并对其中 3 个进行调整以平衡样本的空间分布，最终样本县（市、区）山东、河南、河北各 5 个，安徽、江苏各 2 个，天津 1 个。具体省（市）、县（市、区）如下：江苏的邳州市、沭阳县；山东的平度县、东平县、鄄城县、成武县、莒南县；河南的建安区、襄城县、太康县、内黄县、温县；河北的肥乡县、隆尧县、迁西县、黄骅市、清苑区；安徽的利辛县、阜南县；天津的宁河区。

其次，在每个样本县（市、区）随机抽取2个乡镇、每个乡镇2个村、每个村选择15户左右的农户。调查由接受培训后的10位调查员入户与户主或家里的主事人一对一访谈完成。由于农村土地退出是农户层面的决策，因此访谈时鼓励其他家庭成员就某些农户层面的问题进行补充和参与讨论。但是，非受访家庭的成员不得在场，以免干扰受访人或其家庭的农村土地退出意愿等，造成样本污染。除笔者本人外，调查员主要是来自中国农业大学经济管理学院、人文与发展学院的农业经济管理或农村发展专业的博士生、硕士生。本次调查共得到1026份有效问卷。本书实证部分主要使用这次调查获得的农户数据。

第三次是2019年7~8月在江苏、山东、安徽3省15县（市、区）开展的农户问卷调查（简称2019苏鲁皖三省农户调查）。这次调查是对2018年农户调查的补充，目的主要有两个。一是增加有闲置宅基地的农户样本。虽然2018年黄淮海农区农户调查，区分了农户家里是否有闲置宅基地（2014年冀鲁豫三省农户调查没有区分农户家里是否有闲置宅基地，对农民宅基地退出意愿的考察过于笼统），但是只得到了164户家里有闲置宅基地的农户样本，样本量偏少。二是增加关于农户耕地撂荒的信息。2018年黄淮海农区调查主要是在平原地区，抛荒较少。这两年山区、丘陵地带的撂荒现象开始增多，并有向平原地区蔓延的趋势。撂荒是农民农村承包地退出意愿的行动表达。农村土地退出研究需要关注土地撂荒现象。

本次调查采取了与2018年调查相似的方式，调查员主要由中国人民大学农业与农村发展学院、南京林业大学经济管理学院农业经济管理专业的博士生、硕士生担任。具体样本县（市、区）如下：江苏省的洪泽区、阜宁县、邳州市和泰兴市；山东省的莘县、莒南县、无棣县、临朐县、滕州市和牡丹区；安徽省的金安区、临泉县、埇桥区、祁门县和凤阳县。本次调查共得到935份有效问卷。

（三）资料来源

除了需要大样本农户调查数据，用来分析农民的土地退出意愿和测算

"退出不畅"造成的损失外，本书还总结了多个农村改革试验区农村土地退出的创新探索和法国、日本推动农村土地优化利用的经验做法。

国内农村改革试验区农村承包地、宅基地退出试点的相关材料，绝大部分是笔者本人近几年实地调查获得的。自 2016 年以来，笔者一直担任全国农村改革试验区评估验收专家，因评估验收工作的需要，与承担农村承包地、宅基地退出改革试点任务的试验区有密切的工作联系和良好的信任关系，故在获取农村土地退出案例材料时，获得了相关农村改革试验区的支持。另外，设在农业农村部的全国农村改革试验区办公室也向笔者提供了一些地方实施农村土地退出改革的经验材料。

法国转型期农村土地"收买—整理—转卖"的相关材料，是笔者根据公开出版的有关文献和英文网站资料整理所得。日本转型期政府管控下"进退联动"实现农村土地优化利用的相关材料，是笔者根据中国社会科学院农村发展研究所曹斌副研究员翻译提供的日文文献和日本农林水产省官方数据，加工整理所得。

此外的各种相关资料，书中注明了来源出处，这里不再一一说明。

理论制度篇

第一章
农户分化及其差别化土地需求

劳动者是社会生产力中最活跃、最重要的要素。了解目标人群是制定公共政策最先遇到也是最基本的问题。在城镇化持续推进的时代背景下，制定农村政策、推动农业转型发展，需要认清小农户将大量减少的历史趋势，立足农户分化的社会现实，考虑不同类型农户的差别化农村土地需求。

一 关于小农户历史走向的争论

（一）何谓小农户

迄今为止，学术界尚未就小农户或小农①的概念达成共识。但是以往对小农的定义和研究主要从小农生产的客体（包括土地等生产资料，即广义的生产对象）、小农生产的主体（即小农自身的发展）以及两者结合三种角度展开。从小农生产的客体角度来看，在国际上具有权威性的《不列颠百科全书》把"农民"（Peasant）界定为"耕种土地的小土地所有者或农业劳工"。《中国大百科全书》把小农定义为，"建立在生产资料私有制的基础上，从事小规模耕作的个体农民"。世界银行（World Bank，2007）进一步具体化，将土地经营规模在 30 亩以下的农户界定为小农或

---

① 为方便与经典文献对话，本文对小农、小农户或普通农户未做区分。小农亦即小农户，或者中国当前情形下与专业大户、家庭农场相对应的普通农户。

小农户（smallholders）。从小农生产的主体角度来看，以舒尔茨（Schultz）为代表的形式小农学派主张，经济理性是小农在配置农业生产资料、进行经济社会交往和参与集体行动时的本质特征，小农的首要追求是通过计算成本和收益实现个人或家庭的福利最大化。而以恰亚诺夫、斯科特为代表的实体小农学派则强调，小农从事农业种植和经济活动的主要目的是满足家庭生计需求，与赢利动机相比，农民更看重生存安全、风险规避和道义伦理。黄宗智（2000）在对"满铁"等历史资料研究后指出，中国华北的小农既是理性的，也是生存型的，并且受到剥削，是一个具有多种特征的综合体。

与前述定义主要依据土地经营规模来界定小农不同，恩格斯在界定小农时，将小农生产的主体角度和客体角度结合起来，同时强调土地经营规模和农民家庭生活的可持续性。他在《法德农民问题》中指出，"我们这里所说的小农，是指小块土地的所有者或租佃者——尤其是所有者，这块土地既不大于他以自己全家的力量通常所能耕种的限度，也不小于足以养活他的家口的限度"。徐勇、邓大才（2006）从新时期中国承包农户的家庭生产、生活两个方面考虑，提出社会化小农的概念。所谓社会化小农，是指生产、生活社会化程度比较高的小规模经营农户，或者说是经营规模较小但与外部世界交往密切、融入现代市场经济、社会化程度比较高的农户。

结合考虑农业生产和农民生活，可以从两个方面对中国小农加以界定。一是农户承包经营的土地规模。比如借鉴世界银行的做法，将经营耕地面积小于一定规模的农户认定为小农。当然，具体标准应根据不同地区人地关系紧张程度适当调整。以土地规模来界定小农，与前期的有关政策兼容性强，而且操作上比较简单。二是承包农户的农业收入。从城乡一体化发展的大趋势看，农民将日益成为一种职业概念，而不再是身份概念，因此农民从事农业应当获得与从事其他行业相近的收入。按照这一标准，小农是指单纯依靠农业经营无法获得与城镇居民大致相同收入的农户。为了追求更多收入，他们有兼业的需要或者扩大经营规模的动力。前者相对静态，后者则考虑了小农生产和生活的动态可持续，两个界定标准都具有较强的可操作性。

（二）小农消亡论

马克思主义者认为小农终将消亡。马克思（2004）在《资本论》中指出，资本主义生产的发展，使农村产生了一个"以种地为副业，而以工业劳动为主业，把产品直接或通过商人卖给手工工场"的小农阶级，而且小块土地所有制既是小农生产方式充分发展的必要条件，"也是农业本身发展的一个必要过渡阶段，这种土地所有权灭亡的原因表明了它的限度"。"大工业在农业领域内所起的最革命的作用，就是消灭旧社会的堡垒——'农民'，并代之以雇佣工人"。列宁（1984）也认为，"从根本上对整个农业实行资本主义改造的过程，必须把农民变成雇佣工人，并且使农村人口大量流入城市。阻止这个过程的企图是反动的和有害的，在现代社会中无论这个过程的后果多么严重，然而阻止这个过程的后果就更严重，将会使劳动人民陷入更加无望的绝境"。毛泽东（1991）亦强调，"在农民群众方面，中国几千年来都是个体经济，一家一户就是一个生产单位，这种分散的个体生产就是封建统治的经济基础，而使农民自己陷于永远的穷苦"。邓小平指出，"要提高机械化程度，利用科学技术发展成果，一家一户是做不到的。特别是高科技成果的应用，有的要超过村的界线，甚至超过区的界线。仅靠双手劳动，仅是一家一户的耕作，不向集体化集约化经济发展，农业现代化的实现是不可能的"（中共中央文献研究室，2004）。

与马克思主义者的观点相似，当前国内政界和学界多认为中国"三农"问题的根源在于农户数量过多、经营规模过小。承包农户小规模分散经营造成劳动生产率不高，市场和国际竞争力低下，导致绝大多数农户农场规模维持在社会基本生活水平的经济底线之下（何秀荣，2016）。因此发展现代农业，应扩大农业经营规模、减少小农户数量。这就需要通过工业化、城镇化的过程，逐步把农村劳动力转移到非农产业和城市中，使留在农村的经营主体能够获得更多生产资料，逐步扩大经营规模（陈锡文，2010a）。

早在十多年前，蔡昉、王德文（2005）就指出，如果不减少农民数量，仅试图通过农业产业本身来增加农民收入，潜力已经不大。邓英淘（2013）也认为，中国的"三农"问题之所以难以解决，主要是农民数量太多。如果把一半的农民转变为城镇居民，中国的"三农"问题也就容易解决了。同时，必须彻底打破小农经济所固有的孤立、分散、规模小、排斥资本聚集和现代科技应用的内生机制，重新塑造现代农业的经营主体。这是一个绕不过去的历史问题，早解决、早主动（张新光，2008）。

（三）小农美好论

有学者认为，"马克思主义经典作家关于小农的论断有失偏颇"，"法国、前西德和日本基本上是在小农遍地的情况下实现了农业现代化"，"荷兰、韩国和中国台湾也是在'小农遍天下'的情况下实现农业产业化和现代化的典范"（李尚勇，2017）。也有一些学者坚持认为中国小农生产"小而精"，具有更高的效率，就目前的国情、农情而言，小农经济的农业生产模式不仅是当前农业经营的基础和主流，而且应该成为未来长期坚持的主动选择（贺雪峰、印子，2015）。大量农户在小规模土地上经营，使农业农村可以充当富余劳动力的"蓄水池"和经济资本化进程的"稳定器"，因此要维持中国的小农生产结构，并对弱势的小农进行保护（贺雪峰，2009；温铁军，2011）。

有学者通过历史研究和横向比较，认为小农生产一直在中国农业发展中具备竞争优势。比如黄宗智（2012）认为，无论是过去的"农业＋副业"组合，还是今天的"农业＋非农业"，小农生产都展示出规模化雇工农场所不具备的竞争力，是中国之所以能实现"没有无产化的资本化"的关键，因此当前亟须解决的问题是怎样保护面对大商业资本时小农的利益。姚洋（2017）借用中国著名经济史学者李伯重的观点，指出直到清代，以小农经济为代表的中国农业仍然是世界上最发达的，清代中国农业代表了全世界农业文明的顶峰，而且日本粮食的单位面积产量高于美国，跟日本小农经济有直接关系。姚洋认为，小农经济有两个优势——一是培养了众多有经济头脑、有管理才能、有企业家精神的人才；二是在工业化进程中不会形成城市流民，实现"无剥夺的积累"，因此小农生产并没有过时。中国的农业现代化必须是以小农经营为主的现代化，小农经营格局是中国农业的长期选择（贺雪峰，2015a）。

总之，小农美好论者认为，小农生产在农业发展中具备竞争优势，小农阶级不仅不是历史的残存，反而是社会发展不可缺少的一部分，一个有小农存在的世界要比没有小农的更美好（范德普勒格，2016）。

（四）对两类观点的评论

从国内外的发展经验看，城镇化、工业化的过程本身就是一个减少小规模土地经营者的过程，马克思主义者的论断符合历史发展趋势。当然也要看到，中国传统承包农户有其经济和社会价值，比如抵御城镇化风险、降低农民的生活成本等。就此而言，小农有其美好的一面。正如小农美好论者所强调的，小农经济有强大的生命力，即使是早已完成城镇化的日本、荷兰等国，也依然存在相当数量的小农。

不过，以日本为例，论证小农经济优越性存在三个问题。一是2016年日本的城镇化率已经高达93.93%，[①] 农户总数量只有201.2万户，[②] 农村人口占国民总人口的比重远低于中国。二是日本已经不是以小农经营者为主。尽管2015年日本全国耕地面积比1985年减少了33.0%（从456.7万公顷减少到306.2万公顷），但农户数量的大幅减少，使农业经营者的人均耕地面积仍有明显增加。2015年，占日本全国农户数量61.7%的销售农户户均耕地面积从1985年的1.33公顷增加到了2.19公顷，增长了64.7%，很难再说日本是小农经济。三是近三十年来日本的农户数量，尤其是兼业农户的数量已经大幅减少。2015年，全日本的兼业农户比1985年的422.9

---

① World Bank：*All Countries and Economies Rural Population*，世界银行统计数据库，http://data. worldbank. org/indicator/SP. RUR. TOTL. ZS。

② 201.2万户是根据2015年的城镇化率93.5%和农户数215.5万户，结合2016年的城镇化率93.93%推算出。

万户减少了 207.4 万户，其中一兼农户减少 59.4 万户，二兼农户减少 133.6 万户。[①] 可见，日本农村人口比例、户均耕地面积等与中国的有较大差异，照搬日本经验未必能够实现中国小农现代化的美好理想。

另据范德普勒格（2016）的描述，荷兰的大多数农场主将他们所从事的工作称为自己的爱好。实际上，将从事农业作为一种爱好或生活方式，只能是经济社会发展到一定阶段后的产物。荷兰是发达国家，2016 年其人均名义 GDP 高达 45301 美元，农村人口比例只有 8.97%。而同期中国的人均名义 GDP 只有 8866 美元，农村人口比例则高达 42.65%。[②] 显然，经济水平和发展阶段的差异决定了中国在对待小农时，不能套用荷兰的模式。对荷兰"新小农阶级"的研究，虽有助于洞察农民群体的长期演进趋势，但不宜作为当下中国制定小农政策的依据。

另外，以明清时期中国小农具有优势强调当前中国小农经济的优越性也不具说服力。毕竟，以往的成功不等于以后的成功，历史的场景已经发生了根本性的转换，宏观经济环境的截然不同决定了当前的小农绝非历史上的小农（曹阳、王春超，2009）。

中国的农民数量太多，是"三农"问题难以解决的根本原因。当前中国的农村人口比例仍然高达 40%，而农业 GDP 占全国 GDP 的比重不足 8%。如此多的人口分配不到 8% 的财富增加值，显然难以让农民实现普遍富裕。小农生产中务农的净收入总量微少，导致农业成为家庭补充收入，农业被边缘化，农民对农业失去了指望，也就没有了改善农业的动力，地只是"凑合着"种，不会再尽心尽力地"绣地球"（何秀荣，2016）。而且，工业化、城镇化进程中，农业在整个国民经济中的比重将进一步减小。欧美、日韩等发达国家的农业 GDP 占比已经降低至 1% 左右。正因如此，杜润生（2009）才反复强调"减少农民，才能富裕农民"。

---

① 日本農林水産省：《日本农林业普查》，日本总务省统计局数据库，http://e - stat. go. jp/ SG2/eStatFlex/help/help. html? hid = 71。

② World Bank：*All Countries and Economies Rural Population*，世界银行统计数据库，http:// data. worldbank. org/indicator/SP. RUR. TOTL. ZS。

面对日益衰亡和破产的小农，学术界不应高唱"小农经济仍富有生命力的挽歌"，政府的决策也不应"延长小农求生不能求死不得的状况"（张新光，2011）。如果基于浪漫主义的"小农理想"照搬国外经验或制定有关政策，可能会耽误中国农业发展（党国英，2016）。

二 农户分化、"谁是农民"与农民职业化

（一）城镇化推动的农户分化

姑且不谈小农户历史前景的理论之争。就现实而言，中国的工业化、城镇化对农户有两个方面的显著影响。一方面是农业从业者迅速减少。国家统计局的数据显示，2018年底，第一产业就业人员数为20258万人（占就业人员的比重为26.11%），比1995年底的35529.53万人（占就业人员的比重为52.20%）有了大幅的减少。另一方面是农户严重分层分化。与改革之初大部分农户"一穷二白、在温饱线附近挣扎"不同，近年来随着农村改革的深化和城乡经济社会的发展，中国小农户群体已经严重分层分化（刘洪仁、杨学成，2005）。因为农户分化以及分化形成的不同类型农户的差别化土地需求，是本书研究的逻辑起点，所以接下来将重点对农户分化展开分析。

早在20世纪80年代，中国的农民已经分化为农业劳动者、农民工、雇工、农民知识分子、个体户、私营企业主、乡镇企业管理者和农村管理者八大阶层（陆学艺、张厚义，1990）。20世纪末以来，随着城乡二元体制被打破，越来越多的农民为了追求更好的生活而向城镇迁移。城乡经济社会一体化加快和农民从乡村向城镇迁移，放大了农户家庭资源禀赋差异，推动了农户的分层分化，最终在农村产生了经济特征、社会特征明显不同的农户。陈春生（2007）以农户演变逻辑与演变路径、方向为基础，同时考虑经济与资金特征，把农户划分为5种类型：传统农户、专业种植（养殖）户、经营与服务性农户、半工半农型兼业农户、非农农户。王春

光等（2018）利用 CSS 2008～2015 年的数据研究发现，农民已经分化为村干部、企业主、个体户、打工者、兼业务农者、纯务农者和无业者七大类群体，而且纯务农者比例逐年减小，兼业务农群体不断扩大。相当多的小农户已经不是传统意义上的小农户。乌东峰和李思维（2013）把当前分化而成的异质性农户归结为三个层次：仅能糊口满足基本温饱需求的"生存理性阶层"、温饱不成问题但是处于"货币焦虑"谋求非农收入的"拐杖经济阶层"、初步完成资本积累开始雇用其他农户进行生产的"雇工经营阶层"。但更多的学者，依据农户家庭收入中农业收入的占比情况，把农户分为纯农户（专业农户）、兼业农户和非农户（或称离农户）三类，或者更进一步，把兼业农户分为一兼农户和二兼农户（张琛等，2019）。

关于分化的原因，恰亚诺夫（1996）曾在《农民经济组织》一书中指出，在传统农村社会尤其是在土地资源比较富裕的俄国，20 世纪初造成农户分化的主要原因是人口因素，而不是市场条件、价格水平、土地稀缺等经济因素。而且他认为农户会根据"劳动人口/消费人口"来调整家庭农场的经济活动，因此农户分化具有周期循环性。但是，恰亚诺夫的判断主要适用于人口流动性较小、市场不发达的传统农业社会。随着大部分计划经济国家向市场化国家转轨、传统农业向现代农业转型，除人口因素外，市场因素日益成为农户分化的重要推动力。比如，Bhattacharyya（2001）研究发现，20 世纪后期亚洲和东欧一些国家"土地均分"式农业改革，使经济因素成为农户分化的关键因素。张琛等（2019）则认为，农户分化受到农业现代化发展中的农业资本有机构成变化、城镇化快速发展、农业产业内部结构变化和农村就业结构变化等四方面的促进或拉动。

无论如何，农户分化已经成为当前中国农村经济社会转型中出现的一个突出现象。国家统计局数据显示，2017 年全国农民工数量为 2.86 亿人，基本上每个农民家庭都有人外出打工。从职业及收入来源看，小农户呈现明显的阶层差异（万能、原新，2009）。农业农村部全国农村固定观察点对 31 个省份 355 个县 2.2 万农户的监测数据显示，2016 年，仅有12.75% 的农户农业收入多于非农收入；非农收入占比超过八成的农户比

例高达 64.04%，比 2003 年提高 30.76 个百分点；农业收入占比不足 5%
的农户（非农户）比例已经高达 41.05%，比 2003 年提高 24.12 个百分
点（张琛等，2019）。

表 1-1　全国农村固定观察点农户分化情况（2003～2016 年）：
基于农业收入占比

单位：%

年份	标准一				标准二			
	纯农户占比	一兼农户占比	二兼农户占比	非农户占比	纯农户占比	一兼农户占比	二兼农户占比	非农户占比
2003	11.18	23.14	32.40	33.28	3.92	30.40	48.74	16.93
2004	11.45	26.36	31.43	30.77	3.35	34.45	45.20	16.99
2005	10.24	22.78	32.85	34.13	2.80	30.22	49.07	17.91
2006	9.35	20.93	32.98	36.75	2.43	27.84	50.02	19.71
2007	8.96	19.86	31.65	39.52	2.45	26.38	49.20	21.97
2008	7.62	19.38	31.96	41.03	1.73	25.27	49.64	23.35
2009	7.64	17.34	31.34	43.68	1.76	23.22	49.64	25.38
2010	7.42	16.53	29.44	46.61	1.63	22.32	49.39	26.66
2011	6.80	15.62	29.21	48.38	1.46	20.96	49.72	27.86
2012	6.69	14.85	28.05	50.41	1.38	20.16	49.25	29.21
2013	5.92	13.13	26.13	54.82	1.12	17.93	47.79	33.16
2014	5.75	12.11	24.81	57.33	1.20	16.66	45.58	36.56
2015	4.27	10.53	23.32	61.88	0.83	13.96	46.28	38.92
2016	2.90	9.85	23.21	64.04	0.64	12.11	46.20	41.05

注：在将农户划分为纯农户、一兼农户、二兼农户和非农户时，标准一是以 80%、50% 和
20% 为标准，这一标准与农业农村部的统计口径一致；标准二是以 95%、50% 和 5% 为标准，对于
纯农户和非农户的界定更加严格。

数据来源：根据农业农村部全国农村固定观察点数据统计得出。

中国的城镇化还在继续，农村人口向城镇迁移的趋势没有改变。2014
年 7 月联合国发布的《世界城镇化展望》预测，至 2050 年中国将会再增
加 3 亿城镇人口。也就是说，仍将有大量的农户进入城市非农部门进而退
出土地、放弃农业，小农户和普通农民将继续减少。农业农村改革和相关
政策必须对农户分化的现实和农民进城的大趋势予以回应。不难理解，对
于非农收入不足 5% 的这部分离农农户，其家庭收入绝大部分来自非农工

作，要求他们花费精力经营农业，显然不切实际。他们已经离开农业农村，各种以提高农业经营效率的农业政策很难对其产生直接作用。

可见，中国农户分化严重，很多农民尤其是青年农民实际上已经"离农、弃地、进城"，很多农户甚至早已举家迁入城镇。基于这样的现实背景，为了更好地推动农业农村转型发展、切实提高农业经营效率，中国在制定农业政策尤其是考虑农民与土地的关系时，必须首先厘清谁是农民、谁是农户。

（二）"谁是农民"与农民职业化

在农户分化、大量农村人口已经"离农、进城"的时代背景下，"谁是农民"是制定农业农村政策必须首先思考的问题。

目前，农民还主要是一种身份概念。当前政策主要依据户籍是否在农村、有没有承包地来界定是否农民和农户。但是，从发达国家的经验看，随着劳动力市场的完善和农业现代化的实现，农民终将成为一种职业，一种能和在城镇务工、经商获得大致相同收入的职业。从职业的角度看，只有"以农为业"者，才是农民。从收入来源看，表1-1中的纯农户或者至少是一兼农户，才比较符合农民的概念。一年只偶尔参加几天农业生产的深度兼业农民，其大部分甚至绝大部分收入来自非农领域，显然不是农民。至于其具体所属的职业类型，应当根据其大部分时间所从事的工作或主要收入来源进行划分。在城乡户籍一体化、农村土地权属固化的情况下，从农业政策制定的角度看，把常年在城镇居住、在企业工作的农村进城人口视作农民，并据此制定农业发展政策，无疑是"缘木求鱼"，不能达到政策的预期目标。

近些年，随着城乡发展一体化的加快和专业大户、家庭农场等新型农业经营主体的兴起，在中国农民正在从身份概念向职业概念转变。虽然这一转变的最终完成尚需时日，但农民职业化发展的趋势已经形成。

所谓农民职业化，按照范鹏（2013）给出的概念，是指"农民"由一种身份象征向职业标识的转化，它不同于农民非农化和农民市民化。职业化的农民将专职从事农业生产，其来源不再受行业限制，既可源自传统农民，也可源自非农领域中有志于从事农业的人。农民职业化的实质，是传统生计农民的终结和新型职业农民的生成。在农业现代化进程中，随着农业劳动生产率的提高，必然产生大量剩余劳动力。这些剩余劳动力的大部分将逐渐离开土地和农业，转变为工人和城市非农劳动者，其余的小部分则转化为新型职业农民（范鹏，2013）。

正是认识到现代农业的发展离不开职业化的农民队伍，中国近年来大力发展新型职业农民。《"十三五"全国新型职业农民培育发展规划》提出，到2020年，中国新型职业农民数量将达到2000万，其中，高中及以上文化程度占比超过35%。2018年以来，中央开始重视家庭农场的发展，将其作为农业农村现代化的一个重要主体加以培育，出台了一系列支持文件，制定了农户流转土地、扩大经营规模、注册家庭农场的多项优惠措施。家庭农场以家庭成员为主要劳动力，以农业收入为主要收入，也将成为新型职业农民的主要构成部分。农业农村部的数据显示，至2017年底，农业部门名录管理的家庭农场数量已达54.9万户，是2013年的（13.9万户）的近四倍。

从职业的概念看，农业不会消失，农民也就不会消失。但是农民不再是传统的生存农民，而是为现代社会保障所覆盖的、使用现代技术并能够获得与城镇居民相近收入的新型职业农民。毫无疑问，在资源要素可以城乡流动的情况下，要将农民从身份概念回归到职业概念，让农民成为令人羡慕的职业，需要让专职从事农业工作者获得与其他职业相近的收入。

目前，中国城乡、工农收入差距依然明显，农业经营收入较低，因此大量农业人口向城镇迁移。要让农民真正成为一种有吸引力的职业，推动农民职业化发展，必须增加农民收入。否则"经济上不划算"，理性的农民就不愿意"以农为业"，就会放弃农业、离开农村，继续向城镇非农领域转移。对此，发展经济学中的"哈里斯—托达罗"模型有充分的论证（德布拉吉·瑞，2002）。无论是土地资源较为丰富的美国，还是人地资源比较紧张的日本，当前以农业为主要工作的农民或者称之为农业从业者的收入，都接近甚至略高于城镇居民收入水平。①

　　而要增加农民收入，无非是增加产量、降低成本、提高补贴、扩大规模、提升单位土地产值等几种途径。从发达国家尤其是日本、韩国的经验看，往往是多种手段并用。但对中国而言，农民数量太多，想通过大幅度提高农业补贴，让农民收入增加到接近城镇居民的水平不太现实。另外，农业生产节本和转变农作物种植结构（以提升单位土地产值）的潜力有限，而利用现代科技提高农产品产量、提升农产品品质，远非一朝一夕之功。因此，让懂技术、会管理、善经营的农民获得更多的土地，开展适度规模经营，从而大幅提高其务农收入，促其职业化发展，应当是最直接、最简单、最有效的方式。

三　不同类型农户的差别化土地需求

　　传统农业向现代农业转型发展的过程中，关于农民与农村土地的关系问题，既要考虑农民需求，又要考虑农业发展需要。

　　几千年来，土地一直是农民安身立命的生产资料和生存保障，对农户而言是其家庭最重要的财产（柳建平，2012）。世世代代的农民依靠土地生存和繁衍，"土地是农民最大的社会保障"。长期以种地为生的农民，不仅在生产、生活上依赖土地，而且从心理情感上依恋土地，形成了所谓的"恋地情结"。古语"土，犹吐也，地之吐生万物者也"，就体现了这种恋地情结。而且，孔子"为人下者，其犹土乎"的表述也极大地反映了古人对土地的热爱和赞美。董启民（2009）认为，农民依赖土地的原因有三方面。一是看好土地的收益功能。古人"万物本于土，有土斯有财"和威廉·配第的"土地是财富之母"都描述了土地的收益功能。二

①　《日本农民收入甚至超过了日本公务员》，人民网，http://japan.people.com.cn/n/2015/0908/c35467-27554601.html，2015年9月8日。

是期望土地的增值功能。"春种一粒粟，秋收万颗籽"是这种增值功能的体现。三是依赖土地的保障功能。袁铖（2009）将上述土地功能总结为生产要素、财产和社会保障等三种，指出在经济发展的不同阶段农村土地制度主要功能是不同的，中国农村土地的主要功能正在从社会保障功能向生产要素功能转化。

（一）农民需求方面

尊重农民意愿是农村改革的基本原则。传统农业社会没有针对农民的社会保障体系，农村土地可以为农民提供基本的生活保障（姚洋，2000）。一些人据此认为，"土地是农民的命根子"，是农民的生存保障，因此政策安排应当避免农民失去土地。上述观点存在两个问题。一是在农民与农村土地配置方面，忽视了城镇化进程中农户分化这一社会现实，没能考虑不同类型农户的差别化土地需求；二是在农村土地的保障作用方面，仅笼统地强调要发挥农村土地的保障作用，没能思考以下问题：农民（尤其是进城农民）需要土地作为社会保障吗？土地能够给农民提供保障吗？什么样的农民才需要土地作为保障？

1. 土地功能需求

分化形成的异质性农户有不同的发展方向，以及差别化的土地功能需求（如图1－1所示）。长期而言，随着工业化、城镇化和农业农村现代化发展，一部分有能力迁入城镇又比较"决绝"的农户可能想要彻底处置农村土地。对他们而言，农村土地主要发挥了资产资本的功能，他们主要在意放弃土地能够获得多少收益。一部分能力不太强或比较"审慎"的农户，在进城后可能更想继续保留农村土地作为城镇化失败的"退路"，他们主要看重土地出租收益以及能否随时收回，而不在意土地用途和农作物产出。对他们而言，农村土地兼具社会保障功能和资本资产功能。一部分善于经营农业的农户，可能会选择接收进城农户退出的土地，发展成为专业大户、家庭农场等农业规模经营主体，或者在农业社会化服务体系的支撑下，不扩大土地经营面积而是通过提高单位土地产值（比如从事大棚蔬菜种植），成为能够获得与外出务工、经商相近收入的专业化、职业化农户。现代农业是资本密集型的，对于最后这一类"以农为业、力农致富"的新型职业农户而言，他们不仅需要在土地上从事农业生产，可能还需要在农业遭受自然风险和市场风险时，将土地进行抵押获得融资以渡过难关等，因此农村土地应当同时发挥生产要素和资产资本功能。

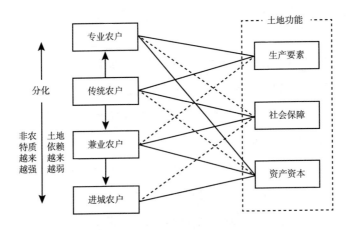

图1-1 农户分化与不同类型农户的差别化土地功能需求

说明：实线表示该类农户对土地的某一类功能非常看重，虚线表示农户对土地的某一功能的需求较弱。

虽然受户籍制度、社会保障制度、土地制度等方面的限制，农民暂时不能彻底离开农村、融入城市，但很多农民已经在城镇工作和生活，因而不再依赖农村土地。陈会广等（2012）应用 Sen 的权利分析方法，把土地权益二分为资源禀赋性权益与社会保障性权益，回归分析发现承包地是农民工城乡迁移的退路保障，如果土地保险功能对农民工的重要性下降，部分有能力向城市迁移的农民会选择放弃土地承包权。

2. 土地保障需求

且不论用农民自己的土地来代替本应城乡全覆盖的社会保障是否合理。单就农村土地的保障作用而言，也需要结合城镇化推动的农户分化，对不同类型农民做出具体分析。首先，不少在非农领域就业的农民，尤其是"80后""90后"中所谓的"二代农民工"，在《劳动合同法》的支持保护下，已经拥有了城镇职工养老保险，他们不再需要以农村土地作为保障；其次，对于大部分农民而言，不算自家投入的劳动力和土地成本，种一亩①地一年收入几百元，"户均十亩田"的一年收入不过几千元，实在难以保障三口之家的基本生活，更遑论结婚、生子、医病；再次，对于经营土地规模较大的新型职业农民，他们需要在遭受重大农业风险时，能够将农村土地做抵押获得融资以助其渡过难关，东山再起，仅让土地为新型职业农民保留最底线的生存保障，而不允许其在遭受困难时处置一部分土地，并不符合其经营发展需要；最后，对于不能外出务工的生存型农民，他们很多都挣扎在贫困线附近，其状态非常接近传统农业社会的生存小农，严重依赖土地，需要土地的保障作用，因此必须避免他们失地，甚至应该帮助其获得更多土地以改善生活状况。

如果农村土地市场足够健全，或者政府的相关机制安排适当，完全不必担心"农民失地"问题。无地农民只要想种地，他随时可以以合适的价格从市场上流入一块土地来耕种，或者凭借某种机制在政府帮助下获得一块土地的使用权（具体机制见本书结论部分）。笔者在安徽定远县（土地承包经营权退出改革试点之一）调查时遇到一户农户，其先是把自家20 亩承包地全部永久退给了所在集体经济组织（集体再交给温氏集团建设养猪场），然后又以每亩一年100 元的价格从其他农户手里租入了一些土地。因当地耕地季节性撂荒的现象比较普遍，该农户退出自家承包地后，再租入其他农户的耕地，不论是对于他、向他出租土地的农户，还是承接他退出承包地的农业企业，显然都是一种福利状况的改善。

（二）农业发展需要方面

在传统农业社会，农民以农为生，很少有非农就业机会，土地既是农民最为倚重的生产资料，也是农民家庭最重要的财产，因此常被称为"农民的命根子"。这种状态下，农户有"精耕细作"的动力，以求获得

---

① 1 亩约为 666.67 平方米。

尽可能多的收益。然而，改革开放以后，中国快速的工业化、城镇化为农民提供了大量的非农就业机会，绝大部分农民不再像传统农民那样只能从"土里刨食"来维持生计（见表 1-1）。农民与农村土地的可分离性增强，农民对土地的需求和使用发生了变化。① 农户分化形成的二兼农户，就收入来源来讲，已经不能算作农户。

理性的人们会把更多精力投放到最能影响其收入的工作上，也就是精力投放具有"收入重心效应"。结合农户分化，"收入重心效应"这一基本规律有两方面的含义：一方面，只有严重依赖土地的传统生存型小农户和"以农为业、力农致富"新型职业农民，才会非常重视农业经营收益，因此会更加高效地利用农村土地；另一方面，对于家庭收入主要来自城镇非农领域的深度兼业、离农农户，农业不过是一种"补充收入"来源，他们不在意耕地产出和农业收入，也没有发展现代农业的动力，其土地使用效率自然也会更低。因此，为了促进农民向城镇迁移，加快农民职业化和实现农民增收，需要让想退地、能退地的深度兼业农户和离农进城农户有偿退出农村土地，同时让想种地、会种地的农户获得更多生产资料，从事规模经营。

当前，中国农业部门的劳动生产率不高、农产品的国际竞争力不强，已经成为中国城乡协调发展和中国经济持续健康增长的一个阻碍因素。在农业部门的劳动生产率方面，据蔡昉（2019）测算，1978 年中国工业部门的劳动生产率是农业部门的 7.0 倍，到 2017 年，工业部门的劳动生产率已经扩大为农业部门的 16.4 倍。在农产品国际竞争力方面，联合国粮农组织（FAO）的数据表明，近年来中国的大米、小麦、玉米三大主粮的生产者价格明显高于国际市场价格。2017 年，中国大米生产者价格美国、泰国等大米主产国的 2 倍左右，小麦生产者价格接近美国、法国等小麦主产国的 3 倍，玉米生产者价格虽然因国家临时收储政策的调整出现回

---

① 孟德拉斯在《农民的终结》一书中描述了 20 世纪 70 年代法国农户与农业经营的分离，并指出随着农村人口的迁出，农村的房舍逐渐被称为成功迁移至城市者的"第二住宅"。

调，但 2017 年依然接近美国、阿根廷等国玉米生产者价格的 2 倍（见图 1-2）。前两年出现的"洋粮入市、国粮入库"，是中国农产品尤其是粮食国际竞争力弱的一个具体表现。需要指出，农产品竞争力不强的一个重要原因是农业的劳动生产率不高。

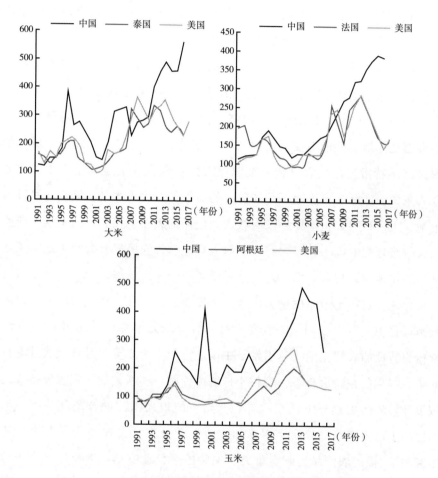

图 1-2 三大粮食作物生产者价格的国际比较（1991～2017 年）

注：由于各国的农产品在国际上的影响不同，故在大米、小麦和玉米比较时，分别选择了泰国、法国和阿根廷。

数据来源：根据联合国粮农组织（FAO）价格数据库整理。

中国耕地资源少、农村人口多，人地关系高度紧张。根据世界银行的数据，2015 年，中国的人均耕地面积只有 0.087 公顷，在全球 190 余个国家中排名 129 位，虽然高于日本（0.033 公顷）、韩国（0.029 公顷），但远低于世界平均水平（0.194 公顷）。再加上农村人口数量庞大，中国农业劳动力人均耕地面积只有 0.775 公顷，不仅远低于人均耕地较多的欧美国家，还明显低于人均耕地更少的日本（1.743 公顷）和韩国（1.029 公顷）。劳均经营的土地面积过小，无疑是造成中国农业劳动生产率不高、农产品国际竞争力不强的重要原因。

需要认识到，在城镇化、农民职业化，连何谓"农民"亦需重新考虑的新时代，土地不再是"农民的命根子"。如果土地是"农民的命根子"，农民就不会离开土地迁入城镇，就不会出租、想退出、想转让，更不会撂荒土地。土地不仅不是"农民的命根子"，就当前大部分人所称的农民（不特指生存型农户和新型职业农民）而言，土地甚至不是其主要收入来源。实际上，土地不是任何人的命根子，收入才是。城镇居民没有土地，生活得很好，但如果没有收入，他们则无法生存。如果土地不能给农民带来理想的收入，只要允许农村人口流动，农民就会抛弃土地。正在增多的耕地抛荒现象，为上述论点提供了一个有力证据。

总之，农村土地制度事关农业生产发展、农村社会稳定和广大农民向城镇迁移中的财产权利，一直受到社会各界的高度关注。30 年前以家庭承包为特征的农村土地改革引发了中国经济的全面改革，其巨大成效有目共睹，但目前在新形势下，农村土地制度面临一些新挑战。在农民持续向城镇迁移的历史趋势下，在"洋粮入市、国粮入库"的竞争压力下，为了提高土地生产率、劳动生产率和农业经营效率，实现"人尽其才、地尽其利"，提高农产品国际竞争力和保障国家粮食安全，需要摒弃"土地是农民命根子"的传统观念，强调"土地是农业之基"，将政策目标从主要关注农民，向主要关注农业发展转变，加快推动农村土地资源优化配置。

第二章
农民离农、进城与农村土地退出

农民是理性的，他们会追求家庭效用最大化。因此，是否向城镇迁移、是否扩大农业经营规模或调整种植结构、是否退出农村土地，都是农民在一定约束条件下追求效用最大化所面临的抉择。改革开放 40 余年的经验表明，理性的农民能够在社会主义市场经济大潮中照顾好自己。中国农村从 1978 年底的 7.7 亿贫困人口、97.5% 的贫困发生率，发展到 2018 年底只有 1376 万贫困人口、1.7% 的贫困发生率，[①] 是农民能够照顾好自己的最有力证据。

一 家庭效用最大化与农民的乡城迁移

经济学家发现，户是很有用的研究单位。在一户内，资源被集中起来，收入被共同使用，户内成年人共同决策。在新家庭经济学中，农户家庭被视为一个基本的生产单位。家庭使用购入的物品和自有的劳动，加上家庭的资源，生产出具有消费效用的最终使用价值，而且，家庭生产所追求的是家庭效用最大化（艾利思，2006）。农户家庭效用理论把农户家庭视作基本的决策单元。其理论基础是贝克尔在 1974 年和 1981 年提出的家庭中的"利他主义"模型。贝克尔假定，家庭内有一个或多个利他主义

---

① 《70 年数据见证新中国伟大飞跃 脱贫攻坚取得历史性重大成就》，中央电视台，http://tv.cctv.com/2019/08/12/VIDENYKRVe86rwFwl19HoM2t190812.shtml。

者，其效用等同于"家庭效用"函数，该效用以家庭总收入为约束条件。贝克尔（1998）指出，一个利他主义的丈夫总是避免向这样的地区迁移——在这里他的收入有所提高而他的妻子的收入有更大的下降；反之，若他的妻子的收入有所下降而他的收入却有更大的提高，他就会乐意进行这一迁移。从其妻子的角度，追求家庭收入最大化的妻子，显然在迁移时也会有类似的考虑。可以进一步认为，家庭中每个成员都具有很强的利他性，所有家庭成员的活动目的就是最大化家庭总收入，存在多个利他主义者的"一个利他主义者的家庭，可以被看作是存在着一个家庭的效用函数，全体家庭成员不管收入如何分配，都自愿地使这一效用函数最大化"。

与西方相比，中国人受几千年的家族观念与思想影响，有更浓厚的家庭观念，个人行为决策也更多地受到家庭或家族的利益驱动，即具有更多的利他性。这对于农村居民而言尤为明显。考虑中国农户兼业经营、土地流转和土地退出的问题，无论是让部分年龄较大成员或女性成员留守农村（务农），还是把部分或全部土地流转出去，全家迁移至城市，抑或是通过各种渠道永久放弃一部分或全部农村土地，都是所有家庭成员为了最大化家庭收入而做出的理性决策。同时，由于在家庭内部，信息交流几乎无成本且十分充分。可以认为户主或者家里的主事人，在做出农村土地退出决策时，都代表了其家庭的立场，是农户层面的决定。总之，假定"农户是追求家庭效用最大化的一个基本决策单位"，这对于中国当前的农村情况而言，具有很强的现实合理性。

农户退出农村土地，本质上是城镇化进程中农村人口向城镇迁移所引发的"人地关系"调整。农户从农村向城镇迁移，从农民向市民的身份转变，要求农村的资源资产可处置，从而实现"带资进城"。自英国学者莱温斯坦（E. Ravenstein）在 19 世纪 80 年代提出著名的"人口迁移之规律"以来，政治经济学、人口学和后来的发展经济学等不同学科都不断丰富人口迁移理论。古典经济学的人口迁移理论认为，个体在不同地域间流动的根本动机是实现收益的最大化，如果减去各种成本后的迁移净预期收益大于零，理性的个人就会选择迁移。根据现代社会心理学之父勒温（K. Lewin）提出的行为公式，一个人的迁移行为（B）取决于个人（P）及其所在环境（E），即 $B = F(P, E)$。在个人禀赋一定时，农民是否放弃农村土地，完成从农民到市民的身份转变，或者说完成从乡村到城市的迁移，将取决于其在不同环境中的收益情况，如果退出土地迁入城镇能够提高个人的预期总收益，迁移将是更优决策。

巴格内（D. J. Bagne）和李（E. S. Lee）在莱温斯坦的基础上，系统提出并完善了人口迁移的推拉理论，指出人口流动的根本动机是追求更好的生活，迁出地和迁入地同时存在大小不同的推力和拉力，个人的迁移决策是"推力"和"拉力"共同作用的结果。具体来看，Lee（1966）将影响迁移行为的因素概况为四个：个人禀赋、迁出地因素、迁入地因素和各种流动障碍。因此，基于推拉理论，在城乡二元结构特征明显的国家，人口迁移行为公式可以细化为 $B = F(P, E_O, E_D)$，其中 E_O 是迁出地的环境，E_D 是迁入地的环境，关于迁移中的各种障碍，则可以由函数 F 来反映。推拉理论是人口学中最重要的宏观理论，但该理论缺乏对推拉力的明确定义，而且忽略了家庭在迁移决策中的重要作用。

20 世纪 60 年代发展起来的新家庭经济迁移理论强调家庭在人口迁移中的作用，认为个人的预期收益并不能完全解释人口迁移，家庭作为一个利益单位在人口迁移决策中起到决定性作用（朱明芬，2009）。而刘易斯和托达罗等人的劳动力城乡流动模型也表明，在传统农业部门存在隐蔽失业时，即使向城市迁移的净预期收益为零，家庭也会因劳动力迁出后人均产出的增加而受益；如果城市部门的净预期收益为正，则农民家庭和迁移者个人的福利都将提高（德布拉吉·瑞，2002）。与西方相比，中国人受几千年的家族观念与思想影响，有更浓厚的家庭观念，个人行为决策也更多地受到家庭或家族的利益驱动。[①] 新家庭经济迁移理论和托达罗模型在解释中国农村人口迁移时具有较强的解释力和现实意义。

---

① 媒体广为报道的"裸官"现象，可以作为中国人以家庭或家族利益为重的一个证据。

为了突出家庭在中国农村劳动力迁移决策中的重要作用，可以从推拉理论的迁移行为公式中把构成个人所在农村环境（E_O）的最重要部分——家庭因素（H）分离出来。如此一来，新家庭经济迁移理论和推拉理论被纳入一个统一的分析框架，得到新的人口迁移行为公式：$B = F(P, H, E_O, E_D)$，其中 B 为农民的城镇迁移行为或偏好，F 为迁移决策函数，P 为个人特征，H 为家庭特征，E_O 为农户及其家庭与乡村的联系，E_D 为融入城市生活的难易程度。于是，在上述综合分析框架下，农户是否愿意退出农村土地，完成从农村向城镇的迁移，不仅取决于个人禀赋，而且取决于家庭特征及反映城镇和农村推拉力的各种经济社会联系。

二 城镇化推动农业规模及结构调整：基于劳动力配置的分析

优化农地资源配置、提高农业经营效率是中国农村改革的核心内容。本书从农业劳动力持续向城镇非农领域转移的现实背景出发，整合农户的农产品生产函数与哈里斯—托达罗的两部门人口流动模型，将农业劳动力转移与农户的农地调整需求、农业经营收益纳入统一框架，借以分析如何通过优化劳动力和农地资源配置来提高农业经营收益。为了简化分析，假定农户利用农地、劳动力和技术三种要素进行农业生产，则可以参照 Zhang & Carter（1997）和李谷成等（2009）的做法，将农户的农业生产函数定义为柯布—道格拉斯生产函数形式：

$$Q = A N^\alpha L^\beta \tag{1}$$

其中，Q 是农产品产量，A、N、L 分别为技术、劳动力和农地，α、β 分别是劳动力和农地的产出弹性。劳动力的边际产量为：

$$\frac{\partial Q}{\partial N} = \alpha A N^{\alpha-1} L^\beta \tag{2}$$

农地的边际产量为：

$$\frac{\partial Q}{\partial L} = \beta A\, N^{\alpha}\, L^{\beta-1} = \alpha A\, N^{\alpha-1}\, L^{\beta} \cdot \frac{\beta}{\alpha} N\, L^{-1} = \frac{\beta}{\alpha} N\, L^{-1} \cdot \frac{\partial Q}{\partial N} \tag{3}$$

故有：

$$\frac{\partial Q}{\partial N} = \frac{\alpha}{\beta}\left(\frac{L}{N}\right)\frac{\partial Q}{\partial L} \tag{4}$$

其中，$\dfrac{L}{N}$ 是劳均农地面积。

随着大量农村人口向城镇非农领域转移，农户贮存粮食等农产品的比例大幅下降，很多农户都在收获后将绝大部分甚至全部农产品卖掉，再从市场上购入所需的农产品，农户生产和消费的可分离性显著加强。另外，农产品市场接近完全竞争，单个农户可以改变农作物种植结构，选择生产市场价格更高的农产品，但他只能接受某种农产品的市场价格 p。如果生产某种农产品的平均成本是 c，则总成本为 cQ，于是农户生产某种农产品的净收益 Y 为：

$$Y = pQ - cQ = (p-c)Q = (p-c)A\, N^{\alpha}\, L^{\beta} \tag{5}$$

其中，$p-c$ 是该种农产品市场销售价格超过平均成本的部分，即生产某种农产品的单位净收益。为了考察劳动力数量和农地经营规模变化对农业净收益的影响，分别将生产农产品的净收益函数 Y 对 N 和 L 求偏导，得：

$$\frac{\partial Y}{\partial N} = (p-c)\frac{\partial Q}{\partial N} = \frac{\beta}{\alpha}(p-c)\left(\frac{L}{N}\right)\frac{\partial Q}{\partial L} \tag{6}$$

$$\frac{\partial Y}{\partial L} = (p-c)\frac{\partial Q}{\partial L} \tag{7}$$

根据哈里斯—托达罗模型，如果农村人口可以自由向城镇非农领域转移，那么只有当农业部门劳动力的边际收益与转移至城镇非农部门后获得的预期工资 $\bar{\omega}$ 相等时，劳动力乡城流动的步伐才会停止。之所以是预期工资，是因为农业劳动力向城镇非农领域转移后，可能获得较高的工资，也有可能获得较低的工资甚至失业，其在城镇非农部门获得的工资收入有不确定性（德布拉吉·瑞，2002）。于是对农户而言，在均衡点或者说不再向城镇非农领域转移劳动力时，必有：

$$\frac{\partial Y}{\partial N} = (p - c)\frac{\partial Q}{\partial N} = (p - c)\frac{\alpha}{\beta}\left(\frac{L}{N}\right)\frac{\partial Q}{\partial L} = \bar{\omega} \tag{8}$$

由前述各式整理可得：

$$\frac{\partial Y}{\partial L} = (p - c)\frac{\partial Q}{\partial L} = \frac{\beta}{\alpha}\left(\frac{N}{L}\right)\bar{\omega} \tag{9}$$

资本积累、技术进步最先发生在城镇非农领域，经济增长会使城镇非农部门的工资水平更快地提高，进而提升农业劳动力向城镇非农领域转移的预期工资水平。在城镇非农部门的预期工资 $\bar{\omega}$ 增加后，农户可以通过两种方式保持（9）式平衡。①减少单位农地负担的劳动力数量 $\frac{N}{L}$，也就是增加农业劳动力的人均农地经营面积 $\frac{L}{N}$。在农村土地总量既定且被各户分散承包的情况下，单个农户想增加 $\frac{L}{N}$，需要流转其他农户的农地来增加 L，或者进一步减少从事农业的劳动力 N。N 减少的过程也是劳动力离开农业的过程，它为其他农户获得更多农地提供了机会。如果在劳动力转移后农地不能有效再配置，其他农户不能增加农地规模，会影响农业绩效。②提高单位农地的经营收益 $\frac{\partial Y}{\partial L}$。由于农地的边际产量 $\frac{\partial Q}{\partial L}$ 主要取决于技术进步和耕地质量，短期内很难提高，因此要提高 $\frac{\partial Y}{\partial L}$ 就只能增加 $p - c$。这需要农户调整农作物结构或提升农产品品质，向市场提供价格更高的农产品，或降低生产农产品的平均成本。当然，政府也可以通过制定更高的农产品收购价格、给予更多农业补贴等方式来提高 p 或降低 c，但是受制于国际农产品的"天花板效应"和财政预算约束，其空间有限且不可持续。另外，（9）式最后一个等号还意味着，在 $\bar{\omega}$ 不变时，如果想增加 $p - c$，让务农者获得更多农业经营收益，需要增加 $\frac{N}{L}$，也就是往单位农地上投入更多劳动。这一般是种植结构调整的过程，实现从粮食作物向经济作物转变。

总之，随着经济增长和城镇非农部门相对工资水平的提高，为了保障农户的农业经营收益，一方面需要加快推进农业供给侧结构性改革，如调整农作物结构、提升农产品品质等；另一方面需要加快推动农地资源在剩余农业劳动力中的再配置。

三 乡城迁移中农村土地退出的影响因素：
基于家庭效用最大化的分析

为了考察追求家庭效用最大化的、已经严重分层分化的兼业农户是否以及何时会放弃农村土地，本书借鉴 Agesa & Kim (2001)、Agesa (2004) 考察家庭向城镇迁移时的研究思路，把土地退出收益和进城后增加的生活成本纳入分析框架，构建农户土地退出决策模型，对其放弃农村土地的意愿进行理论解释。

农村家庭一般由丈夫、妻子、子女、老人和其他成员组成。就中国农户而言，部分成员进城务工、其余成员留守农村的情况十分普遍。假定家庭决策的目标是使进城务工人员的工资收入 W_h、留守人员的各项收入 H_r、生活费用 C 等构成的预期家庭可支配收入最大化。[①] 其中，留守人员的收入 H_r 由农产品销售收入、本地兼业的工资收入和家庭商品的货币化收入等共同构成。如果这部分留守人员跟随外出务工人员迁移至城市后，其收入将变为 H_h，农产品销售收入降低，但在城市工作的工资收入可能会提高。生活费用 C 是农户所有家庭成员进入城市后的生活总成本（增加值），它受家庭人口数量和规模经济的影响。此外，如果让农民放弃土地，举家迁入城市，他们还会有心理成本 δ，是对预期收入（效用）的一种扣除。心理成本来自农民对土地的情感依赖、对乡村生活的不舍以及对城市生活风险的担忧，反映了放弃土地进城后农户的不习惯和不安全

---

① 这里的家庭可支配收入，包括了家庭生产的商品抵价收入。假设名义工资等于实际工资。

感。考虑到在城市找到工作的概率，家庭的目标实际上是使扣除心理成本后的期望可支配收入效用函数 $U(W + H - C) - \delta$ 最大化。假定农户兼业经营为初始状态且此时效用为 0，只考虑两期，依据是否退出农村土地，可得到以下两个期望效用函数。

I. 不放弃土地的兼业经营农户：

$$E(U)^{\text{I}} = \rho[p_1 U(W_u + H_r) + (1 - p_1)U(H_r)] + \\ \rho^2[p_2 U(W_u + H_r) + (1 - p_2)U(H_r)] \tag{1}$$

II. 退出农村土地的进城农户：

$$E(U)^{\text{II}} = \rho[p_1 U(W_u + H_u + S - C) + (1 - p_1)U(H_u + S - C) - \delta] \\ + \rho^2[p_2 U(W_u + H_u + S - C) + (1 - p_2)U(H_u + S - C)] \tag{2}$$

其中，ρ 为预期收益的折现率，p_i 是进城务工第 i 期找到工作的概率，S 为退出农村土地后每一个时期可以获得的资金收益（若为一次性补偿，则平均折算为两期）。其他符号的意义上文已有交代。

假定农户风险中性，即 $U^{''} = 0$，分别把 $E(U)^{\text{I}}$、$E(U)^{\text{II}}$ 在 $U(W_u + H_r)$ 处进行泰勒级数展开，得到：

$$E(U)^{\text{I}} = \rho[U(W_u + H_r) - U^{'}(W_u + H_r) \cdot (W_u - p_1 W_u)] + \\ \rho^2[U(W_u + H_r) - U^{'}(W_u + H_r) \cdot (W_u - p_2 W_u)] \tag{3}$$

$$E(U)^{\text{II}} = \rho[U(W_u + H_r) + U^{'}(W_u + H_r) \cdot (H_u - H_r + p_1 W_u - W_u + S - C) - \delta] \\ + \rho^2[U(W_u + H_r) + U^{'}(W_u + H_r) \cdot (H_u - H_r + p_2 W_u - W_u + S - C)] \tag{4}$$

用（4）式减去（3）式，可得：

$$\Delta = E(U)^{\text{II}} - E(U)^{\text{I}} = \rho(1 + \rho)U^{'}(W_u + H_r) \cdot (H_u - H_r + S - C) - \rho\delta \tag{5}$$

由（5）式可知，$\partial \Delta / \partial H_u > 0$，表明其他条件不变时，如果留守人员进入城市后可获得的收入越高，农户越愿意退出农村土地，举家迁入城市。年龄、性别、受教育程度等显然是衡量这种能力（在城市争取收入的能力）的重要指标。$\partial \Delta / \partial H_r < 0$，表明农户的土地退出意愿与留守人

员的收入负相关，农户依靠农村土地和家庭商品生产获得的收入越高，其退出土地、离开农村就越困难。$\partial \Delta / \partial (H_u - H_r) > 0$，表明当其他条件不变时，与在城市相比，在农村生产的家庭商品数量越多，农户越不愿意"弃地进城"。家庭规模、人口结构、耕地质量和非农收入的比重都会对这部分收入产生影响。$\partial \Delta / \partial S > 0$，表明退出土地的收益越高，或者农户越急需这笔资金，他们就越愿意放弃农村土地，完成从农民向市民的身份转变。由于货币的边际效用递减，退出收益具有很强的主观性，它受到以人均收入衡量的农户家庭财富的影响。可以想象，同样是支付 2 万 ~ 3 万元的价格，让一个年收入 20 万元、在城市有楼房的农户放弃他在农村的祖宅，远比让一个刚在城市落脚、急需发展资金的人放弃要困难。$\partial \Delta / \partial C < 0$，表明农户放弃农村土地进城后的生活成本增加越多，他就越不愿意放弃土地。显然，家庭人口越多，城市生活成本也会越高。考虑到城市生活成本的绝大部分来自住房和食物支出，在规模经济作用下，如果已有成员在城镇定居，这类成本的增加较少。$\partial \Delta / \partial \delta < 0$，表明放弃土地的情感成本与土地退出意愿负相关，对土地越有感情的农户，越不愿意放弃农村土地。一般而言，这种心理成本与年龄有关——农民的年龄越大，种地年数越多，恋土情结越强。

四 家庭效用最大化与农村土地经营规模调整

城镇化进程中农户流出或流入农地，都是为了实现家庭效用最大化。借鉴 Singh et al.（1986）的农户模型和蔡基宏（2005）的分析思路，结合中国农产品市场比较完善但劳动力市场和土地市场都不完善的实际情况，假定农户通过消费和闲暇来最大化家庭效用 U：

$$maxU(c, l) \tag{1}$$

其中，c 是消费品数量，l 是闲暇时间。农户可以享用的消费品数量取决于家庭向市场提供劳动获得的工资收入以及从事农业生产直接获得的农产品数量；闲暇时间受时间禀赋的约束，并与劳动时间相关。如果不考虑政府转移支付，农户的收入主要由农业经营收入、务工（经商）收入、农地流转收入构成，因此其消费受到以下约束：

$$P_c c = P_Q Q(L,A) + wM + rN = P_F Q(L,A) + wM + r(E^A - A) \qquad (2)$$

其中，P_c 是消费品价格，P_Q 是农产品价格，$Q(L,A)$ 是农户的生产函数。随着农户兼业化程度的提高和农业社会化服务体系的完善，大部分农户（尤其是黄淮海平原地区的农户）都将耕、种、收等环节交由社会化服务主体采用机械化来完成，生产技术和每亩土地投入的种子、化肥、农机作业费用等生产成本相差不大，因此假定农户只用一定数量的劳动（L）和土地（A）两种要素进行农业生产以简化分析。w 是劳动力工资；M 是农户用于挣取工资的时间，它等于农户拥有的时间禀赋（E^L）减去闲暇时间和农业生产时间 L，即 $M = E^L - l - L$；r 是农地流转收入，因"土地价格不外是资本化的因而是预期的地租"（马克思，2004），故无论是出租收入还是转让收入都可以用 r 来反映；N 是农户流出的农地面积，由于农地要么流转给他人耕种，要么自己耕种（包括抛荒），因此流出的农地面积 $N = E^A - A$，其中 E^A 是农户拥有的土地。令 $P_c = 1$，其他价格实际上是对消费品的相对价格，则约束条件变为：

$$c = P_Q Q(L,A) + wM + rN = P_F Q(L,A) + wM + r(E^A - A) \qquad (3)$$

由效用最大化的一阶条件可得：

$$U_l - U_c P_Q Q_L = 0 \qquad (4)$$

为了考察兼业经营对农户农业生产劳动投入的影响，运用隐函数定理将（4）对 M 求导，得到：

$$\frac{dL}{dM} = \frac{U_{ll} + P_Q Q_L U_{cc} w - U_{cl} w - P_Q Q_L U_{cl}}{2 P_Q Q_L U_{cl} - U_{ll} - P_Q Q_{LL} U_c - P_Q^2 Q_L^2 U_{cc}} \qquad (5)$$

根据生产函数和效用函数的性质，有 $Q_L > 0$，$Q_{LL} < 0$，$U_c > 0$，$U_{cl} > 0$，$U_{cc} < 0$，$U_{ll} < 0$，故有 $\frac{dL}{dM} < 0$，即随着挣取工资时间的增加，农户向土

地投入的劳动会变少。也就是说，如果农地规模不变，兼业程度的增加将使单位面积土地上投入的劳动减少。这会降低单位土地上的农作物产量，损害农业生产率。这一结论意味着，城镇化进程中农户兼业程度不同形成的效率差异，为农地流转提供了一种内生动力。

更进一步地，为了考察经营土地面积对劳动投入的影响，运用隐函数定理将（4）对 A 求导，得到：

$$\frac{dL}{dA} = \frac{(P_Q Q_A - r) U_{cl} - P_Q Q_L (P_Q Q_A - r) U_{cc}}{2 P_Q Q_L U_{cl} - U_{ll} - P_Q Q_{LL} U_c - P_Q^2 Q_L^2 U_{cc}} \tag{6}$$

那么，在理性决策下，①对于想"流入"土地的农户，必有土地的边际收益大于地租，即 $P_Q Q_A - r > 0$，从而有 $\frac{dL}{dA} > 0$，也就是说，流入土地的农户会随着土地经营面积的扩大而增加劳动投入；②对于土地的边际收益小于地租因而想把一部分土地"流出"的农户而言，有 $P_Q Q_A - r < 0$，从而 $\frac{dL}{dA} < 0$，进而 $\frac{dL}{dA} < \frac{L}{A}$，于是有：

$$\frac{d(\frac{L}{A})}{dA} = \frac{A \frac{dL}{dA} - L}{A^2} < 0 \tag{7}$$

考虑到 $\frac{dL}{dA} = \frac{dL}{dE^A}$，因此，对于想流出土地的农户来讲，经营土地面积（ A ）或占有土地面积（ E^A ）越大，其向单位土地上投入的劳动越少。如果想通过流转减少土地经营规模而不可得，农户就会减少单位土地上的劳动投入而懒散经营，造成单位土地上农作物产量减少，损害农业生产率。显然，上述结论依然与农户的生产函数 $Q(L,A)$ 是规模报酬不变还是规模报酬递增无关。

可见，城镇化进程中农地要随着人口迁移而流动，以实现土地和劳动力的优化配置。农地流转不畅会损害单位面积土地上的粮食产量和农业生产率。

第三章
农村土地制度的发展及其面临的挑战

土地者，民之本也。土地制度是一个国家的基础性制度。在20世纪末城乡壁垒打破之前，中国农村主要延续了改革之初的"集体所有、农户使用"的土地政策。当时向城镇迁移的农村人口较少，农民的收入主要来自农业经营收入，因此对土地依赖较强。虽然个别发达地区也出现了承包地流转和城镇居民到农村买房的现象，但不普遍。在20世纪末，随着城乡壁垒被打破，中国农村土地政策也为应对新情况、新问题而加快调整和改革创新。因为农村承包地和宅基地是两种不同类型的土地，且在2018年4月国家部委机构调整改革以前，由原农业部和原国土资源部分别管理，所以农村承包地、宅基地的政策调整和改革，有不同的演进路径。本章将分别论述自1978年改革开放以来中国农村承包地、宅基地制度的形成、调整与完善，然后梳理随着农业农村转型发展，现有农村土地制度面临的新挑战。

一 农村承包地制度的发展及其面临的挑战：
人地优化配置视角

（一）农村承包地制度改革述评

家庭承包制改革的经验表明，优化农业要素配置尤其是农业劳动力与农村土地的配置，可以极大地激发农民的生产积极性，增加土地产出。依照是否可以通过租赁、转让等方式来优化人地配置，可以把 1978 年以来的农村承包地政策法规划分为禁止流转、允许转让、鼓励租赁、探索退出四个阶段。

1. 禁止农村承包地流转（1978~1988年）

中国之所以将集体所有的土地以承包的方式交给农户家庭使用，是为了解决十多亿国民的吃饭问题。为了保障农民有田种、有饭吃，同时避免出现土地集中（这在合作化运动之前，曾被中共一些同志认为是资本主义趋向）给改革造成阻力，1982 年《全国农村工作会议纪要》明确提出，"社员承包的土地，不准买卖，不准出租，不准转让，不准荒废，否则，集体有权收回"。1984 年中共中央《关于一九八四年农村工作的通知》虽然提出"鼓励土地逐步向种田能手集中"，社员因无力耕种或转营他业而要求不包或少包土地的，可以自找对象协商转包，但也再次强调"自留地、承包地均不准买卖，不准出租"。1987 年中共中央印发的《把农村改革引向深入》再次提出，"长期从事别的职业，自己不耕种土地的"，可以"经集体同意后转包他人"，不仅如此，该文件还明确指出"允许农村剩余劳动力向劳力紧缺的区流动；支持能工巧匠到异地经营或承包"，以求实现更大区域的农民与土地优化配置。虽然中央越来越重视人地资源的优化配置，但此时承包地仍然不准出租、不准买卖。

2. 允许农村承包地使用权转让（1988~2001年）

1988 年，关于农村承包地使用权的管理规定发生重大转变，承包地使用权可以转让成为法律规定。1988 年修改的《宪法》规定"土地的使用权可以依照法律的规定转让"，首次从国家根本大法的高度，给予包括承包地使用权在内的土地使用权合法转让的地位。同年修改的《土地管理法》也进一步规定，"国有土地和集体所有的土地的使用权可以依法转让。土地使用权转让的具体办法，由国务院另行规定"。1993 年 11 月，中共中央、国务院发布的《关于当前农业和农村经济发展的若干政策措施》决定，"为了稳定土地承包关系，鼓励农民增加投入，提高土地的生产率，在原定的耕地承包期到期之后，再延长三十年不变"。同时提出，"为避免承包耕地的频繁变动，防止耕地经营规模不断被细分，提倡在承包期内实行'增人不增地、减人不减地'的办法。在坚持土地集体所有和不改变土地用途的前提下，经发包方同意，允许土地的使用权依法有偿转让。少数第二、第三产业比较发达，大部分劳动力转向非农产业并有稳定收入的地方，可以从实际出发，尊重农民的意愿，对承包土地做必要的调整，实行适度的规模经营"。这一规定在延长承包期、固化承包关系、强化农民土地权利的同时，还对承包关系固化后的承包地使用权转让、土地规模经营进行了前瞻性部署。至此，农村承包地使用权可以转让，在法律和政策上都得到了确认。

由于当时非农务工机会很少，农民的收入很大一部分来自农业经营，土地使用权转让的情况很少。不过，从 1995 年《国务院批转〈农业部关于稳定和完善土地承包关系意见的通知〉的意见》提出"建立土地承包经营权流转机制"和 1998 年十五届三中全会进一步提出"土地使用权的合理流转，要坚持自愿、有偿的原则依法进行"可以窥知，承包地使用权出租现象在 20 世纪末已经比较普遍。

3. 支持农村承包地"剩余承包期内流转"（2001～2014 年）

进入 21 世纪以来，工业化、城镇化的加快推动农村劳动力向城镇非农领域转移，农村承包地政策对此做出了回应。2001 年，中共中央印发《关于做好农户承包地使用权流转工作的通知》首次明确提出，"流转期限不得超过农户承包土地的剩余承包期"。这一规定直接导致土地流转从原本包括租赁、转让的广义概念，变为主要包括土地租赁的狭义概念。另外，该文件同时指出，"土地流转是农村经济发展、农村劳动力转移的必然结果""多数反映了生产要素的合理流动和优化配置，总体上是健康的""随着农村第二、三次产业发展和城镇化步伐加快，离开土地的农民会越来越多，他们腾出来的土地应当主要由其他从事农业生产的农户来经营，以扩大农户的经营规模，增加务农收入，缓解人地矛盾，这也有利于保护耕地"。从中可以看出，当时中央对于为何要支持土地流转、谁是流转双方等问题，有十分清楚的判断。

此后，关于"流转期限不得超过农户承包土地的剩余承包期"这一限定延续下来，2003年的《农村土地承包法》提出，"通过家庭承包取得的土地承包经营权可以依法采取转包、出租、互换、转让或者其他方式流转"，但同时又规定"承包地不得买卖"，而且2005年原农业部印发的《农村土地承包经营权流转管理办法》要求农村土地承包经营权"流转期限不得超过承包期的剩余期限"。虽然上述法律法规保留了"转让"二字，但是由于被严格限定在承包期内，转让实际上已经与长期租赁无异。全国范围内开始二轮承包的时间主要是1997年或1998年，法律规定当时还有20余年的承包期，因此将流转期限限制在剩余承包期内，对承包地租赁市场的影响不大。然而，此后《农村土地承包法》10余年未曾修改，随着二轮承包期限的接近，限定在承包期内的租赁面临的时间约束越来越紧迫，这种本意是为了避免农民成为"失地农民"、强化农村土地社会保障功能的制度设计，反而成为离农、进城农民处置承包地使用权的法律障碍，不仅固化了农民与土地的承包关系以及农民身份，一定程度上成为耕地资源优化配置和农民向城镇迁移的阻力，还严重影响了土地使用主体向土地投资的积极性。正是在这个意义上，秦晖（2017）称这种"非交易的流转"，是农村土地改革的一大陷阱。

4. 探索"三权分置"下经营权出租与承包权退出（2014年至今）

如何既能发挥农村土地的社会保障作用，避免农民失地，又能够提高农业经营效率，推动农业适度规模经营，一直受到中央的高度关注。为了在农村土地配置时实现上述两个目标，中国农村土地所有权、承包权、经营权"三权分置"并行的政策体系逐渐形成。

2014年中共中央、国务院印发的《关于全面深化农村改革加快推进农业现代化的若干意见》（即2014年中央"一号文件"）提出，"在落实农村土地集体所有权的基础上，稳定农户承包权、放活土地经营权，允许承包土地的经营权向金融机构抵押融资"。同年9月，习近平总书记主持召开中央全面深化改革领导小组第五次会议，提出"在坚持农村土地集体所有的前提下，促使承包权和经营权分离，形成所有权、承包权、经营权三权分置，经营权流转的格局"。2017 年，中共中央办公厅、国务院办公厅印发了《关于完善农村土地所有权承包权经营权分置办法的意见》，要求"完善'三权分置'办法，不断探索农村土地集体所有制的有效实现形式，落实集体所有权，稳定农户承包权，放活土地经营权，充分发挥'三权'的各自功能和整体效用"。

近年来，基于"三权分置"的顶层制度设计，中央在农村土地制度改革时，采取了"经营权出租为主、承包权退出为辅"，二者协同推进的思路。2018 年修正的《农村土地承包法》规定，"承包期内，承包农户进城落户的，引导支持其按照自愿有偿原则依法在本集体经济组织内转让土地承包经营权或者将承包地交回发包方，也可以鼓励其流转土地经营权"。该部法律明确指出，进城落户农民可以自愿有偿退出或转让土地承包经营权，也可以出租土地经营权。

一方面，延续先前的改革思路，支持引导农村土地经营权租赁。承包地经营权租赁，是城镇化进程中优化农村土地资源配置的核心方式。尤其是 2008 年中共十七届三中全会提出"加强土地承包经营权流转管理和服务，建立健全土地承包经营权流转市场，按照依法自愿有偿原则，允许农民以转包、出租、互换、转让、股份合作等形式流转土地承包经营权，发展多种形式的适度规模经营。有条件的地方可以发展专业大户、家庭农场、农民专业合作社等规模经营主体"以后，农村承包地经营权流转的比例迅速提高。2007 年，全国家庭承包地经营权流转面积为 0.64 亿亩，2008 年增加到 1.09 亿亩。经过 10 余年的快速发展，至 2018 年底，全国承包地经营权流转面积已达 5.39 亿亩（占家庭承包地总面积的比重达到40.2%），是 2008 年承包地经营权流转面积的 5 倍。

另一方面，针对进城落户农民的需求和现代农业发展的需要，开展农村土地承包权退出试点。随着大量农村人口持续向城镇迁移，进城落户农民需要一个有偿退出农村土地的制度通道，而且一些投资大、回报周期长的现代农业也需要获得产权更充分的农村土地使用权，一般的土地经营权租赁难以满足其要求。考虑到农民的需求和农业发展的需要，近年来，中央开始加快探索进城落户农民的农村土地承包权退出改革。2014年底，原农业部在《关于第二批农村改革试验区和试验任务的批复》中，将农村土地承包经营权退出列为14个改革试验任务之一。2016年8月，全国农村改革试验区工作联席会议审议通过了《关于农村改革试验区拓展试验内容的方案》，将土地承包经营权有偿退出作为四项改革试验任务之一，承包经营权退出试点地区也从2014年的3个增加至12个。农村土地承包经营权自愿有偿退出正式进入政策实施准备阶段。

近年来，有关农村土地承包经营权退出的文件和规定（见表3-1）密集出台，承包地退出已经成为中国农村土地制度改革的前沿领域。2015年8月，国务院印发的《关于加快转变农业发展方式的意见》明确指出，"在坚持农村土地集体所有和充分尊重农民意愿的基础上，在农村改革试验区稳妥开展农户承包地有偿退出试点，引导有稳定非农就业收入、长期在城镇居住生活的农户自愿退出土地承包经营权"。中共中央办公厅、国务院办公厅2015年11月印发的《深化农村改革综合性实施方案》也提出，"在有条件的地方开展农民土地承包经营权有偿退出试点"。2015年10月中共十八届五中全会通过的《关于制定国民经济和社会发展第十三个五年规划的建议》和2016年中央"一号文件"都提出，引导进城落户农民依法自愿有偿转让土地承包权。2016年8月，国务院印发的《关于实施支持农业转移人口市民化若干财政政策的通知》，明确提出"要通过健全农村产权流转交易市场，逐步建立进城落户农民在农村的相关权益退出机制"。2016年10月，国务院印发的《全国农业现代化规划（2016~2020年）》提出，在有条件的地方稳妥推进进城落户农民土地承包权有偿退出试点。2017年中央"一号文件"要求，"允许地方多渠道筹集资金，按规定用于村集体对进城落户农民自愿退出承包地、宅基地的补偿"。2018年中央"一号文件"再次强调，"维护进城落户农民土地承包权、宅基地使用权、集体收益分配权，引导进城落户农民依法自愿有偿转让上述权益"。2019年中共中央办公厅、国务院办公厅印发的《关于促进小农户和现代农业发展有机衔接的意见》提出，"在有条件的村组，结合高标准农田建设等，引导小农户自愿通过村组内互换并地、土地承包权退出等方式，促进土地小块并大块，引导逐步形成一户一块田"。

表 3 - 1   关于农村土地承包经营权退出的文件和规定

时间	发文机构	文件名	承包地退出有关规定
2015 年 8 月	国务院办公厅	《关于加快转变农业发展方式的意见》	在农村改革试验区稳妥开展农户承包地有偿退出试点，引导有稳定非农就业收入、长期在城镇居住生活的农户自愿退出土地承包经营权
2015 年 10 月	中共中央	《关于制定国民经济和社会发展第十三个五年规划的建议》	维护进城落户农民土地承包权、宅基地使用权、集体收益分配权，支持引导其依法自愿有偿转让上述权益
2015 年 11 月	中共中央办公厅、国务院办公厅	《深化农村改革综合性实施方案》	在有条件的地方开展农民土地承包经营权有偿退出试点
2015 年 12 月	中共中央、国务院	《关于落实发展新理念加快农业现代化　实现全面小康目标的若干意见》（即 2016 年中央"一号文件"）	维护进城落户农民土地承包权、宅基地使用权、集体收益分配权，支持引导其依法自愿有偿转让上述权益
2016 年 8 月	国务院	《关于实施支持农业转移人口市民化若干财政政策的通知》	要通过健全农村产权流转交易市场，逐步建立进城落户农民在农村的相关权益退出机制
2016 年 10 月	国务院	《全国农业现代化规划（2016～2020 年）》	在有条件的地方稳妥推进进城落户农民土地承包权有偿退出试点
2016 年 12 月	中共中央、国务院	《关于深入推进农业供给侧结构性改革加快培育农业农村发展新动能的若干意见》（即 2017 年中央"一号文件"）	允许地方多渠道筹集资金，按规定用于村集体对进城落户农民自愿退出承包地、宅基地的补偿
2018 年 1 月	中共中央、国务院	《关于实施乡村振兴战略的意见》（即 2018 年中央"一号文件"）	维护进城落户农民土地承包权、宅基地使用权、集体收益分配权，引导进城落户农民依法自愿有偿转让上述权益

续表

时间	发文机构	文件名	承包地退出有关规定
2019 年 3 月	中共中央办公厅、国务院办公厅	《关于促进小农户和现代农业发展有机衔接的意见》	在有条件的村组,结合高标准农田建设等,引导小农户自愿通过村组内互换并地、土地承包权退出等方式,促进土地小块并大块,引导逐步形成一户一块田
2019 年 3 月	中共中央、国务院	《关于建立健全城乡融合发展体制机制和政策体系的意见》	维护进城落户农民土地承包权、宅基地使用权、集体收益分配权,支持引导其依法自愿有偿转让上述权益;探索对增量宅基地实行集约有奖、对存量宅基地实行退出有偿

资料来源:作者根据中央相关文件整理。

(二)农村承包地制度面临的挑战

毫无疑问,近些年中国农村承包地制度改革取得了巨大成效,无论是在土地权利的界定方面——比如 2007 年实施的《物权法》将土地承包经营权界定为用益物权,还是在对土地权利的保护方面——比如 2019 年实施的《农村土地承包法》不再要求全家迁入设区的市的农民交回发包方,而是规定"国家保护进城农民的土地承包权。不得以退出土地承包权作为农户进城落户的条件"。

然而,由于存在自然的、观念的、市场的等多方面因素,现有的农村土地制度改革,无论是在土地经营权流转(租赁)方面,还是在土地承包权退出方面,都面临不少问题和挑战。

1. 土地经营权流转(出租)面临四大问题

一是"无规模的流转"现象十分突出。土地流转和多种形式规模经营,是发展现代农业的必由之路,也是农村改革的基本方向(习近平,2019)。全球化时代,超小规模的农业不具有国际竞争力。"洋粮入市、国粮入库"现象,是对中国农业国际竞争力亟待提高的一个警示。前文的政策梳理表明,如何实现土地适度规模经营,一直是农业和农村土地政策的一个核心关注点。

所谓"无规模的流转",是指土地经营规模没有随土地经营权流转比例提高而增大这么一种情况。至 2018 年底,全国家庭承包地总面积的 40.20% 已经流转,比例不可谓不高。但是,尽管农地流转比例已经相当高,但当前的土地经营权流转并没能改变大量小农户分散使用土地的状况,或者说没能显著提高土地的规模经营程度。第三次全国农业普查主要数据公报(第五号)数据显示,全国有 398 万规模农业经营户,仅占总农业经营户(20743 万户)的 1.92%。中国农业仍是小农户的汪洋大海。"农业部调查表明,从中国资源禀赋和当前城乡居民收入差距看,一年两熟地区户均耕种 50～60 亩、一年一熟地区户均耕种 100～120 亩,就有规模效益"(习近平,2019)。按照这一标准,绝大多数农户经营的土地面积依然太小,没有达到实现规模效益的要求。

之所以出现这种"没能显著提高经营规模的流转",一个根本原因是中国农户原本经营的土地规模实在是太小。中国要想从"人均一亩二,户均不过十亩"的超小规模土地经营,发展到户均经营土地 50 亩以上,实现适度规模经营,单凭市场方式下农户之间自发的土地经营权流转,过程无疑将十分漫长。

二是流转契约呈现明显的"非正式、短期化"。尽管《农村土地承包法》《农村土地承包经营权流转管理办法》①都对农村承包地经营权流转合同做了专门的规定,原农业部还于 2016 年出台了《农村土地经营权流转交易市场运行规范(试行)》,明确了在流转交易市场进行交易的相关规程,地方政府也倡导土地经营权规范化流转,不少还制定了流转合同范本,但是长期以来,中国农村土地经营权流转都具有"非正式、短期化"的特征。据叶剑平等(2005)对 17 个省的 1962 份农户问卷调查,2005 年前后,农户在转包或转让土地使用权时,签订合同的只有 13.4%。在转出土地的农户中,有 46% 的农户转出土地没有约定流转期限,在有约

---

① 2019 年 9 月,农业农村部基于新的《农村土地承包法》,发布了《农村土地经营权流转管理办法(修订草案征求意见稿)》。

定期限的流转中，有一半左右约定的流转期限在 1 年以内，只有 6% 的农户曾经约定过超过 10 年的流转期限（叶剑平等，2006）。钟文晶、罗必良（2014）对全国 26 个省份 890 户农户的调查发现，68.72% 的土地使用权流转没有签订正式契约或仅有口头契约，60.51% 的流转没有明确流转期限，有明确期限的流转契约中，又有超过一半（54.55%）流转期限不超过 1 年。

近年来政府积极引导，上述情况有了明显好转。但是由于相当大一部分农村承包地经营权流转没有通过正规的土地流转市场——农业农村部《中国农村经营管理统计年报（2018 年）》的数据显示，在 2018 年全国 5.39 亿亩承包耕地流转总面积中流入的比例高达 57.14%（3.08 亿亩），且主要是在熟人之间自发进行，因此中国目前农村承包地经营权流转契约的"短期化、非正式"情况仍然非常明显（洪炜杰、胡新艳，2018）。我们 2019 年对苏鲁皖三省 935 户农户的调查发现，在流出土地经营权的 259 户农户中，有多达 106 户（占比 40.93%）未签订正式书面合同；在流入土地的 349 户农户中，有 251 户（占比 71.92%）没有约定流转期限，而是"种一年看一年"。即便是在 88 户签订正式流转合同的土地流入户中，过半（51.14%）的合同期限在 5 年及以下。

流转契约的"非正式、短期化"造成土地使用权不稳定，无疑会限制农业经营主体向土地投资、改善地力的积极性，从而阻滞传统农业向现代农业转型。

三是流转让耕地面临"非粮化、非农化"压力。确保国家粮食安全，一直是中国农村土地政策的根本出发点。习近平总书记强调，"中国有十三亿人，粮食安全是头等大事"，"要依靠自己保口粮，集中国内资源保重点，做到谷物基本自给、口粮绝对安全，把饭碗牢牢端在自己手上"，"保障国家粮食安全的根本在耕地，耕地是粮食生产的命根子。农民可以非农化，但耕地不能非农化"。

然而，当前土地经营权流转，有推动土地非粮化、非农化的趋向。也有学者将这种"双非趋向"称为"土地流转陷阱"（叶兴庆，2015）。逻辑上看，土地经营权流转的"非粮化、非农化"趋向，会随着流出土地者非农收入的提高、其他流入土地者支付地租更高，而自我强化，其形成机理如下。一方面，兼业经营和进城农户在无力或不愿耕种土地而想出租时，他们会追求尽可能高的地租收益而不在乎承租人是否非粮化——即个体追求收益最大化的目标与国家粮食安全目标并不一致，而且受周边土地出租价格的示范效应影响，他们也期待获得较高的流转收益。否则，他们可能会懒散经营以等待出价更高的承租人。这会导致土地经营权流转价格呈现较强的刚性，难以下降。另一方面，只有种植蔬菜、水果等高附加值作物（非粮化）或者干脆改变土地用途（非农化）的用地主体（流入方），才有能力支付高地租。因种植粮食的收益受到生产成本的"地板"和国外粮价"天花板"的双重影响（翁鸣，2015），同一地区各个种粮主体每亩地的收益都不太高，在流入土地时，难以像非粮化、非农化的用地主体那样，支付较高的地租。最终非粮化、非农化用地主体租入土地，而种植粮食的用地主体因不能支付较高的租金，而被排斥在土地经营权流转市场之外。

正是为了避免土地经营权流转造成非粮化、非农化，2015年原农业部等四部门印发了《关于加强对工商资本租赁农地监管和风险防范的意见》提出，"各地要强化租赁农地的用途管制，采取坚决措施严禁耕地'非农化'"；2019年中央"一号文件"明确强调，"毫不放松抓好粮食生产，推动藏粮于地、藏粮于技落实落地，确保粮食播种面积稳定在16.5亿亩……强化粮食安全省长责任制考核""坚持农地农用、防止非农化"。

四是流转不畅造成土地"供求错配"。近年来，非农就业机会多、非农收入相对更高，再加上"化肥、种子等农资价格上涨幅度大于粮价上涨幅度，种粮比较效益越来越低，种一亩粮的收入还比不上外出打几天工"（习近平，2019），导致越来越多的农民想把土地流转出去。我们2018年1~3月春节前后对黄淮海农区六省20县1026户农户的问卷调查发现，除1户因放弃二轮承包而没有承包地以及148户农户已经把全部承包地都流转出去之外，在剩余的 877 户农户中，有 43.10% 的农户想以当时当地流转价格把自家正在种的一部分地租出去，但是因"没人租、租金太低、达不到连片要求"等而未能流出。自家没人种地又租不出，导致耕地撂荒现象开始出现。据调查，在河南南部、安徽南部的山区和丘陵地区，由于没人租，被抛荒的耕地比例接近 1/10。以安徽省黄山市祁门县为例，据当地农业部门调查，2012 年抛荒耕地多达 11521.99 亩（占全县耕地总面积的 8.05%），其中 2/3 是全年抛荒。近年来，耕地抛荒有从山区、丘陵地区向平原蔓延的趋势，江淮平原、长江中下游平原季节性抛荒现象开始增多。我们 2019 年 7～8 月对苏鲁皖三省 15 县 935 户农户的调研发现，多达 24.81% 的农户家里有耕地被季节性抛荒，其中一些农户家里甚至有耕地被全年抛荒。想流出不得而勉强耕种甚至抛荒，是土地流转市场"供大于求"的一个有力证据。

然而，在"供大于求"的背后，还存在明显的"供不应求"。近年来，中国农业农村发生了翻天覆地的变化。农村公共设施大幅改善，农业机械的普遍使用大大降低了农业生产的辛苦程度，再加上城乡居民对优质农产品的需求持续增加，不少青年农民选择在乡村从事现代农业。他们需要流入土地，从事适度规模经营。而且，一些因年龄较大而难以在城镇找到理想工作的农民工，为了获得更多收入，也愿意扩大土地经营规模。我们 2018 年对黄淮海农区 1026 户农户调查发现，有 32.36% 的农户在当前地租和农业收益条件下想种更多的土地，却因租不到（符合集中连片要求的）、租金太贵等而未能成行。大量农户想扩大经营规模却没能获得更多土地，表明土地流转市场上的有效供给不足。

在土地流转市场同时存在"供大于求"和"供不应求"现象，是多方面原因共同作用的结果，其中制度安排、自然因素的影响最为明显。一方面，农户差别化的土地需求是土地使用权流转的内在动力，但是土地流转平台不健全、土地抵押市场缺失，致使土地不能充分流转。而且，用地主体一般需要集中连片的土地，但是在土地"肥瘦搭配、按人均分"的制度安排下，一大块土地往往被划分成很多小块，由众多农户承包。因农户的土地出租意愿和要求的价格不同，在农村集体经济组织虚化、弱化的情况下，难以实现集中连片，从而限制了用地主体承租。另一方面，土壤类型、耕地质量和土地的空间分布，也导致一些土地流入需求不能被满足，而一些土地则难以流出，最终"供求错配"。土地不可移动且存在明显的质量差异，而且即使在同一村庄，也可能存在多种土壤类型。但是，用地主体对土地质量、类型和所处位置有特定的要求。土地质量、类型和位置因素，也是造成 A 村土地"供大于求"和 B 村土地"供不应求"这种情况的原因之一。

2. 土地承包权退出遭遇"进退"两大挑战

与土地经营权出租起步早、各界接受度高不同，土地承包权退出是2014 年以后才逐步走进政策和公众视野的。作为涉及农民身份彻底转变的新事物，农村土地承包权退出在认识上和实践中存在不少问题，简单概括为"进退两难"。

一是关于"谁要退地、为何退地"的认识问题。退出农村承包地是城镇化进程中部分农户离开农村、迁入城市的必然要求。对此，第一章有详细的论述。但是，有些人将以往对"农民失地"的忧虑，投射到土地退出上，担心让农民退出土地会产生"失地农民"，影响社会稳定。这些人倾向于认为，农民这一群体难以照顾好自己，因此政府必须对农民负责，不能让农民失去土地。对于因农民"欲出租、退地而不得"出现的土地抛荒现象，他们认为可以通过法律规定"耕地不得连续两年抛荒"来解决；对于农民进城后闲置出来的宅基地，有人甚至认为可以通过"自然复垦"的方式，交给时间来解决（陈锡文，2014）。正是受这种认识的影响，农村土地承包经营权转让被严格限定在本集体经济组织内。其集中体现是 2019 年实施的新《农村土地承包法》规定，引导支持进城落户农户"按照自愿有偿原则依法在本集体经济组织内转让土地承包经营权或者将承包地交回发包方"。

需要承认，与实践发展相比，中国农村改革明显滞后，一些不利于改革的思想观念根深蒂固。对此，习近平总书记深刻地指出，"在深化改革问题上，一些思想观念障碍往往不是来自体制外而是来自体制内"。① 农民是一个充满智慧的群体，也是农业农村发展的主体和最主要的受益者。与其他人相比，农民清楚自己需要什么样的制度，知道发展生产需要什么样的生产方式。对中国改革发展带来巨大影响的"大包干"或家庭承包制，就是农民基于自身需求、大胆尝试形成的制度创新。固守"农民不能失地"的传统观念，不能根据社会发展和农户的需求变化，为进城农民自愿有偿退出农村土地提供制度安排，会延误城镇化进程和农业农村转型。关于农民退出农村土地可能存在的风险，可以借助其他手段加以解决。观念应当从担忧"农民失地"向支持部分离农、进城农民"自愿退地"转变。

二是关于"谁来接地、如何利用"的实践问题。农村土地退出是大势所趋。随着城镇化的推进和农村人口向非农领域转移，越来越多的农民会离开农业农村，也会有越来越多的进城农户想要有偿退出承包地。那么，农村转移人口退出的承包地"谁来承接、如何经营利用"，直接关系到改革的顺利推行、农村土地的优化配置，从而牵涉提高土地利用效率和农业竞争力等问题。

出于多方面的考虑，目前的法律政策把承包地退出限定在本集体经济组织内部，或者说将承接主体限定在本集体。前几年中央批准的有关改革试点，均明确要求现阶段只能限制在本集体范围之内。按照中央这一要求，成都市统筹城乡和农业委员会 2017 年 12 月印发的《成都市规范农村土地承包经营权退出的指导意见（试行）》明确提出，"按照封闭运行、风险可控的要求，退出试点严格控制在本集体经济组织内部进行，审慎稳妥推进，避免引起大的波动，维护社会稳定"。2018 年修正的《农村土地承包法》进一步以法律形式明确规定，"承包期内，承包农户进城落户的，引导支持其按照自愿有偿原则依法在本集体经济组织内转让土地承包

---

① 习近平：《关于〈中共中央关于全面深化改革若干重大问题的决定〉的说明》，新华网，http://www.xinhuanet.com//politics/2013-11/15/c_118164294.htm。

经营权或者将承包地交回发包方",也就是说可以通过在本集体经济组织内部转让或者有偿交回发包方的方式退出承包地。

但是,在大量农业人口向非农领域转移的大趋势下,一个集体内想有偿退出承包地者显然比想承接承包地者多得多。本集体甚至可能根本没有成员愿意扩大农业经营规模,或者有能力支付一笔费用来承接其他成员退出的承包地。虽然法律政策提出农户退出的承包地可以有偿交回作为所有人和发包方的集体经济组织,但是集体经济组织虚化、弱化严重,大部分集体经济组织没有资金也没有动力回收农户退出的承包地。也就是说,将承包地退出限定在集体经济组织内部,会造成"供大于求"。而且,划定一个较小的交易范围,既会压低土地承包权转让的成交价格,也会降低人们对土地承包权的可处置预期,从而抑制交易双方的参与积极性。此外,由于存在土地供需的空间不一致,且土地不可移动,优化土地资源配置需要让用地主体移动起来。将承接主体限定在集体经济组织内部,"画地为牢",会导致承接主体缺乏,优化土地资源配置、提高农业经营效率的政策目标难以实现。

在退地需求旺盛、承接主体缺乏的现实情况下,为了开展农村承包地退出试点工作,不少承担承包地退出试点的改革试验区,都采取了政府直接收储或政府资金支持下的村集体代为收储的方式。不过,村这种方式如果大面积推行,会给地方政府带来很大的财政压力,因此很多改革试点都只选择几个村甚至几户进行承包地退出试点。比如四川省内江市市中区,作为承担农村土地承包经营权退出试点任务的改革试验区,实际上只有1户永久退出了5.38亩承包地。① 在政府直接收储或政府财政资金支持下的村集体代为收储的模式下,政府收储之后的承包地如何利用,既关系到农地的利用效率,也关系到政府前期投入财政资金的有效回收,十分重要。农户退出的承包地是分散的,而承接主体一般需要集中连片的承包

---

① 《四川内江探索农村土地承包权退出"三换"模式》,农村改革试验区办公室供稿,新华网,http://www.xinhuanet.com/2018 - 05/11/c_ 1122816224.htm。

地。随着农村土地权益日益固化，再加上很多集体经济组织的动员组织能力不强，如何将农户退出的承包地集中连片，满足承接主体集中连片用地的需要，也是农村承包地退出必须破解的难题。

二　农村宅基地制度的发展及其面临的挑战：农民财产权利视角

根据原国土资源部 2010 年 3 月印发的《关于进一步完善农村宅基地制度切实维护农民权益的通知》，农村宅基地，亦称作房屋地基，"是指农村居民依法取得的用于建造住宅及其生活附属设施的建设用地"。农村宅基地制度可以划分为两部分，即农村宅基地产权制度与农村宅基地管理制度。农村宅基地产权制度界定了农村宅基地归谁所有、由谁使用、所有者有何权利等；农村宅基地管理制度则主要是指农村宅基地的规划和计划管理、审批管理、超占多占管理等。目前，农村宅基地尚未专门立法，而是由相关法律法规、国家政策和各地传统习俗共同规范、调整。

中国现行的农村宅基地制度，发端于人民公社时期，在 1978 年农村改革启动后的相当长时期内保持了稳定，此后因城乡发展形势变化而持续调整。总体而言，40 余年来的农村宅基地制度改革，是一个从以政府供给为主到农民需求诱致的上下结合的制度变迁过程。随着农村宅基地制度改革的深化，农民拥有的宅基地权利逐步增多，国家对农村宅基地的管理也有所松动。然而，由于采取了渐进式赋权的改革思路，当前的农村宅基地制度改革呈现明显的"零敲碎打"特征，这导致土地制度建设在很多方面互不配套，难以满足农民的需求和农村发展的需要；由于坚持城市优先发展战略，现有的农村宅基地制度没能平等保护农民的土地财产权，这造成城乡土地制度无法互补衔接，成为农村转型和城乡一体化发展的障碍。

（一）农村宅基地制度改革述评

总的来看，以社会各界最为关心的城乡一体化进程中农民的房屋能否买卖、农村宅基地使用权能否流转为标准，可以将 1978 年农村改革启动以来中国农村宅基地制度改革划分为保护转移、限制交易、有限赋权三个阶段。

1. 保护农村宅基地使用权转移（1978～1999 年）

1978 年启动农村改革以后，随着市场化改革的推进和国家法律制度的健全，农村宅基地制度中产权制度和管理制度逐渐规范化。总体而言，直到 1999 年，中国一直延续并持续完善人民公社时期形成的农村宅基地制度，在市场化改革的基本取向下，承认农民房屋的私有产权性质，准许农民把自家房屋连同宅基地一体转让，并通过相关法律予以明确和规范。

所有权包括占有、使用、收益和处分四项基本权能。农民拥有房屋的所有权，因此可以处分（出卖）。在 2004 年《宪法》修正案通过之前，保护农民的房屋所有权，从而准许农民出卖房屋，一直都是宪法明确赋予农民的神圣权利。在农村房屋由农民私人所有且可以处分的"一宅两制"下，宅基地使用权将随房屋买卖而转移，不言自明。这从后面的法律法规中也可以看出。不允许宅基地使用权转移，事实上会限制农民对房屋的处分权因而违反宪法。因此，无论是城镇居民还是农民，都可以通过合法的农村房屋买卖，连带获得宅基地的使用权。正因如此，最高人民法院 1979 年 2 月发布的《关于贯彻执行民事政策法律的意见》指出，"依法准许买卖的房屋，经过合法手续，确定了买卖关系的，应保护双方的权利"。

1982 年 2 月国务院发布的《村镇建房用地管理条例》很好地诠释了宪法精神。条例在第十五条规定"由于买卖房屋而转移宅基地使用权的，应按第十四条的规定办理申请、审查、批准手续"，首次以国家法规的方式明确了农村宅基地使用权可以因房屋买卖而转移，但是"出卖、出租房屋的，不得再申请宅基地"。而且，条例对城镇居民回乡取得宅基地的程序做出了明确规定。不仅如此，条例还明确指出，"严禁买卖、出租和违法转让建房用地"。可见，此时对宅基地使用权随房屋交易而转移，并没有进行限制（魏后凯、刘同山，2016）。条例的上述规定在 1986 年颁布第一部《土地管理法》中得到了延续，宅基地使用权仍然可以随房屋交易而转移。例如，第三十八条规定，"出卖、出租住房后再申请宅基地的，不予批准"。而且，这部法律仍然准许城镇非农业户口居民申请获得农村宅基地，尽管审批权从原来的公社（后来的乡镇）上移至县一级。1988 年修订的《土地管理法》第二条规定，集体所有土地的使用权可以依法转让。但该部法律并没有给出土地使用权转让的具体办法，而是交由国务院另行规定。1991 年，国务院发布的《土地管理法实施条例》规定了土地使用权转让的具体办法：依法买卖、转让地上建筑物、附着物等而使土地使用权转移的，必须向县级以上地方人民政府土地管理部门申请变更登记，由县级以上人民政府更换土地证书。

在社会主义市场经济体制基本确立后，1994 年中国启动了城镇住房制度改革。为了防止城镇居民到农村购置房屋对城镇住房市场造成分流，1998 年 8 月重新修订的《土地管理法》删除了城镇非农业户口居民可以在农村取得宅基地的规定，但由于保留了"土地使用权可以依法转让"且允许农民出卖住房，城镇居民实际上依旧可以通过购买农民住房获得宅基地使用权。而且，当年 12 月国务院发布的《土地管理法实施条例》对土地使用权转让的规定与 1991 年《土地管理法实施条例》的内容基本一致，表明此时"地随房走"的宅基地管理基本取向尚未改变。

总之，在农村改革后的 20 年间，中国延续了人民公社时期形成的农村宅基地管理制度，并没有对农村宅基地使用权转移进行限制，而是通过承认并保护农民房屋所有权，附带允许宅基地使用权转移。

2. 限制农村房屋及宅基地交易（1999～2008 年）

20 世纪末，随着市场经济发展和城乡人口流动加快，中国城市居民收入持续增加，富裕起来的城市居民到农村购买房屋的情况也明显增多。尤其是 1998 年 7 月国务院印发的《关于进一步深化城镇住房制度改革加快住房建设的通知》要求"停止住房实物分配，逐步实行住房分配货币化"后，很多城市居民涌向城乡接合部购买农民的住房，一些地方甚至出现了以开发"果园""庄园"为名炒卖地皮的现象。

　　为了治理农村土地非法转让乱象，同时将城市居民的购房需求限制在城市范围内（以保障城镇住房制度改革顺利推进），1999 年 5 月国务院办公厅发布了《关于加强土地转让管理严禁炒卖土地的通知》，首次要求"农民的住宅不得向城市居民出售"。在此之前，国家没有对农民出售房屋的受让对象做出限定，更未限制过农民房屋出售以及随之而来的宅基地使用权转移（张云华，2011）。由于农村居民家家有住房，而且在彼时符合条件的村民可以免费申请宅基地，农民没有动力购买他人的房屋及宅基地，农村房屋交易主要是农村居民把房屋卖给城市居民。前述规定，禁止农民把住宅出售给城市居民，实际上限制了农民房屋所有权交易，相当于剥夺了农民的财产权，与《宪法》保护农民房屋所有权和农民合法财产的精神不符。同时，《关于加强土地转让管理严禁炒卖土地的通知》规定"不得批准城市居民占用农民集体土地建住宅"，导致城市居民难以通过申请合法获得宅基地。

　　此后，限制农民把房屋出售给城镇居民、限制农民房屋所有权权益的做法日益盛行并一直延续下来。比如，2004 年 10 月国务院发布的《关于深化改革严格土地管理的决定》严令禁止城镇居民在农村购置宅基地。当年 11 月，原国土资源部印发的《关于加强宅基地管理的意见》明确严禁城镇居民在农村购置宅基地以及为城镇居民在农村购买住宅发放土地使用证。2004 年修订后的《宪法》，将国家保护公民的房屋和其他合法财产的所有权修改为"公民的合法的财产不受侵犯"，从而模糊了农民房屋的私人所有属性和自由处置权，以避免农民依据宪法规定主张房屋自由出售的权利。因一些地方所谓的"小产权房"交易依旧大量存在，2007 年 12 月，国务院办公厅发布了《关于严格执行有关农村集体建设用地法律和政策的通知》，再次重申，"城镇居民不得到农村购买宅基地、农民住宅或'小产权房'"。2007 年颁布实施的《物权法》回避了宅基地使用权能否转让、如何转让这一非常重要而又十分敏感的问题。2008 年中央"一号文件"要求，城镇居民不得到农村购买宅基地、农民住宅或"小产权房"。

可见，禁止农村房屋和宅基地使用权向城市居民转让，是这一时期宅基地管理政策的核心目标。但是，这一政策实际上造成了"只准农村居民进城，不准城镇居民下乡"，城市人才不能回流到农村，"告老还乡、衣锦还乡、解甲归田"成为历史，无疑加剧了城乡二元分割和农村的衰落。

3. 有限增强农村宅基地权能（2008年至今）

21世纪以来，城乡壁垒日益消除，大量农村人口流向城市，农村房屋及宅基地浪费现象严重，农村空心化问题引发社会关注（刘同山、孔祥智，2016）。为了提高农村宅基地利用效率，国家在严禁农村建设"小产权房"的同时，开始鼓励农村集体成员之间转让住房及宅基地，并开始推进进城落户农民自愿有偿退出宅基地使用权。其标志是2008年1月国务院发布《关于促进节约集约用地的通知》。该通知一改先前农民腾退的宅基地由集体无偿收回后再统一安排使用的做法，规定村民自愿腾退宅基地或符合宅基地申请条件购买空闲住宅的，当地政府可给予奖励或补助。政府对自愿腾退宅基地或购买空闲住宅进行奖励或补助，在政策上尚属首次。看似政策上的微小调整，却是宅基地迈向市场化配置的一大步。如果说该通知只是鼓励形成农村集体内部的建设用地市场，那么2008年10月中共十七届三中全会通过的《关于推进农村改革发展若干重大问题的决定》则进一步明确了农村宅基地制度改革的大方向。该决定不仅要求依法保障农户宅基地用益物权，还提出逐步建立城乡统一的建设用地市场。按照十七届三中全会的精神，2010年、2012年中央"一号文件"对宅基地使用权确权登记颁证工作进行了部署。显然，确权颁证为下一步农村宅基地使用权转让奠定了制度基础。

2013年十八届三中全会通过的《关于全面深化改革若干重大问题的决定》要求赋予农民更多财产权利，"保障农户宅基地用益物权，改革完善农村宅基地制度，选择若干试点，慎重稳妥推进农民住房财产权抵押、担保、转让。"此后，以市场化为基本取向、以还权、赋能为重要特征的农村宅基地制度改革步伐逐渐加快，农民住房财产权和宅基地使用权等权益持续加强。2015 年 2 月，经全国人大授权，福建晋江、浙江义乌等 15 个县（市、区）按照中央部署，暂停《土地管理法》的有关规定，启动了宅基地改革试点。2016 年中央"一号文件"要求，维护进城落户农民的宅基地使用权，并支持引导其依法自愿有偿转让。2016 年 3 月发布的全国"十三五"规划纲要进一步提出，"开展宅基地融资抵押、适度流转、自愿有偿退出试点"。

考虑到农村宅基地抵押存在无法赎回的可能，上述政策意味着宅基地交易仅限于集体成员内部的规定正在被打破，对农民住房财产权和宅基地用益物权的限制正在消解。这种趋势在 2018 年中央"一号文件"中得到了验证。2018 年中央"一号文件"首次明确了宅基地所有权、资格权、使用权"三权分置"的改革思路，并要求"保障宅基地农户资格权和农民房屋财产权，适度放活宅基地和农民房屋使用权"。2019 年新修正的《土地管理法》规定，"国家允许进城落户的农村村民依法自愿有偿退出宅基地，鼓励农村集体经济组织及其成员盘活利用闲置宅基地和闲置住宅"。至此，中国农村宅基地改革趋向逐渐清晰，即按照渐进式赋权的思路，持续强化农民宅基地的财产权利。

（二）农村宅基地制度面临的挑战

农村宅基地改革关系到农民房屋所有权的实现，以及资源要素的城乡双向流动。当前农村宅基地制度改革滞后，难以适应农村转型和城乡一体化发展的需要。

1. 法律法规不健全甚至失调

农村房屋是农民的私有财产。《宪法》《民法通则》规定，公民的合法的私有财产受法律保护。农民对其私有的房屋有支配和处分的权利，但宅基地属于集体所有。为了调和"私房公地"的矛盾，农村改革之后农村房屋交易，延续了人民公社时期"地随房走"的规定，即宅基地使用权随房屋交易而转移。但是，1999 年 5 月国务院办公厅印发了《关于加强土地转让管理严禁炒卖土地的通知》，禁止农民把住宅出售给城市居民，从而严格限制了农民的房屋处置权，造成农村房屋和城镇房屋不能"同权同利"，人为地加剧了城乡二元对立。《物权法》规定，"所有权人对自己的不动产或者动产，依法享有占有、使用、收益和处分的权利"。照此规定，作为农村房屋的所有权人，农民可以依法处置自家的房屋，但该法又规定"宅基地使用权的取得、行使和转让，适用土地管理法等法律和国家有关规定"，在法理上产生自相矛盾。

不仅如此，《物权法》第 12 章建设用地使用权第 147 条规定，"建筑物、构筑物及其附属设施转让、互换、出资或者赠与的，该建筑物、构筑物及其附属设施占用范围内的建设用地使用权一并处分"。原国土资源部把农村宅基地定义为"农村居民依法取得的用于建造住宅及其生活附属设施的建设用地"，显然农村宅基地应当适用 147 条的规定。但是，农村宅基地使用权被作为与建设用地使用权并列的一种权益单独列出，而且宅基地转让"适用土地管理法等法律和国家有关规定"。尽管2019 年修正的《土地管理法》提出进城落户的农村村民自愿有偿退出农村宅基地，是对物权法这一上位法有关规定的进一步诠释，但是该部法律使用了"退出"二字，而不是一般意义上的"转让"，实际上延续了"三块地"改革时要求的农村宅基地有偿退出限制在集体经济组织内部的思路。与承包地退出一样，限制宅基地退出的承接或受让对象，会产生无人承接的困境，显然不利于农村宅基地以及其上的房屋财产权利的实现。

此外，现有法律法规对农村宅基地的规定较少，内容也比较笼统模糊，在不少方面存在法律空白。比如，《民法通则》第 76 条规定"公民依法享有财产继承权"，但对于城镇居民依法继承农民的房屋能否进行宅基地使用权登记，尚没有做出合理解释；2019 年修正的《土地管理法》保留了原土地管理法第 62 条规定，"农村村民一户只能拥有一处宅基地"，但对于因继承或赠与而合法拥有多处宅基地的情况如何处理，一直没有做出明确规定。随着农民乡城迁移和"一户多宅"现象的增多，法律空白和模糊引发的问题日益突出。

2. 改革步伐滞后于发展实践

40 余年来，与城乡经济社会的快速变化相比，农村宅基地制度改革进展缓慢，越来越难以适应经济社会发展的需要，并引发了一些问题。

一是制度障碍损害了农村宅基地利用效率。改革开放以来，农村宅基地制度的主要特征是"福利分配、长期使用、无偿回收、限制流转"，因此宅基地使用权是一种带有社会福利性质的权利，是农民基于集体成员身份而享受的福利保障，相对而言却忽略了农民的宅基地收益权和财产权。这种制度不仅助长了农民"不占白不占"的社会心态，还限制了宅基地的交易价值，造成大量农村宅基地的低效率使用甚至长期闲置而不退出（张军扩、张云华，2017）。理论上看，城镇化水平的提升和乡村人口数量的减少从总体上来讲应当是有利于节约居住性建设用地的，因为相对于农民在农村的宅基地而言农民进城后居住用地会更加集约。

实际情况却恰恰相反，在乡村人口大量减少的背景下，不仅城镇建设用地大幅增加，农村建设用地也继续增加。2009 年至 2016 年，在农村人口减少 9965 万人的情况下，全国村庄用地面积反而增加了 1091.3 万亩。[①]据我们 2018 年 1～3 月对黄淮海农区 6 省（市）20 县 1026 户农户的抽样调查数据，多达 15.9% 的农户家里有闲置宅基地。江西省委农办的调查则表明，按常住农户数计算，江西省 1008 个样本村庄中，有 371 个自然村（占比 36.8%）的"空心化"率在 40% 以上。[②]

二是限制交易不符合农民意愿与发展趋势。农村房屋交易和宅基地使用权流转是城镇化和市场经济发展的内在需要。中国的城镇化进程尚未结束，大量农民将会持续离开农业农村迁入城镇。农村人口向城镇迁移要求财富能够相应流动，如果宅基地使用权流转不畅、农民就难以处置农村房屋，从而会削弱其进城的意愿和能力（袁铖，2010）。而且，相当多农民

---

① 第二次全国土地调查和年度全国土地变更调查，自然资源部官方网站，http://tddc. mnr. cn/to_ Login。

② 江西省委农办：《江西省"空心村"调研报告》，载中央农村工作领导小组办公室、农业农村部主编的《乡村振兴文稿》2019 年第 2 期。

已经退出农业、离开农村，宅基地的福利属性不断弱化。权利意识觉醒的农户对宅基地及房屋的财产属性要求逐渐强烈。

实际上，相当多的农户有过宅基地交易经历，而且愿意把自家闲置宅基地或房屋转让给别人。我们2018年1~3月在黄淮海农区对1026户农户的抽样调查结果显示：有12.2%（125户）的农户曾经交易过宅基地使用权，在163户有闲置宅基地的农户中，分别有39.5%和54.0%的农户愿意以当前市场价格把闲置宅基地使用权转让给别人或者交给国家；有13.8%（142户）的农户家里有长期闲置的房子，其中近半数（69户）农户愿意把闲置的房子连同宅基地一起转让给别人。在市场化程度较高的一些东部地区，农村房屋连同宅基地转让已非常普遍。比如浙江乐清市，至2016年2月，经政府部门备案的农村房屋和宅基地交易已达7185起，累计交易面积115.73万平方米。

虽然"三块地"改革方案提出在试点地区探索农村集体经营建设用地直接入市是很大的进步，但是由于农村集体经营性建设用地与普通农户的关系很小，而且集体经营性建设用地存量规模仅占全国集体建设用地总量很小的比重，因此宅基地制度改革仍未惠及普通农户。

三是用途管制不力导致"小产权房"大量存在。所谓"小产权房"，是指在农民集体土地上建设的，未缴纳土地出让金等相关税费，面向社会公开销售，购买人与开发商或乡镇政府、村委会签订购买协议，无法律认可的产权证明的房屋（张云华，2011）。近20年来，城市快速蔓延和城乡土地巨大的价差，使"小产权房"一直是城郊农村土地管控的难点和重点。虽然政府三令五申，但"小产权房"开发屡禁不止，并已经大量进入住房市场。据全国工商联房地产商会的统计，至2015年3月，全国"小产权房"面积在70亿平方米左右，占全国城镇住房总面积的25%~30%。[1]

---

① 李宇嘉：《不动产登记很难撇开小产权房》，《证券时报》2015年3月5日，http://epaper. stcn. com/paper/zqsb/html/2015－03/05/content_ 661831. htm。

从法理上讲，农村的土地归农民集体所有，法治国家只能从公共利益出发，借助宅基地管理制度或乡村规划法对农民的宅基地利用行为进行约束，即做好用途管制。但是，中国现有的分散于《土地管理法》《物权法》的宅基地管理制度对城镇化进程中农民的宅基地发展权几乎没有涉及。《城乡规划法》第41条规定，在乡、村庄规划区内使用原有宅基地进行农村村民住宅建设的规划管理办法，由省、自治区、直辖市制定。然而，省级政府部门难以直接面对众多的乡村，最终只能将村庄规划的编制权层层下移至乡镇。例如，2009年发布的《北京市城乡规划条例》第15条第4款明确指出"村庄规划由所在乡、镇人民政府组织编制"。这无疑为乡村合谋建设"小产权房"或"乡产权房"提供了空间。只要符合乡镇政府组织编制的村庄规划，"小产权房"并不违法。这也是"小产权房"问题难以解决并不断积累的一个重要原因。

3. 改革举措的合理性有待提升

近年来，中国农村宅基地制度改革步伐加快，农民宅基地使用权的用益物权权能持续增加。但是，也有一些改革举措偏离了改革目标，不符合国家的改革趋向，并增加了下一步改革的难度。

一方面，农村宅基地"三权分置"偏离了建设城乡统一的建设用地市场目标。建立城乡统一的建设用地市场是农村宅基地制度改革的目标。中共十七届三中全会提出"逐步建立城乡统一的建设用地市场"，十八届三中全会也强调"建设城乡统一的建设用地市场"。城镇土地归国家所有，居民或企业在缴纳土地出让金后，根据法律规定在一定期限内使用，也就是所有权、使用权"两权分置"下的"国有民用"。按照"建立城乡统一的建设用地市场"这一改革目标，农村建设用地市场也应当是所有权、使用权"两权分置"下的"集体所有、村民使用"，或者更进一步，采取赎买等方式，将农村集体所有的土地转变为国有，然后与城镇一样实行"国有民用"。但是，2018年中央"一号文件"提出了宅基地所有权、资格权和使用权"三权分置"。这一宅基地改革思路，让宅基地物权具有收益权能，强化了农民的宅基地财产权利，是沿着城乡资源要素双向流动的市场化思路推进改革，是对现有宅基地制度的积极创新。

但是，将农村宅基地使用权进一步细分为资格权和使用权的做法，不仅会让权利束复杂化，增加日后改革的难度，而且偏离了城市建设用地"国家所有、有偿使用"模式，不利于城乡统一的建设用地市场的建设。而且，在农村宅基地总量难以增加、存量已经由农户分散占有使用且相关改革滞后的情况下，何谓宅基地资格权、资格权到底是身份权还是财产权、谁拥有资格权、资格权包括哪些内容以及如何保障这一权利，都难以厘清——比如，在宅基地福利分配难以为继的情况下，新出生或新分户的村民是否有宅基地资格权、如何保障他们的这种权利、这种资格权与实际占有宅基地的村民的资格权有何区别，这些问题显然都难以厘清。因此，有学者表示，农村宅基地所有权、资格权、使用权"三权分置"的提法令人困惑。

另一方面，农村宅基地"增减挂钩"覆盖面的扩大，不利于集体土地和国有土地"同权同价"的市场化改革。十八届三中全会提出，"在符合规划和用途管制前提下，允许农村集体经营性建设用地出让、租赁、入股，实行与国有土地同等入市、同权同价。"2018年6月，国务院办公厅印发了《跨省域补充耕地国家统筹管理办法》和《城乡建设用地增减挂钩节约指标跨省域调剂管理办法》，首次明确了"增减挂钩"节余的城乡建设用地指标可以跨省调剂流转。由于城镇化进程中人口的空间迁移，这种扩大"增减挂钩"范围的做法，对发现宅基地市场价值、提升宅基地利用效率以及支持城镇化建设都有重要作用。不过，农村宅基地复垦后增加的城镇建设用地指标，农民并不能在市场上自行交易，也不像城市土地那样通过"招拍挂"的方式进入市场，而是必须通过政府部门才能进入市场，交易价格也由政府确定。因而对农民来讲，"增减挂钩"与传统的征地在本质上颇为相似。城乡建设用地指标跨省调剂，扩大农村宅基地复垦指标的市场交易半径，会强化政府对农村土地的垄断性地位，不利于市场在资源配置中起决定性作用，不利于推进集体土地和国有土地"同权同价"。

第四章
农业农村改革发展面临的挑战与障碍

自 1978 年农村改革以来，中国农业农村发生了巨大变化。尤其是进入 21 世纪后，随着经济社会的发展和农村改革的推进，中国农业农村发展日新月异。农村改革，不仅通过产品贡献、市场贡献、要素贡献、外汇贡献等为中国工业化、城镇化的推进以及市场经济的起飞奠定了基础，而且直接提高了农业经营效率、增加了农民收入，解决了 13 亿中国人的吃饭问题，让绝大部分农民彻底摆脱了贫困，相当一部分农民家庭实现了小康。中国农村改革发展的成就举世瞩目。

十八届三中全会指出，"当前，我国发展进入新阶段，改革进入攻坚期和深水区"。过去长期形成的传统体制机制难以适应新阶段经济社会的需要，在一些方面甚至束缚了中国农村发展潜能的释放。重农固本，是安民之基。解决好"三农"问题始终是全党工作的重中之重。农村改革发展事关全局，是新形势下应对经济下行压力、激发经济发展新动能的必然要求。中国的农业农村发展进入了新阶段，改革进入攻坚期和深水区。为了在当前形势下做好"三农"工作，需要厘清制约农业农村发展面临的各种挑战与障碍。

一　农业农村转型发展面临五大挑战

（一）"谁来种地"问题亟待破解

自改革开放尤其是 20 世纪末以来，中国农村大量劳动力向城镇转移，农户兼业化、农业人口老龄化现象凸显，农业劳动力结构性短缺问题严重。

一方面，农户兼业经营十分普遍。21 世纪以来，大量农业农村人口为了获得更高收入向城镇非农领域转移。农业农村部全国农村固定观察点数据显示，到 2016 年底，家庭非农收入占比超过 95% 的农户（可称为离农农户）比例，已经从 2003 年的 16.93%，增加到 41.05%；家庭非农收入占比不到 5% 的农户（可称为专业农户）比例，则从 2003 年的 3.92%，减少至 0.64%。而且从近几年的情况看，农户"离农、进城"的趋势仍未改变。

对比我们 2014 年冀鲁豫三省和 2018 年黄淮海农区两次农户调查发现，短短三年多的时间，离农户占比增加了近 7 个百分点，而纯农户占比也增加了 3 个百分点。这一结果表明，农户在向离农户和纯农户两端分化，而且向离农户分化的速度更快。

表 4 - 1　农户类型及其收入情况

| 年份 | 项目 | 总计 | 纯农户 $R=0$ | 一兼农户 $0<R<50\%$ | 二兼农户 | | 离农户 $R=100\%$ |
					高兼农户 $50\% \leq R<75\%$	深兼农户 $75\% \leq R<100\%$	
2018	农户数（户）	1015	111	79	143	573	109
	农户占比（%）	100	10.94	7.78	14.09	56.45	10.74
	农户平均收入（元）	81150.9	24018.8	58481.4	65723.6	96421.8	95724.1
2014	农户数（户）	777	61	68	155	462	31
	农户占比（%）	100	7.85	8.75	19.95	59.46	3.99
	农户平均收入（元）	77522.9	43867.3	70115.2	63976.3	87605.30	77471.3

注：R 为非农收入占家庭总收入的比重。例如，$R=100\%$ 表示家庭收入完全是非农收入，即离农户；$R=0$ 表示该类农户只有农业收入，即纯农户。为了更好地了解农户的构成，我们将非农收入占比超过 50% 的二兼农户划分为高兼农户和深兼农户。另外，2014 年和 2018 年样本农户分别有 2 户和 11 户上一年的农业收入为负数，本表未将其归类。

另一方面，农业劳动力严重老龄化。经过劳动力市场的筛选，家庭内部分工形成"年轻子女进城务工、经商，年老父母留村务农"这样一种"以代际分工为基础的半工半耕"的家计模式（贺雪峰，2015）。2017 年国家统计局发布的《第三次全国农业普查主要数据公报（第五号）》数据显示，全国层面看，55 岁及以上农业劳动力占比达 33.60%。目前，在许多地方，老人已经成为种地的主力军。2015年原农业部百乡万户调查赴山西调查组对永济市、襄垣县 12 个乡镇276 户农户的调查结果表明，当前经营农业的人口中，50 岁以上的人口比例高达 76.4%，其中，70 岁以上仍从事农业劳动的人口比例达8.2%。

年轻农民基本没有参加过农业生产且早已习惯城镇生活方式，不会种地也不愿种地。很多年轻人甚至不知道自家的承包地在哪里。在我们2018 年黄淮海农区调查的 1026 位受访者中，有 232 位（占比 22.6%）完全不参与农业生产，其中 197 人年龄不满 65 岁；多达 53.3% 的"80 后"年轻农民，2017 年全年不曾从事一天农业劳动。由于年轻人不愿务农，随着现有老龄农民因年龄过大逐渐退出农业生产，"谁来种地"将成为今后一个时期内的重大现实问题。

（二）农业规模经营任重道远

"发展多种形式适度规模经营，培育新型农业经营主体，是建设农业现代化的前进方向和必由之路"（习近平，2019）。由于人多地少和一家一户的小农生产方式，长期以来中国农业生产经营呈现小规模、细碎化、分散化的特征。根据全国农业普查资料，1996 年中国农户平均土地经营规模为 0.67 公顷；2006 年则下降到 0.61 公顷，农地经营面积不足 1 公顷的农户数量比例高达 92%。"人均一亩二，户均不过十亩田"的超小规模农业，不符合现代农业发展要求，也难以让农业经营者获得足够的收益。如何解决农户分散承包造成的土地细碎化问题、扩大农业经营规模，一直受到社会各界的高度关注。

虽然近年来随着政府支持引导，情况有所好转，但总体来看，中国农业规模经营仍然发展缓慢。《第三次全国农业普查主要数据公报》数据显示，有 398 万户规模农业经营户①，仅占总农业经营户（20743 万户）的 1.92%。农业农村部近几年发布的《中国农村经营管理统计年报》数据表明，2018 年底全国有 2.73 亿农户，其中经营耕地且面积在 30 亩②以下的农户数量为 2.39 亿户，占比高达 87.9%；经营耕地在 50 亩以上的农户数量为 413.8 万户，仅占总农户数量的 1.51%；从变化情况看，与 2015 年相比，2018 年经营 30 亩以上的农户数量占比仅增加了 0.4 个百分点（见表 4 - 2）。

可见，中国规模农业经营主体培育进展缓慢，农业规模化道路任重道远。

表 4 - 2　农户经营耕地面积及其占比情况（2015~2018 年）

单位：万户，%

农户类型	2015 年		2016 年		2018 年	
	数量	占比	数量	占比	数量	占比
全国总农户	26744.3	100	26859.2	100	27325.3	100
未经营耕地的农户	1656.6	6.2	1853.8	6.9	2150.5	7.9
经营耕地 10 亩以下的农户	21275.1	79.6	21114.2	78.6	21163.1	77.4
经营耕地 10~30 亩的农户	2760.6	10.3	2814.4	10.5	2867.9	10.5
经营耕地 30~50 亩的农户	695.4	2.6	700.6	2.6	730.0	2.7
经营耕地 50~100 亩的农户	242.3	0.9	251.9	0.9	272.6	1.0
经营耕地 100~200 亩的农户	79.8	0.3	87.7	0.3	97.9	0.4
经营耕地 200 亩以上的农户	34.5	0.1	36.6	0.1	43.3	0.2

数据来源：根据农业农村部《中国农村经营管理统计年报》（2015 年、2016 年和 2018 年）整理。因国务院机构改革，2017 年《中国农村经营管理统计年报》未能出版。

（三）农产品高成本、低效益现象突出

一方面，农业生产成本居高不下。近年来，农业生产的人工成本、土

---

① 根据国家统计局官方网站公布的《第三次全国农业普查主要数据公报》，种植业规模农业经营户是指：一年一熟制地区露地种植农作物的土地达到 100 亩及以上、一年二熟及以上地区露地种植农作物的土地达到 50 亩及以上、设施农业的设施占地面积 25 亩及以上的农户。其他作物或收入标准，详见《第三次全国农业普查主要数据公报》。

② 世界银行将经营土地规模在 2 公顷（30 亩）以下的农户称为小农户（smallholders）。

地成本持续上涨，大幅抬升了粮食生产成本。从稻谷、小麦、玉米三种粮食每亩总成本看，自2004年以来，粮食生产成本持续快速增加，2011~2013年甚至出现了"三级跳"，每亩总成本连续突破700元、900元和1000元大关，然后一直维持在1000元以上（见表4-3）。2017年，三种粮食人工成本、土地成本占总成本的比重为39.65%和19.93%，分别比2000年提高了4.18个和6.75个百分点。高成本推高了中国粮食的市场价格，致使国内粮价逼近甚至在某些年份高于国际粮食的进口到岸完税价，进而出现了"洋粮入市、国粮入库"的尴尬局面。

表4-3 2000~2017年中国三种粮食生产成本变化情况

单位：元，%

年份	每亩总成本	人工成本占比	土地成本占比	年份	每亩总成本	人工成本占比	土地成本占比
2000	356.18	35.47	13.18	2009	600.41	31.38	19.09
2001	350.61	36.69	12.14	2010	672.67	33.73	19.81
2002	370.40	35.11	13.78	2011	791.16	35.78	18.93
2003	377.03	36.51	13.99	2012	936.42	39.72	17.75
2004	395.45	35.72	13.67	2013	1026.19	41.87	17.67
2005	425.02	35.61	14.59	2014	1068.57	41.81	19.09
2006	444.90	34.14	15.34	2015	1090.04	41.03	19.98
2007	481.06	33.17	16.97	2016	1093.62	40.40	20.32
2008	562.42	31.12	17.71	2017	1081.59	39.65	19.93

资料来源：根据《全国农产品成本收益资料汇编》（2001~2018）整理。

另一方面，农业经营效益明显下滑。对于农业经营效益下滑问题，习近平总书记在2013年中央农村工作会议上曾指出："现在化肥、种子等农资价格上涨幅度快于粮价上涨幅度，种粮比较效益越来越低，种一亩粮的收入还比不上外出打几天工。"在列入《全国农产品成本收益资料汇编》的15种主要农产品中，2017年玉米、大豆、油菜籽、棉花、烤烟、散养生猪都是负利润（见表4-4）。其中，大豆、油菜籽、棉花已经连续4年净利润为负。除甜菜、桑蚕茧、苹果和大中城市蔬菜外的其他11种农产品净利润均比2016年有所下降。2017年多种农产品净利润为负值，即出现亏损。与 2001 年、2009 年相比，2017 年 15 种农产品的成本利润率全部出现明显下滑。即便不考虑土营地折租、家庭用工折价，《全国农产品成本收益资料汇编》的数据显示，2017 年全国稻谷、小麦、玉米三种粮食的每亩收益也只有 558.54 元。

表 4-4　中国主要农产品经营利润及其变化情况

农产品	2001 年		2009 年		2017 年	
	净利润（元/亩）	成本利润率（%）	净利润（元/亩）	成本利润率（%）	净利润（元/亩）	成本利润率（%）
稻谷	132.72	38.00	251.2	36.77	132.55	10.95
小麦	9.17	3.20	150.51	26.54	6.10	0.61
玉米	101.78	35.05	175.37	31.82	-175.79	-17.13
大豆	67.12	37.93	107.52	28.43	-130.89	-19.57
花生	100.35	28.33	546.38	80.59	58.05	4.11
油菜籽	-15.91	-6.49	42.52	9.74	-208.88	-22.64
棉花	112.75	19.53	308.59	27.27	-470.28	-20.18
烤烟	152.17	19.68	269.18	14.00	-102.18	-2.81
甘蔗	192.24	24.66	348.74	29.84	406.40	17.29
甜菜	143.05	38.87	249.32	32.95	162.75	9.31
桑蚕茧	573.24	50.65	419.12	23.31	303.20	6.63
苹果	471.83	49.97	2941.28	83.54	1909.61	39.07
散养生猪	29.79	4.71	86.87	7.36	-180.21	-8.98
规模生猪	45.52	7.78	129.23	11.55	115.24	6.67
大中城市蔬菜	1247.49	87.82	2087.83	90.36	2126.80	39.14

注：成本利润率是净利润与总成本的比值乘以 100%。生猪净利润的单位为元/头。2001 年 15 种主要农产品的净利润与成本利润率使用地区工价汇总。

资料来源：根据《全国农产品成本收益资料汇编》（2002 年、2010 年、2018 年）整理。

（四）高消耗、高污染农业难以为继

尽管政府日益重视农业面源污染问题，制定了化肥、农药"双减"行动计划，且取得了一些成效，不过农业高消耗、高污染问题依然突出。

首先，化肥、农药使用量大，利用率低。从施用量看，中国化肥使用折纯量从 1978 年的 884 万吨上升到了 2017 年的 5859 万吨，增长了 5 倍

还多。而粮食产量从 1978 年的 30477 万吨增长到 2017 年的 61791 万吨，仅增长了 1 倍。当前中国农作物化肥施用强度为 328.5 公斤/公顷，远高于世界平均水平，是美国的 2.6 倍，欧盟的 2.5 倍。[①] 如果按农作物总播种面积计算，2017 年中国化肥的施用强度大约为 352.3 公斤/公顷；如果按总耕地面积计算，则实际的化肥施用强度平均达到 434.4 公斤/公顷，几乎比国际公认的化肥施用安全上限（225 公斤/公顷）高出 1 倍（见图 4-1）。农药的使用情况也是如此。2012~2014 年全国农药年均使用量 31.1 万吨，比 2009~2011 年增长 9.2%，[②] 远高于合理使用标准。从利用率看，2017 年，中国的化肥利用率仅为 37.8%，农药利用率仅为 38.8%，与欧美发达国家相比还有很大的差距。美国粮食作物氮肥利用率大体在 50%，欧洲粮食作物氮肥利用率大体在 65%；欧美发达国家小麦、玉米等粮食作物的农药利用率在 50% 至 60%（刘慧，2017）。

其次，农膜使用量大，回收率低。从使用量看，2017 年，全国农膜使用量 252.8 万吨，相当于欧美各国和日本使用量的总和。从回收率看，2017 年，全国农用地膜使用量达 143.7 万吨，而当季农膜回收率尚不足 2/3。我们 2019 年对苏鲁皖三省农户的调查也发现，283 户使用农膜的用户仅有 84 户（占比 29.68%）回收了农膜。按照 2017 年的农膜使用量与回收率计算，每年有超过 80 万吨的农膜残留在土壤中，导致中国上亿亩农田受到不同程度的污染，造成水体与土壤的双重生态问题。

最后，农产品有害物质残留问题严重。农药的不合理使用与水污染尤其是灌溉用水污染，导致农产品农药、重金属等残留超标。《中国生态环境状况公报（2018）》的数据显示，中国经过常规净化处理后仍不可作为生活饮用水的Ⅲ~劣Ⅴ类水的占比高达 52.1%。使用这些受污染的水作

---

① 原农业部：《关于印发〈到 2020 年化肥使用量零增长行动方案〉和〈到 2020 年农药使用量零增长行动方案〉的通知》，2015 年 2 月 17 日，http://jiuban. moa. gov. cn/zwllm/tzgg/tz/201503/t20150318_ 4444765. htm。

② 原农业部：《关于印发〈到 2020 年化肥使用量零增长行动方案〉和〈到 2020 年农药使用量零增长行动方案〉的通知》，2015 年 2 月 17 日，http://jiuban. moa. gov. cn/zwllm/tzgg/tz/201503/t20150318_ 4444765. htm。

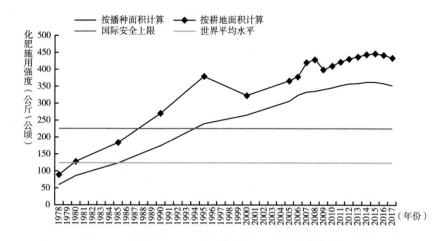

图 4 - 1 中国化肥施用强度变化

注：①世界平均水平为 FAO 报告的 2010～2012 年耕地和永久农田化肥施用强度，为 124 公斤/公顷。②按 1996 年农业普查结果，全国耕地面积比上年增长 36.9%；按 2009 年第二次全国土地调查，全国耕地面积又比上年增长 11.2%，由此导致按耕地面积计算的化肥施用强度出现下降。

资料来源：根据历年《中国农村统计年鉴》相关数据计算。

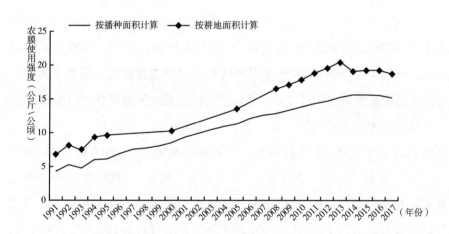

图 4 - 2 中国农膜使用强度变化

资料来源：根据《中国农村统计年鉴》（1992～2018）整理。

为灌溉用水浇灌农田，农产品的有害物质残留问题就得不到有效解决。商务部发布的《出口输美农残技术指南报告》数据显示，仅 2011～2013 年中国出口美国的农产品因农药残留问题受阻共计 211 批次，问题农产品涉及谷物、蔬菜、水果、茶叶、中草药等多类常见出口品种，给农产品生产企业、出口企业造成巨大损失。[①]

（五）农村资源资产大量闲置

由于缺乏"资源变资产、资产变资本"的渠道，农村现有各种资源没有被激活，难以实现资产化、资本化和财富化，由此导致农村资源资产低效利用、浪费严重。随着农民土地财产权利意识的觉醒，部分进城落户的农民想要处置农村的土地、房屋等资源资产。但遗憾的是，受制于政策、市场等多方面因素，进城落户农民难以处置农村的土地、房屋等资源资产，导致农村大量资源资产闲置。

首先，农村宅基地浪费严重。《国家新型城镇化规划（2014～2020年)》的数据显示，2000～2011年，在全国农村人口减少1.33亿人的情况下，以宅基地为主的农村居民点用地反而增加了3045万亩。2011年以后，这种情况依然未得到扭转。原国土资源部的土地利用变更调查数据显示，至2016年，全国村庄用地面积达到28800.5万亩，短短5年时间，又在2011年的基础上增加了747.2万亩。[②] 而这5年间，农村人口减少了6863万人。我们2018年在黄淮海农区开展的农户调查也发现，家里有闲置宅基地的农户比例高达16.22%。可见，农村宅基地低效率利用情况突出。

其次，大量农村房屋长期闲置。据媒体报道，2015年底，在福建省的政和等7个县的14个行政村，5年从未有人居住过的房屋占总量的27.6%（含16.5%的废弃老屋）（陈新武等，2015）。我们2018年在黄淮海农区开展的农户调查发现，有13.85%的农户家里有闲置房屋。国家统计局的数据显示，2012年，中国农村居民人均住房面积为37.1平方米，每平方米的住房价值为689.1元，假如从农村向城镇迁移的人口以2018年的1790万人计算，则农村每年将会新增6.64亿平方米的闲置住房，折

---

① 商务部官方网站，http://www.mofcom.gov.cn/article/ckzn/shumeinongcan.shtml。

② 第二次全国土地调查和年度全国土地变更调查，自然资源部官方网站，http://tddc.mnr.gov.cn/to_ Login。

合市场价值超过 4570 亿元。一旦考虑存量，农村长期闲置房屋的存量价值无疑十分惊人。消耗农民大笔资金建成的农村房屋大量长期闲置，对农民进城、乡村振兴乃至中国经济发展毫无益处。

最后，耕地低效率利用情况严重，甚至出现撂荒现象。由于农业收益低，再加上大部分农户不再依靠土地生存，近年来因不愿耕种而将承包地"抛荒"的现象日渐增多。我们 2019 年对苏鲁皖三省农户的问卷调查发现，在 935 户受访农户中，有 232 户农户（占比 24.81%）家里有耕地"抛荒"，其中 52 户农户家里有耕地全年"抛荒"。而且，耕地"抛荒"现象有从山区、丘陵地带向平原地区蔓延的趋势。另外，国家统计局的数据显示，全国农作物播种面积在 2016 年达到历史最高点之后，连续两年下降，至 2018 年，全国农作物播种面积减少到 165902.38 千公顷，比2016 年减少 1036.66 千公顷。考虑到前面提及的农业经营效益下滑，农作物播种面积减少背后隐含的耕地"抛荒"问题值得重视。

二　农业农村深化改革面临四大障碍

受传统观念和体制的束缚，在加快农村全面转型、激发农村发展活力的过程中，目前在思想认识、体制机制、法律法规和政策等方面仍存在诸多障碍，亟待消除和破解。

（一）思想认识障碍

认识问题是解决问题的第一步。全面深化农村改革，促进农业农村转型发展，首先必须消除一些思想认识上的障碍和误区。对此，习近平总书记深刻地指出，"在深化改革问题上，一些思想观念障碍往往不是来自体制外而是来自体制内"。① 这些障碍和误区主要表现在担心农民"离农、

---

① 习近平：《关于〈中共中央关于全面深化改革若干重大问题的决定〉的说明》，新华网，http://www.xinhuanet.com//politics/2013-11/15/c_118164294.htm，2013 年 11 月 15 日。

退地"会影响社会稳定、对农村集体产权制度改革的误解、误将土地流转等同于农业适度规模经营、对国家粮食安全的认识有待深化、对工商资本下乡的认识存在偏颇等五个方面。

一是担心农民"离农、退地"会影响社会稳定。有些人担心，允许农民离农、退地，准许农村土地（承包权）在更大范围内转让，会产生"失地农民"，从而影响社会稳定。对于农民进城和农村空心化闲置出来的宅基地，有人甚至主张单纯以"自然复垦"的方式冷处理。应当承认，在农民工的社会保障尚不完善时，农村土地仍然具有一定的社会保障作用。但是，由于农户分层分化，并非所有的农户都倚重农村土地，一部分进城农户已经完全不再依赖农村土地，而且有很强的土地处置意愿。因此，在加快农业转移人口市民化的前提下，鼓励和引导进城农民自愿有偿退出农村承包地、宅基地等，将有利于落实农民的财产权利，增加农民的财产性收入，从而维护社会的稳定。很明显，农民离农、退地是城镇化过程中的正常现象，关键是要遵循自愿、有偿、依法的原则，切实维护好进城、离农退地农民的各项权益。

二是对农村集体产权制度改革的误解。目前，各地的改革试点工作还主要集中在集体经营性资产方面，较少涉及土地、池塘等资源性资产，对传统农区的集体产权制度改革的紧迫性认识不足。实际上，集体经营性资产只是农村集体资产很小的一部分，而且主要集中在城市郊区。就土地而言，在现有191158平方公里的村庄用地中，真正属于经营性建设用地的只占10%（蔡继明，2017）。同时，一些地方的改革思路不清晰，对中央政策的理解有偏差。有些人把中央提出的"不能把集体经济改弱了、改小了、改垮了"要求，片面地理解为不能把集体经济的"数量"改少、"纯度"改低。在股份权能改革时，有的地方采取了集体资产股份按成员简单平均的分配方式，表面上"防止内部少数人控制和外部资本侵占"，减少了改革的矛盾，维护了改革的公平性、平等性，实际上忽视了集体组织成员的贡献差异，扼杀了乡村精英的改革积极性，束缚了集体经济的活力。此外，由于至今为止尚未达成共识，一些人把农村集体股份资产股权量化看成"分"的思想的延续,对发展壮大新型农村集体经济有抵触情绪。

三是误将土地流转等同于农业适度规模经营。土地流转在提高农业规模经营程度中的重要性毋庸置疑。但是,一些地方往往将土地流转视作农业适度规模经营的唯一实现形式。于是各项促进农业规模经营的政策,就简化为支持土地连片流转和集中经营。有的地方甚至不顾客观实际把扶持上千亩规模经营的大户数量作为一个发展目标。农业适度规模经营补贴,演变成土地流转费用不断上涨的一个推手,而且诱使一些原本不愿从事规模经营的主体连片流转土地、开展规模经营,并由此引发了一些后续问题,比如农业规模经营主体中途"跑路"。实际上,近年来中央一直强调发展多种形式的适度规模经营,通过流转实现土地集中只是其中一种。针对基层将农业适度规模经营简单化为土地流转的错误做法,2017年中央"一号文件"明确指出,要"通过经营权流转、股份合作、代耕代种、土地托管等多种方式,加快发展土地流转型、服务带动型等多种形式规模经营"。而且,经营规模也存在一个"适度"的问题,并非越大越好。

四是对国家粮食安全的认识有待深化。由于人多地少,长期以来中国一直将保障国家粮食安全作为农业政策制定的一个出发点。然而,近年来随着发展阶段的变化和收入水平的提高,中国居民的食物消费结构正在发生变化,粮食、蔬菜、肉类的消费比例由过去的8:1:1向4:3:3转变(黄宗智等,2012)。城乡居民不仅要求"吃得饱",还要求"吃得好、吃得健康、吃得安全、吃得丰富"。为适应消费结构和消费形式的变化,需要不断深化对国家粮食安全的认识,树立科学的"大粮食安全观"。一方面,随着居民对畜产品的消费需求持续增大,在耕地资源紧缺的情况下,进口饲料用粮发展畜牧业将成为一种可行的选择。在这种情况下,饲料用粮的安全将成为新时期中国粮食安全的主要问题。另一方面,随着居民消费结构的升级,在确保粮食生产能力不降低的前提下,如何调整和优化粮食品种结构,积极发展优质粮食品种,提高粮食质量的安全保障水平,将成为国家粮食安全新战略的重要内容。在新形势下,粮食质量安全与粮食数量安全同等重要。

五是对工商资本下乡的认识存在偏颇。发展现代农业尤其是设施农业，建设社会主义新农村，需要资本、技术投入。长期以来，借助用工、升学、金融等制度安排，城镇汲取了农村大量的劳动力、优秀人才、资金，导致农村发展的资本、技术和人才严重缺乏。没有工商资本的支持带动，农户和农村集体经济组织难以发展农业规模经营，更难以搞好现代设施农业。过去对工商资本的抵触，主要是怕其改变土地用途，导致农地非粮化甚至非农化。实际上这是一个加强监管和风险防范的问题。只要做好基本农田规划，强化基层政府的监督管理职能，即可防止工商资本改变土地用途。一些土地被租赁后，之所以非粮化、非农化，主要是基层政府监管不力甚至与工商资本合谋造成的。现在的问题是地方管理部门还没真正建立起有效的农村土地监管和风险防范机制。我们不能把监管不力引发的农地非粮化、非农化问题，完全归咎于工商资本，从而限制工商资本下乡从事农业。

（二）体制机制障碍

加快农村全面转型，激发农村发展活力，离不开体制机制创新。自改革开放以来，中央一直高度重视农村体制机制创新，有力地推动了农村经济社会发展，但由于各项改革措施不配套、不协调，加上一些关键领域的改革严重滞后，制约农村全面转型和活力迸发的一些体制机制障碍至今仍未从根本上得到有效破解。

一是各项改革分头管理、条块推进的方式，影响了改革的整体效果。深化农村改革不仅要考虑农村发展的实际需要，而且应当从农村人口向城镇迁移的大趋势出发，着力增强农村资源要素的流动性。但是，受政府行政管理条块分割的影响，目前各项农村改革仍然带有较强的分割性。例如，2015年2月启动的"三块地"土地制度改革试点工作，为了降低和控制风险，在初期主要采取封闭运行、分头推进的方式。在33个试点县（市、区）中，严格限定其中3个只能试点征地制度改革，15个只能试点农村集体经营性建设用地入市，15个只能试点农村宅基地在集体所有制内部流转。这种做法不利于提高改革的配套性和整体效果。正因为如此，

2016 年 9 月之后，"三块地"改革试点开始采取联动的方式，试点范围扩大到 33 个试点县（市、区）。此外，各项涉农扶持资金分部门下发，不同部门关注的政策重点不同，导致财政补贴资金难以形成改革合力。而且，"上面千条线、下面一根针"，基层农口要同时处理好不同上级部门的涉农安排，颇有疲于应对之感。

二是农村改革的连贯性、系统性不足，增加了下一步深化改革的难度。从近些年的做法来看，前一时期中国的农村改革，主要是对已经或即将出现的问题的一种政策回应，或者说主要是一种"水多了加面、面多了加水"的适应性改革，属于事后调整和短期改革（姜长云、杜志雄，2017），缺乏前瞻性的整体战略考虑和制度设计。例如，当前全面推进的农村土地确权登记颁证工作，按照计划 2018 年底前全国完成这一任务。但是，在推进农村承包地确权登记颁证之前，有关部门并没有根据农村承包地细碎化严重的实际情况，鼓励和引导集体经济组织成员对各户分散的承包地进行"互换并块"和"按户连片"。在这种情况下，一旦完成确权登记颁证，各农户严重细碎化的承包地将在法律上被固化，以后实现集中连片的难度将会更大。正是认识到这一问题，近年来，河南民权县、广西龙州县、安徽蒙城县、湖北沙洋县、广东清远县等地，自发开展了"互换并地""按户连片"工作，在土地确权颁证之前，先进行一次内部调整，力争实现"一家一块田"。近年来，有关部委联合选定的 58 个全国农村改革试验区，也主要是根据申报的试验任务，单独就某一方面的改革内容进行尝试，而很少进行综合配套改革。比如，广受关注的农村集体产权制度改革，主要面向占比很小的农村集体经营性资产，未能与全国层面上开展的农村土地确权颁证登记工作有机结合起来。

三是改革的行政性较强且容错机制不健全，制约了基层创新的积极性。现行的农村改革主要是以问题为导向，在顶层设计的基础上，以试点先行的方式逐步推进。非改革试点不得抢跑，导致农民自发创新的做法不能得到许可。这种自上而下、行政主导的改革方式，束缚了农民的改革思路，禁锢了其创新动力。我们在实地调研中曾询问一个试点村，为什么要推进集体产权制度改革，村支书坦言，这是当地政府要求和支持推动的，他们不知为何改革、如何改革。应当认识到，家庭联产承包责任制，不单纯是顶层设计的结果，而更多是中央对基层实践的接受和推广。改革需要创新，创新就意味着风险。越是有重大突破性的制度创新，往往与已有的政策、法律、法规相矛盾。一些好的基层创新转化为面上实践和国家政策，离不开各级干部的敢于担当。但是，当前对农村改革试点的容错机制尚不健全，使个别地方一些部门和领导干部以"宁可不做，不可做错"的态度对待改革，个别地方甚至选择性执行中央改革要求，并美其名曰"先易后难""稳步推进"，也有一些地方断章取义地理解中央的改革精神，并将其作为不推进改革的借口。

（三）法律法规障碍

推进农村全面转型涉及诸多方面的制度创新，需要有相应的法律法规做保障。当前，推动农业农村转型发展，面临不少需要突破的法律法规障碍。

一方面是有些禁止性规定不合时宜或难以施行，亟待完善。《物权法》第一百八十四条和《担保法》第三十七条都规定，除法律规定可以抵押的除外，耕地、宅基地、自留地、自留山等集体所有的土地使用权不得抵押，导致农民的有效抵押物缺乏，加剧了农业农村发展的"融资难"问题。这些条文已经成为当前推进农村承包土地经营权和农民住房财产权抵押贷款试点的障碍。同时，2019 年新修正的《土地管理法》第三十八条规定，"禁止任何单位和个人闲置、荒芜耕地"，"该幅土地原为农民集体所有的，应当交由原农村集体经济组织恢复耕种"。但是，由于农民的土地财产权利意识已经觉醒，加上对"闲置、荒芜"的认定存在困难，已经虚化、弱化的村集体实际上无法将闲置、荒芜的耕地收回。这一法律条文实际上难以发挥效力。

另一方面是一些指导性的法律法规建设滞后，仍需健全。农村土地流转的兴起，使 1978 年农村改革后形成的农村土地所有权和承包经营权"两权分离"，逐渐演变成所有权、承包权、经营权的"三权分置"。但是，目前法律上仍然只有"承包经营权"的概念，缺少针对"三权分置"后各项权利权能的法律安排。经营权可否超越承包期、能否再次流转，承包权可否有偿退出或转让，都缺少明确的法律规定。

根据《物权法》第一百一十九条的规定，对农村承包地、宅基地等自然资源实行有偿使用制度。但目前来看，农村承包地和宅基地都属于无偿使用，福利性质突出。而且，《物权法》第五十九条规定，"农民集体所有的不动产和动产，属于本集体成员集体所有"，土地承包、承包地调整等"应当依照法定程序经本集体成员决定"，但迄今为止，国家层面尚未就"谁是集体经济组织成员"这一关键问题给出指导意见。《物权法》第一百五十三条指出"宅基地使用权的取得、行使和转让，适用土地管理法等法律和国家有关规定"。然而，关于宅基地转让的国家规定至今尚未出台，导致农村宅基地闲置和低效率利用问题严重。2019年修正的《土地管理法》规定，"农村村民一户只能拥有一处宅基地"，但对于因继承或赠与而合法拥有多处宅基地的情况如何处理，一直没有给出明确规定。

（四）政策障碍

从城乡发展一体化要求"同地同权"和赋予农民更多财产权利的角度看，农村土地及其他资源资产的可交易性逐步增强是大势所趋。农村地区拥有丰富的各类资源，要促进农村全面发展和繁荣，关键是全面激活农村各类资源，尽快打通"资源变资产、资产变资本"的渠道。

然而，现行的一些政策实际上限制了农村资源资产的流动性，束缚了农村内生活力的发挥，成为制约农村转型发展的障碍。例如，中央再三强调，要"维护进城落户农民土地承包权、宅基地使用权、集体收益分配权，支持引导其依法自愿有偿转让上述权益"。但近年来有关政策主要集中在"维护"方面，却没有出台"支持引导"农民进行土地承包权、宅基地使用权和集体收益分配权转让的具体措施。这在2019年新修正的《土地管理法》中有明显体现。新修正的《土地管理法》规定，"国家允许进城落户的农村村民依法自愿有偿退出宅基地，鼓励农村集体经济组织及其成员盘活利用闲置宅基地和闲置住宅"。没有考虑到大部分村集体经济组织没有盘活利用闲置宅基地和闲置住宅的能力和动力。把农村土地承包权退出、宅基地转让、集体经营性资产股份交易限定在集体经济组织成员内部，市场交易半径过小，导致农村承包地、宅基地（以及房屋）、集体资产股份等难以处置，实际上限制了各种集体资源资产的流动性，阻碍了农民财产性收入和财富升值的实现。

改革需求篇

第五章

农民的承包地、宅基地退出意愿分析：
基于两次农户调查

农民是非常有智慧的群体，也是农业农村发展的主体和最大的利益相关方。与其他人相比，农民清楚自己需要什么样的制度。影响了中国改革发展 40 余年的家庭承包制，就是农民基于自身需求、大胆尝试后被中央认可而形成的。习近平总书记 2016 年 4 月在农村改革座谈会上讲话时强调，"要尊重农民意愿和维护农民权益，把选择权交给农民，由农民选择而不是代替农民选择"（习近平，2019）。

农村土地退出涉及农民与农村土地的关系，事关农业农村经济发展和城乡社会转型，因此在推进这项改革时尤其需要重视农民的意愿。农村土地退出的驱动力，主要是城乡时代大变革引发的农民与农村土地的分离。其实质是在集体拥有农村土地所有权、农民拥有限制交易的用益物权的制度安排下，为农民从农业农村向城镇非农领域迁移提供一个有偿放弃农村土地权利的制度通道。本章将利用我们于 2014 年 7～9 月在冀鲁豫三省和 2018 年 1～3 月在黄淮海农区六省所做的大样本农户一手调查数据，对农民的承包地、闲置宅基地退出意愿展开分析。

一 农民的承包地权益主张与退出意愿

农村土地可以分为承包地、宅基地两种类型。农村宅基地与农民私有的房屋相联系，且基本难以被用于农业生产，因而主要具有财产属性。农村承包地不仅具有财产属性，而且是最重要的农业生产资料。在农业人口中合理配置农村承包地，关系到农村承包地的利用效率，直接影响农民收入和国家粮食安全。因此，了解农民的承包地权益主张和退出意愿，对于农业农村转型发展有重要意义。

（一）进城退地、土地调整与政府征地：农民的差别化权益主张

随着大量农村人口进城务工并逐渐融入城市成为市民，如何处置、如何高效利用他们在农村的承包地受到人们的关注。

首先，对于"离农、进城"农民的农村承包地是否应该保留这一问题，农民的认识有明显分歧。2014 年冀鲁豫三省 779 份农户调查结果显示，76.50% 的受访农民认为，已经在城里落户且有稳定工作的外出人员，村里的承包地不应该再保留——既然他们在城里有稳定工作，户口也不在村里了，就不应该"吃双份"；23.50% 的受访农民则认为，虽然这些人已经不在村里了，但是村里的承包地应该给他们留着，其原因有两方面。一是出于保障性考虑。有农民说，村里有承包地，"万一他们在城里混不下去了，还可以回来"。二是出于财产权利考虑。有农民说，"这是人家承包的土地，既然还没到承包期就应该保留着"。显然，前者是从市民化风险的角度考虑，不少农民仍然将农村承包地作为"城镇化的退路"，或者一些学者所指的剩余劳动力"蓄水池"或社会发展的"稳定器"（温铁军，2012）。

其次，关于要不要随人口变动调整土地，农民也存在不同看法。虽然早在 2008 年十七届三中全会，中共中央就提出要保持既有土地承包关系稳定，在"增人不增地，减人不减地"基础上落实土地承包关系长久不变，但部分农民对此也有自己的看法。2014 年冀鲁豫三省 779 户农户调查的结果显示，绝大部分受访农民（81.70%）都认为"应该给农民耕地的长久使用权（不调整土地）"，也有 18.30% 的农民认为土地还是调整好，这样"新生的小孩、新娶的媳妇都可以获得一份土地"。对于是否应该允许农民自由交易承包地（使用权），农民的态度也不尽相同。约有 1/

4（25.80%）的受访农民认为，应该允许农民自由交易承包地，其他（74.20%）的受访者则认为，承包地不应该允许自由交易，甚至有农民指出"买卖土地是犯法的"。

最后，农民的土地财产权利意识逐步觉醒且权利认知存在差异，农村改革需要注重包容性。如果政府征地，村民有权利不接受吗？对于这一问题，33.50%的受访者认为农民没有拒绝的权利，而66.50%的农民则认为有权拒绝，因为承包期还没到，政府没有权利征收。如果村庄要撤并或者搬迁，村民有权利拒绝吗？对于这一问题，35.30%的农户认为农民没有拒绝的权利。另外64.70%的农户则认为，农民有权力决定是否要搬迁。可见，农民已经具有较强的土地产权意识，而且不同农民有不同的产权认知，农村土地退出和土地整理，应当考虑农民的需求和差别化意愿，提供具有灵活包容性的制度安排。

（二）进城后农民的承包地处置意愿和方式：基于假设情况的分析

假如已经成功迁移到城镇，农民将会如何处置农村的承包地？2014年冀鲁豫三省农户调查问卷设置了如下假设性问题"H14. 如果你们全家都搬到城里去了，且农村承包地（使用权）可以买卖（转让），你将怎么处理？"，并给出"荒着""让亲属种""租出去""卖掉""其他（具体说明）"5个选项。通过对回答这一问题的767个样本分析发现，约有3/4（74.32%）的农民在举家迁移之后，选择把承包地出租出去，只有6.13%的农民进城之后考虑把承包地卖掉，让亲属种或坚持"家人回来耕种"的比例分别为10.82%、8.34%，选择将耕地撂荒的比例为0.39%（见图5-1）。可见，即使农村承包地使用权可以自由交易，当前绝大部分农民在进城后也不愿意出售承包地，农民仍然有较强的恋土情结。进城而不愿弃地，表明如果没有适当的政策措施，"不在地主"将难以避免。

如果可以，大部分农民选择全家进城后将承包地出租出去，767个受访者中有3人选择全家进城后将耕地撂荒。不过，若据此认为，农民向城

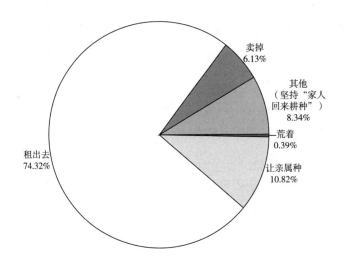

图 5 - 1　全家进城后的农村承包地处置意愿（2014 年）

镇迁移不会带来耕地撂荒压力，则可能会出现问题。这是因为：如果农业经营收益太低，那么愿意流入土地从事规模经营的人会很少，承包地租赁市场上严重"供大于求"，进城农户发现很难把自家的承包地租出去。农民是理性的，一旦承包地租不出去，自家人回乡耕种或委托亲属代耕的收益又小于成本（包括请亲属代耕的人情费成本），那么随着农业农村人口持续大量向城镇非农领域转移，耕地抛荒的压力将会明显增大。

（三）农民的承包地退出意愿：不给定补偿价格、不区分部分或全部退出

2014 年冀鲁豫三省农户调查问卷设计了承包地使用权转让、以承包地换养老保险收入、以征地的方式有偿交给政府三种方式，在不给定退出补偿价格、不区分部分退出和全部退出的情况下，询问了农民的承包地退出意愿。结果发现，不少农民愿意有偿退出承包地。如果退出的方式合适，多达 2/3 的农民愿意参与，具体情况如下。

——承包地（使用权）转让。即使法律政策允许，也只有小部分农民（21.69%）愿意把一部分或全部的承包地使用权转让出去（即农民所说的"卖掉"）。78.30%农民之所以不愿意转让承包地（使用权），主要

有三个方面的考虑。一是地是吃饭的保障，换成钱之后不稳妥；二是要把地留给子孙后代，有农民直言"不能把子孙的饭都吃了"；三是卖了再也没有了，不想永远失去土地。考虑到询问时特意指出了可以转让一部分承包地，仍然只有如此低比例的农民愿意转让承包地使用权，意味着即使采取激进的农村土地制度改革措施，把农村土地私有化，绝大部分农民也不会把全部土地卖掉。

——以承包地换养老金收入。在发放的养老金额合适时，大部分农民（68.10%）愿意通过用承包地换养老金的方式，永久退出农村承包地。这表明虽然很多人强调农民不能失地、农民有恋地情结，但如果退出方式合适、补偿价格合理，超过2/3的农民愿意把承包地交给国家。如果中国采取像法国、日本20世纪曾经实行的政策，收储农民自愿退出的土地、实行"农民退休制度"[①]，会受到大部分农民的赞成。前几年一些地方试行的承包地换养老保险，是顺应农民意愿的一种改革尝试。

——以征地的方式有偿交给政府。虽然政府征地一直遭受诟病，但调查结果显示，只要补偿价格合理，大多数（64.40%）农民能够接受政府征地。当然，其中有些农民内心可能并不真正乐意。如此看来，一些因征地而抗争的农民，可能是征地款分配不合理，被征地农民没有得到合理的补偿，或者被征用的土地面积太大致使这部分农民的生计受到了严重影响。

（四）农民的承包地退出意愿：给定补偿价格、区分部分或全部退出

询问农民的承包地退出意愿时，如果不给定具体的退出补偿价格，只能得到非常粗略的调查结果。毕竟，退出收益或者说补偿价格，毫无疑问是影响农民承包地退出意愿最重要的一个因素。同时，承包地部分退出与全部退出，不仅是"数量"的区别，还是"性质"的差异。承包地部分退出只是减小农业经营规模，全部退出则不仅减小农业经营规模，还意味

---

① 关于法国、日本等国在农业转型期政府优化农村土地配置的制度安排，详见本书第十五章。

着农民身份的改变甚至与社区联系的切断，更多地关系到农民的生活状态和心理状况。二者不能混为一谈。因此，要客观全面地考察农民的承包地退出意愿，必须给定退出的补偿价格，并具体区分部分退出和全部退出。与2014年冀鲁豫的调查不同，2018年黄淮海农区和2019年的苏鲁皖三省农户问卷调查充分考虑了上述情况。

当前中国的农村土地流转主要是承包地在所有权、承包权、经营权"三权分置"下的经营权出租，承包权转让市场尚未形成，交易价格亦不得而知。不过，"土地价格不外是资本化的因而是预期的地租"（马克思，2004），可以通过经营权出租费用大致测算出承包地使用权的价格。

考虑到二轮承包将于2028年前后到期，调查时距离二轮承包到期还有10年左右的时间，且中共十九大提出"第二轮土地承包到期后再延长三十年"，据此可以认为在现有政策框架下，农民有权处置的承包地使用权限约为40年。再考虑到农民一次性退出承包地的心理成本，调查问卷将承包地退出的补偿价格设定为40年的当地最高年租金，即用当地承包地出租的最高年租金乘以40年作为退出补偿价格。因每个地区、每个村甚至每个农户对于当地承包地租赁的最高价格都可能有不同认知，调查时，先询问受访者所知的当地承包地租赁的最高年租金，① 再由调查员计算出40年的退出补偿价格，最后在限定补偿价格的条件下，询问受访者的承包地部分退出或全部退出意愿。在一次性给予40年的当地最高年租金的条件下，农民的承包地部分退出和全部退出意愿如下。

——承包地部分退出。2018年黄淮海农区农户问卷调查发现，当被问及"一次性给一笔钱——受访人所知的40年的当地最高年租金，是否愿意把一部分承包地交给国家？"时，在1024个②家里有承包地的户主或

---

① 承包地租赁非常普遍——至2018年底，全国有40.20%的承包地参与流转，所有受访者都能够报告一个其所知的承包地最高年租金。

② 2018年黄淮海农区农户调查共得到1026个有效样本，其中1户因二轮承包中放弃承包地而没有承包地。回答这一问题的有效样本为1025个。为了方便比较，此处取了和后面私人转让都包括的1024个样本。

家里主事人中，44.68%给出了肯定答案，即愿意退出一部分承包地，换取一笔补偿（40年的当地最高年租金），另外55.37%的受访者则给出了否定答案。当告知受访者国家法律政策都允许集体成员之间转让承包地（使用权）后，① 询问"一次性给一笔钱——40年的当地最高年租金，你家愿意把一部分承包地（使用权）转让给本集体其他人吗"？1024个受访者中，有34.28%的受访者给出了肯定答案，即愿意以40年的当地最高年租金的价格转让一部分承包地给本集体成员。可见，如果给予同样的退出补偿，与把部分承包地使用权转让给私人相比，农民更愿意将其有偿交给政府，二者相差10个百分点。

　　之所以有这种差别，主要有两方面的原因。一是出于对世俗伦理的遵循。农民对于私人之间的承包地使用权转让（农民理解为卖地）有较强的抵触感。对此，正如费孝通（2007）曾在《江村经济》一书中所指出的，"把从父亲那里继承来的土地卖掉，就要触犯道德观念"。也就是说，承包地退出不光是经济因素，还受社会因素的影响。本书第八章将会对此做深入分析。二是基于对国家政策的认同。农民认为国家回收承包地是为了"公众利益"，自己作为国家的一份子，应当配合。这种判断的一个证据是：当问及"愿意自家的承包地被国家征用吗，有补偿"时，77.58%的受访者回答"愿意"，但是如果追问其"心里乐意吗"？32.04%的回答"愿意"的受访者表示"不乐意"。

　　根据非农收入占比对农户进行分类，然后考察各类农户愿意退出部分承包地的比例情况，从而预判"离农、进城"农户，会不会有更强的承包地退出意愿。

---

① 2003年实施的《农村土地承包法》第三十二条规定："通过家庭承包取得的土地承包经营权可以依法采取转包、出租、互换、转让或者其他方式流转"，第三十三条进一步补充"在同等条件下，本集体经济组织成员享有优先权"，第四十条也规定："承包方之间为方便耕种或者各自需要，可以对属于同一集体经济组织的土地承包经营权进行互换。"2018年修正的《农村土地承包法》第三十四条规定："经发包方同意，承包方可以将全部或者部分的土地承包经营权转让给本集体经济组织的其他农户，由该农户同发包方确立新的承包关系，原承包方与发包方在该土地上的承包关系即行终止。"可见，集体经济组织内部的承包地使用权转让，一直受到法律支持。

表 5 - 1 各类农户愿意退出部分承包地的比例（2018 年黄淮海农区调查）

单位：%

项目	$R = 0$	$0 < R < 0.2$	$0.2 \leq R < 0.4$	$0.4 \leq R < 0.6$	$0.6 \leq R < 0.8$	$0.8 \leq R < 1$	$R = 1$
给他人	25.00	27.59	41.67	42.67	37.65	32.42	35.04
给国家	37.50	31.03	50.00	56.00	48.82	42.96	43.59

注：R 为非农收入占家庭总收入的比重。例如，$R = 1$ 表示家庭收入完全是非农收入，即离农户；$R = 0$ 表示该类农户只有农业收入，即纯农户。

表 5 - 1 所示的结果表明，无论是转让给他人，还是交售给国家，非农收入占比居中（0.4 ~ 0.6）的一类农户，相对来讲愿意退出部分承包地的比例最高；非农收入占比在 0.8 和 1 之间的深度兼业农户，愿意退出部分承包地的比例反而明显更低；一旦家庭收入全部为非农收入，即离农户，愿意退出部分承包地的比例会增高一些，但也远低于非农收入居中的农户愿意退地的比例。可见，以非农收入来衡量的农户离农程度，与农民的承包地部分退出意愿呈"两端翘尾的倒 U 形"。这一特点在把部分承包地交售给国家时，表现得尤为明显。

——承包地全部退出。2018 年黄淮海农区农户问卷调查发现，如果一次性给予受访者所知的 40 年的当地承包地最高年租金，问户主或家里的主事人，是否愿意把自家的承包地全部交给国家，即退出全部承包地，1024 位回答该问题的受访者中，有 236 位（占比 23.05% 受访者给出了肯定答案。也就是说，如果一次性给予 40 年的当地承包地最高年租金作为退出补偿价格，2018 年黄淮海农区有超过 1/5 的农户愿意将全部承包地永久交给国家。如果是转让给本集体经济组织的其他成员，同样是一次性给予 40 年的当地最高年租金，在 1024 位受访者中，有 195 位（占比 19.04%）受访者给出了肯定答案。可见，如果给予同样的退出补偿，与把全部承包地使用权转让给他人相比，农民更愿意将其有偿交给政府，二者相差 4 个百分点。

承包地全部退出时，愿意转让给他人的比例，比愿意有偿交给政府的比例低 4 个百分点。而承包地部分退出时，愿意转让给他人的比例，比愿

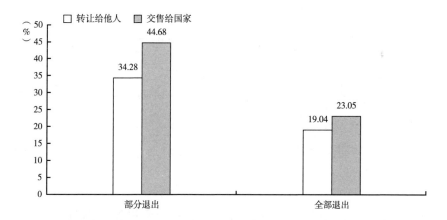

图 5 - 2　两种方式下愿意退出部分或全部承包地的农民比例

意有偿交给政府的比例低 10 个百分点。这从侧面表明：农村承包地退出，不仅涉及经济因素，而且关系到农民的身份认同和生活方式转变。一旦农民退出全部承包地，则意味着其农民身份的转变，以及与原有生活生产联系的划断，因此"卖地不道德"的社会约束将会明显减弱。那么，如果退出补偿相同，对于想要退出全部承包地的农户而言，是转让给他人，还是交给政府，当然区别不大。

　　总的来看，2014 年冀鲁豫三省、2018 年黄淮海农区六省的 1026 户农户一手调查数据表明，很多农民愿意有偿退出一部分承包地，其中一些农民甚至愿意退出全部承包地，而且愿意退出部分或全部承包地的农户比例有继续增大的趋势。仅从冀鲁豫三省的情况来看，愿意退出部分承包地的农户比例，已经从 2014 年的 21.67%，增长到 2018 年的 37.40%，[①] 不到四年的时间，增长了 15.73 个百分点。而且，似乎经济越发达的地方，农民的承包地退出意愿越强。另外，值得注意的是，与市场化方式相比，政府主导的农村承包地退出更受农民欢迎。

---

① 可以从 2018 年黄淮海农区 6 省的调研样本中筛选出属于冀鲁豫三省的 807 个样本，进而计算出愿意退出部分承包地的农户比例。需要指出，2014 年冀鲁豫调查问卷中询问农民的是："愿意把一部分或全部自家的承包地（使用权）卖了吗?"虽然没有区分部分和全部，但是由于全部转让（卖掉）要承担更大的心理成本和精神压力，受访者一般会默认为转让（卖掉）一部分，因此 2014 年和 2018 年的数据具有可比性。

二　农民的宅基地权益主张与退出意愿

农村人口向城镇迁移，需要对农村的资源资产进行处置和优化利用，不仅涉及农村承包地退出，而且涉及宅基地和房屋处置问题。2014年冀鲁豫三省、2018年黄淮海农区两次农户问卷调查中，我们询问了农民的宅基地权益主张和农村宅基地及房屋退出意愿。

（一）闲置房屋与宅基地退出意愿：基于假设情况的分析

考虑到只有一部分农户家里有闲置宅基地和闲置房屋，再加上2014年的冀鲁豫三省入村调查在7~8月开展，此时很多农户在外务工，与留在家里务农（因而被抽中做调查问卷）的农户相比，外出务工的这部分农户家里有闲置宅基地和房屋的可能性更高，因此，为了从更大范围上考察农民的宅基地退出意愿，2014年农户调查问卷主要采取了"假设式询问"，即设定一种假想的情况来询问农户的态度，进而探寻其中蕴含的现实意义。

农村房屋是宅基地地上附着物，也是受到《宪法》保护的农民最重要的私有财产。很多农民辛苦十几二十年就为了盖一套好房子。十八届三中全会指出，要"慎重稳妥推进农民住房财产权抵押、担保、转让"。因农村宅基地和农民房屋"房地一体"，而且很多宅基地是建成房子后被闲置，那么处置闲置房屋，实际上也涵盖了宅基地退出。

为了考察农民举家迁移至城镇后，打算如何处置农村房屋，2014年冀鲁豫三省农户调查问卷设计了一个假想性问题："H15. 如果你们全家都搬到城里去了，且房屋可以买卖，你将选择怎样处理？"有760个样本回答了这一问题。图5-2所示的统计结果表明，在农民举家迁移至城市之后，即使允许农村房屋自由买卖，也只有10.50%的农户选择卖掉；选择"闲着，偶尔回来看一下"的农户比例高达45.10%；选择租出去（如果能租）的农户比例为38.40%；选择"给亲属用/交由亲属管理"的农户比例为 5.20%；另有不足 1.00% 的农户选择交由政府处理。这一结果表明，如果不采取有效的措施，农村房屋和宅基地闲置问题，将长期存在，而德索托（2000）所指出的穷人的资产僵化造成的农村经济发展机会损失也就难以避免。

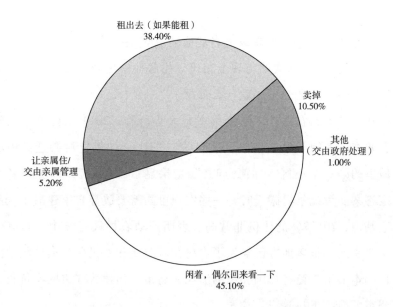

图 5 - 3　全家进城后农民的农村房屋处置意愿

在农村宅基地的权益主张方面，51.00% 的受访者认为应该允许农民自由买卖宅基地（使用权）。对比前面提到的只有 25.8% 的受访者认为应该允许农民自由交易承包地（使用权），51.00% 的农民认为应该允许宅基地（使用权）自由交易，比例明显更高。这表明农民对农村宅基地有更强烈的私人财产权利意识。对于"F15. 应该允许农民把自家房屋卖给非本村人吗？"这一问题，48.96% 的受访者给出了肯定答案。这意味着对于农村房屋和宅基地流转，近半数农民赞成打破传统农村社区的界限。

为了考察农民的宅基地有偿退出意愿，2014 年冀鲁豫三省农户调查问卷设计了两个假设性问题："H7. 如果用你家的宅基地换城镇住房，你愿意吗？"和"H9. 你愿意把自家闲置的宅基地卖掉吗？"结果表明，无论是直接出售，还是用宅基地换房，相当大比例的受访者都给出了肯定答案。

——宅基地出售。尽管没有明确出售价格是多少，仍有 45.92% 的农民表示，在家里有闲置宅基地时，愿意出售。实际上，在 2014 年冀鲁豫三省调查的 779 户农户中，有 4.50% 的农户曾经交易过宅基地（使用权）。

——宅基地换房。如果是用宅基地换取城镇住房，[①] 多达 59.10% 的农民回答"愿意"。这表明与现金相比，住房补偿更受农民欢迎。正如很多农民指出的"钱花光了，就什么都没了"。

此外，考虑到农村社区适度集中是大势所趋，2014 年冀鲁豫三省农户问卷调查还询问了另一个假设性问题："H11. 如果整村搬迁到中心镇或者城里的同一个小区，你愿意吗？"结果显示有 79.77% 的受访者给出了肯定答案。考虑整村搬迁时，一些农户可能需要放弃自家建成不久的房屋和宅基地，79.77% 的比例非常高，表明推动农村社区集中，具有较好的民众接受度。很多地方已经做了农村社区改造和农民住宅适度集中的尝试，比如本书第三篇将详细介绍的浙江义乌市、福建晋江市的砌坑村、山东青州市的南小王村等。

（二）农民的闲置宅基地退出意愿：给定补偿价格、区分不同受让主体

与承包地退出的情况相似，不管农户是否有闲置宅基地、不给定退出补偿价格，笼统地问农户是否愿意退出农村宅基地，得到的结果比较粗略。针对这种情况，2018 年黄淮海农区的农户调查，专门设计了"D8. 当地购买一处宅基地大概要多少钱？这价格的宅基地面积一般多大？"这一问题，将受访者尤其是家里有闲置宅基地的受访者，引入当地的宅基地或房屋交易情境中，进而问其"D9. 按照当地市场价格，你愿意把自家闲置的宅基地卖给别人吗？如果是国家给钱收购呢？"

---

① 此处并未强调是闲置宅基地，如果是家里有闲置宅基地的农户，其退出意愿理应更强。

来自 2018 年 1~3 月黄淮海农区农户调查的数据表明，当家里有闲置宅基地的户主或主事人（受访者）被询问："D9. 按照当地的市场价格，你愿意把自家闲置的宅基地卖给别人吗？"时，有 40.57% 的受访者给出了肯定答案，即愿意把闲置宅基地（使用权）转让出去。当继续追问："如果是国家给钱收购呢？"则有超过一半（53.40%）的户主给出了肯定答案。由此可知，一方面，相当大比例的农户愿意有偿退出闲置宅基地；另一方面，当价格一样时，与私人之间的宅基地使用权转让相比，农民更乐于将闲置宅基地有偿交给政府——愿意以当前市场价格出售给国家的比例，比转让给私人的高出近 13 个百分点。

更进一步地，有闲置房屋的农户，愿意将自家的闲置房屋连同宅基地，以转让的方式退出吗？来自 2018 年 1~3 月黄淮海农区农户调查的数据表明，当询问"D12. 你家愿意把闲置的房屋连同宅基地一起转让给别人（卖掉）吗？"时，在回答该问题的 139 户农户中，有近半数（49.64%）的户主给出了肯定答案。

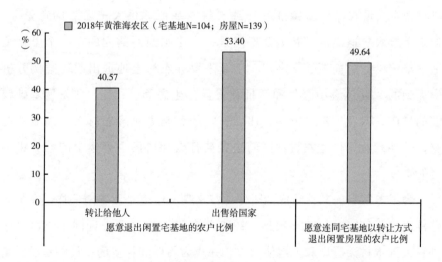

图 5-4　不同方式下愿意退出闲置宅基地和房屋的农户比例

询问农民的闲置宅基地和房屋转让时，隐含了两个假定：一是假定户主或家里的主事人熟悉当地农村宅基地以及房屋的交易价格；二是假定理性的、熟悉周边交易价格的户主或家里主事人，会根据宅基地位置、房屋状况等综合考虑自家闲置的宅基地和房屋能够以什么价格出售，他/她不会期待以一个远高于或乐意以一个远低于当地市场价格的价格出售自家的闲置宅基地和房屋。黄淮海农区受访的1026户样本农户，有1024户回答了"D7. 你家买过或卖过宅基地吗？"这一问题，其中多达12.21%的农户曾经买卖过宅基地使用权，表明农村宅基地转让市场已经初步形成，不少地区可能都有农村宅基地和房屋转让的情况。考虑到农村的熟人社会性质、农村宅基地和房屋转让的敏感程度及其在社区舆论场中的传播力，上述关于户主熟悉当地宅基地使用权和房屋转让价格的假定，具有较强的合理性。

（三）农民对宅基地及房屋跨社区交易的态度："进退联动"视角

尽管有闲置宅基地（包括闲置房屋）的农户，超过40%愿意把宅基地使用权转让，但是在农户都有宅基地甚至不止一处，而且未来一段时期仍将会有大量农民向城镇迁移导致农村宅基地"供大于求"的背景下，谁来承接农户退出的宅基地及房屋是一个必须面对的问题。一个思路是适度集中，如后面浙江义乌市、宁夏平罗县农村土地退出改革案例分析中提到的"异地奔小康"和"插花安置"生态移民，让一些发展基础较差的村庄，向发展潜力大的村庄转移。随着越来越多农村人口向城镇迁移，长期来看，一些农村社区的边界被打破和居民适度集中的趋势将不可避免。

为了考察当前其他地区能否像浙江义乌、宁夏平罗等地一样，在更大范围内优化配置农村建设用地，2018年黄淮海农区调查询问了农民对于外村人到本村买房屋和土地使用权，并成为集体和村里的一员的看法。结果发现，回答该问题的1025位受访者，回答"1 = 坚决不同意""2 = 不同意""3 = 无所谓""4 = 同意"和"5 = 完全同意"的分别有163人（15.90%）、208人（20.29%）、302人（29.46%）、233人（22.73%）和119人（11.61%）。

可见，只有 1/3 的农民反对打开传统社区和集体经济组织边界，让外面的人进来。对于所在社区开放，大部分农民持支持或无所谓的态度。而且，进一步检验发现，家里有闲置宅基地和房屋的农民，同意社区开放和打破传统集体经济组织边界的比例更高。

三　农民土地退出意愿的行动表达

基于大样本农户调查的结果表明，随着农村人口向城镇非农领域迁移，当前很多农民有退出农村土地的意愿。那么，如果缺乏有偿退出的通道，农民想退出农村土地的意愿得不到满足，会产生什么后果？

（一）宅基地退出意愿的行动表达：长期闲置

宅基地方面，农民会用农村宅基地和房屋长期无效率利用甚至闲置这一行为，来表达其退出意愿。农民进城后，难以退出宅基地使用权和房屋财产权，造成农村宅基地和房屋长期低效率利用甚至闲置。对于农村宅基地低效率利用和闲置情况，前文已有分析，此处不再赘述。不过，如果按照宅基地所有权、资格权、使用权"三权分置"的思路，农村宅基地长期闲置，虽然不是产权上的退出，但无疑是宅基地使用权的事实退出。

（二）承包地退出意愿的行动表达：耕地抛荒

承包地方面，农民则用"耕地抛荒"行为表达了农村承包地退出意愿。因农村承包地使用权"供大于求"，一些农民有退地意愿却难以退出承包地，只好以懒散经营、季节性抛荒甚至常年抛荒的方式，从行动上放弃农业生产、退出承包地。前文已经提到，2019 年苏鲁皖三省农户调查获得的 935 户农户样本中，近 1/4（24.81%）的农户家里有耕地季节性抛荒，其中不少农户家里有些耕地被全年抛荒。

"抛荒"是农村土地无效率利用的终极体现，是农民承包地退出意愿的行动表达。对于抛荒与农民承包地退出意愿的关系，可以通过比较有无耕地抛荒两类农户的承包地退出意愿进行验证。对 2019 年苏鲁皖三省农户调查数据的分析发现，如果一次性给予 40 年的当地最高年租金，以交给/卖给国家为例，家里有耕地抛荒的农户中，分别有 49.35%、33.77% 的农户愿意退出一部分或全部承包地；家里没有耕地抛荒的农户中，分别有 45.70%、31.52% 的农户愿意退出一部分或全部承包地。有耕地抛荒的农民群体中，愿意退出一部分或全部承包地的比例，分别比没有耕地抛荒的农民群体高出 3.55 个和 2.25 个百分点。由此可知，家里有承包地抛荒的农户，承包地退出意愿确实更强。

农民向城镇非农领域迁移的过程中，是否继续耕种承包地，主要取决于继续耕种承包地能否为其带来更多的净收益。农民在意收入、追求效用最大化的行为动机，与国家强调国家粮食安全的政策目标明显不同。如果继续耕种带来的收益小于投入的成本，即经济上不划算，农民想退出承包地又没有通道，那么即便暂未将耕地抛荒，也会懒散经营，最终造成农业经营效率和粮食产量损失。"退出不畅"对粮食产量和农业经营收益造成的负面影响，将在本书第十章、第十一章中做专门分析。

第六章
农业机械化、非农就业与农民的
承包地退出意愿

进入 21 世纪之后，随着工业化、城镇化进程加快，中国农业农村发展呈现一些新特点、新态势，其中最突出的两点是农业机械化和农民兼业化。一方面，农业现代化程度持续提升，农业机械替代了大量的人工劳动。据《中国统计年鉴 2018》数据，从 2000 年到 2017 年的 18 年时间里，我国农业机械总动力从 5.26 亿千瓦增加至 9.88 亿千瓦。其中大中型拖拉机从 97.45 万台激增到 670.08 万台，增长了近 6 倍。而农业就业人口则从 3.60 亿人锐减为 2.09 亿人。另一方面，农户的兼业程度不断提高，农民的土地依赖持续弱化。农村土地不再是农民生产生活的基本保障，"人地分离"趋势日益加强。国家统计局发布的《2014 年全国农民工监测调查报告》显示，2014 年外出务工的农村劳动力多达 1.68 亿人，其中举家外出者占 21.3%。很多举家迁移的农民把承包地长期流转出去，成为新时期的"不在地主"（郭熙保，2014）。

理论上看，农业机械化和非农就业，都可能对农民的承包地退出意愿产生影响。作为农业机械替代人工的一个过程，农业机械化改变了传统的农业生产方式，大幅降低从事农业劳动的辛苦程度，可能会改变农民的农业经营意愿以及承包地退出意愿；非农就业则从经济上打破了传统农民对农业以及农村土地的依赖，改变了农民和农村土地的关系，从而可能会影响农民的承包地退出意愿。农业机械化和农民兼业化是当前农业转型发展最重要的两个方面。关注其与农民土地退出意愿的关联性，对于理解农业、农民与农村土地的关系，以及下一步深化农村土地制度改革，有重要意义。

一 文献回顾与机理分析

近年来，随着城镇化的发展和农村土地制度改革的深化，农民与农村土地"人地分离"的趋势不断加强，有关农村土地退出方面的研究日益增多。杜文娇和任大鹏（2011）认为，无论是从学理上对公平、公正的维护，还是从法益上对承包权、成员权的正确认知，或是实践中缓解人地矛盾，提高农地利用效率，建立农村土地退出机制都是必要且可行的。陈会广和钱忠好（2012）从布坎南的"自由选择权是财产权利价值的基础"出发，把农民的土地财产权二分为剩余权和退出权，并指出土地制度改革应强化农民的土地财产权利和选择自由。郭熙保（2014）认为，承包地退出是农民工市民化的内在要求，否则进城农民"离农不退地"，成为"不在地主"，拥有涨租金或收回土地的权利，不利于土地经营的稳定性。

尽管从"人地"资源优化配置的角度看，城镇化进程中部分农民"离农、退地"有其必然性，但是否施行农村土地退出，必须尊重农民意愿，让农民自由选择。因此，学界开始重点考察农民的土地退出意愿。一些学者（吴康明、陈霄，2011；王兆林等，2011）结合"地票"制度，对重庆农民调查发现其土地退出意愿受人口特征、非农就业、退地补偿预期、家庭抚养比等因素的影响。白积洋（2012）对湛江市782个农民调查发现，36.9%的受访者愿意有偿退出农村土地，家庭抚养比、承包地面积、是否有城镇住房等都会影响农民的土地退出意愿。罗必良（2013）基于广东省753个样本分析发现，如果条件合适，多达61%的农民愿意放弃农村土地，家庭农业收入比重、耕地质量、产权认知强度等对退地意愿负向作用，但承包地面积对退地意愿有正向作用。刘同山和牛立腾（2014）指出，分化产生的异质性农户有不同的土地依赖和产权偏好，人口特征、职业状况和经济因素都会影响农民的退地意愿。杨婷和靳小怡（2015）对深圳市 2071 个农民工研究发现，农民工个人与家庭的资源禀赋及其社会保障，都与其退地意愿正相关。

文献回顾表明，现有关于农民土地退出意愿的研究，主要是从农村劳动力非农就业和农村人口乡城迁移的角度展开分析，间或考虑退出收益和农村土地的社会保障功能，基本没有关注农业生产方式转变对农民退地意愿的影响。实际上，无论是非农就业还是乡城迁移，都必须考虑农业生产方式转变具体来说就是农业机械化在"人地分离"中的重要作用。

当前中国农业生产的大部分环节都实现了机械化，大量的劳动力退出农业生产领域。农业机械替代人工劳动，使粮食等农产品生产从原本的"人工劳动＋自然力"逐渐演变为"机械劳动＋自然力"。农业生产"工厂化"趋势加快，农村土地的资产要素属性越来越强。农民在土地上劳作时间的减少和土地资产属性的增加，都会减弱农民的土地依赖。可以想象，一个从未从事农业生产的人（即便这个人出生于农村），显然没有以种地为生的人更珍视土地。如果农民认为农村土地与农业机械相似，只不过是农产品生产工厂中的一种投入资产要素，关于"土地是农民命根子"的传统认知也可能会逐渐弱化。于是有假说 1：

H1：农业经营的机械化程度越高，农民的承包地退出意愿越强。

劳动强度较高或者更容易给农民带来负效用的生产环节，一般会率先实现机械化。农业机械的普遍采用，不仅减少了人工劳动的投入量，而且降低了农业生产的辛苦程度。但是，理性的农民也许会因为农业机械化降低了农业生产的劳动强度和辛苦程度，让农业生产更加容易，出于家庭效用最大化的考量而长期维持"老人、妇女在家务农＋青壮年劳动力外出务工"的家庭分工模式。如此一来，在农业机械化主要通过专业服务外包和"跨区作业"实现的背景下，对农机作业服务的满意度会影响家庭的总效用，进而对农民是否愿意继续保有承包地从事农业生产产生作用。故有假说 2：

H2：对农机作业服务的满意度越高，农民的承包地退出意愿的越弱。

很多研究表明，工业化、城镇化和农业现代化进程中，农村劳动力离开农业农村具有不可逆性，而且农业机械的劳动力替代效应会促进家庭分工和农民非农就业。那么，农业机械化程度的提高，可能会通过促进农民非农就业的持续深化而让农民更愿意放弃农村的承包地。基于此，我们提出第三个研究假说：

H3：农业机械使用比例的提高，会促进农民非农就业，进而提高其承包地退出意愿。

总之，农业机械的采用，既可能促进农民非农就业、减弱其土地依赖进而让农民更愿意放弃土地，也可能因让农业经营更加舒适而使农民更愿意保有土地。

接下来，本章将使用 2014 年冀鲁豫三省农户调查数据，计量分析农业机械化对非农就业和农民承包地退出意愿的具体影响。应当指出，在本次调查获得的 779 份有效问卷中，由中国人民大学、华南农业大学 4 名农业经济专业的研究生获得的有效样本 620 个。考虑到他们参与了课题的前期讨论、问卷设计、预调研等，其数据质量更有保证，我们将选用这部分数据进行分析。

二　变量说明与计量方法

（一）变量设计及选择

1. 被解释变量

农民的承包地退出意愿是被解释变量。所谓承包地退出意愿，是指农民面对"彻底放弃农村承包地"这一问题时的看法或想法，并因之而产生的个人主观性思维。受法律制度约束，当前农民彻底放弃农村承包地的制度出口非常缺乏，主要通过政府征地的方式来实现。随着农村土地制度改革的深化，一些地方开始尝试"以承包地换养老保险"的方式加快部分农民与农村土地的"人地分离"。近年来，中央开始强化农村土地的承包经营权，农民逐步获得了承包经营权抵押、担保、入股等权能。考虑当前承包地退出的实际情况和下一步农地改革的政策趋向，我们把农民的承包地退出方式划分为"直接出售"、"被政府征用"和"换工资收入"三种。通过问卷调查询问农民是否意愿接受某种具体的退地方式，得到样本农民的承包地退出意愿。在620个样本农户中，愿意以"直接出售""被政府征用""换工资收入"方式退出承包地的农户比例分别为20.7%、63.6%和66.5%。尽管对不同退出方式的参与偏好不同，目前有相当一部分样本农民愿意有偿退出农村承包地。

2. 解释变量

依据研究假说，设定如下核心解释变量。①农业机械的使用。这一变量可以从客观和主观两个方面进行考察：用农田耕作机械化比例（x1）来反映客观的农业机械化水平；以受访者的农机服务满意度（x2）来表征农民对使用农业机械（主要为农机作业服务）的主观评价。需要说明的是，农田耕作使用农业机械的比例可以通过计算使用机械耕、种、收的比例直接得到，而农民的农机服务满意度，则要从农机作业的收费情况、作业质量、服务态度等方面综合考虑。调查问卷设置了5级李克特量表，分别询问了农民对农机作业质量满意度、服务态度满意度和收费情况满意度。②农民的非农就业。以户为单位考察农民的非农就业，需要考虑家庭内部劳动力分工，至少应包括家庭人均非农年收入（m1）、家庭非农劳动力比例（m2）、家庭成员非农就业稳定性（m3）等指标。由于问卷调查通过询问某个受访者来获得其他家庭成员的信息，无法获得非农就业人员的劳动合同、社会保障等情况（实际上，即使有此类数据也存在加总困难），因此无法在农户家庭层面上直接测度非农就业的稳定性。借鉴已有的文献，选择是否有家庭成员在城镇买房或长期租房作为非农就业稳定性的替代变量，即"是否有家庭成员在城镇定居"。一般而言，在城镇长期租房尤其是买房的，其非农就业相对稳定。

3. 控制变量

文献表明，除上述解释变量外，农民的承包地退出意愿还受到个体特征、家庭特征、土地资源禀赋等其他多种因素的作用，并且存在地区差异。参考已有的实证研究，控制年龄、性别、受教育程度、承包地归属认知、家庭规模、家庭抚养比、承包地细碎化程度和地区变量。表6-1给出了上述各个变量的有关指标及其说明。

表6-1 变量、指标及其测量标准

变量及指标	标示	变量定义
被解释变量		
承包地换工资收入	y1	不愿意=0;愿意=1
承包地直接出售	y2	不愿意=0;愿意=1
承包地被政府征用	y3	不愿意=0;愿意=1
解释变量		
农田耕作机械化比例	x1	机耕、机收的面积除以2倍的耕地总面积[a]
农机服务满意度	x2	对作业质量、服务态度和收费情况满意度的综合[b]
家庭人均非农年收入	m1	各成员上年非农收入之和除以家庭人口总数
家庭非农劳动力比例	m2	家庭非农就业劳动力数量与总劳动力数量之比
是否有家庭成员在城镇定居	m3	无家庭成员在城镇购房或长期租房=0;有=1
控制变量		
年龄	c1	35岁以下=1;36~50岁=2;51~65岁=3;65岁以上=4
性别	c2	男=1;女=2
受教育程度	c3	文盲=1;小学=2;初中=3;高中/中专=4;大专及以上=5
家庭规模	c4	家庭人口总数
家庭抚养比	c5	家庭总人口除以劳动力个数
承包地归属认知	c6	农民自己=1;集体=2;国家=3
承包地细碎化程度	c7	报告的承包地总面积除以地块数
地区	c8	河北=1;河南=2;山东=3

注：a. 样本地区农业机械使用主要集中在耕地、收获两个环节，因此为了精确起见，测算农田耕作机械化比例，要用机耕、机收的面积除以2倍的耕地总面积；b. 用因子分析法从农机作业质量、服务态度和收费情况的满意度中提取一个农机服务的整体满意度，发现KMO值为0.609，Bartlett球形度检验 p=0.000，一个主成分可以提取55.04%的信息（方差），故对三个指标降维是合适的。

（二）估计方法：MvProbit 模型

面临某一种具体的"人地分离"方式，如承包地换取养老保险，每位农民都会综合考虑自身及其家庭的情况，表明自己是否愿意接受。这是典型的二元选择问题，可以采用 Probit 模型进行考察。不过，采用简单 Probit 方法对直接出售、被政府征用、换工资收入等三种退地方式分别估计的结果，不能横向比较。为了对比分析异质性农民的退地方式形成及其选择偏好，考虑到各种退地方式之间存在的相互联系，需要对上述三种承包地退出方式联立估计。这就要采用可同时处理多个二元选择的 MvProbit 模型。其一般形式为：

$$y_{1i}^* = \beta_1' x_{1i} + \varepsilon_{1i}$$
$$y_{2i}^* = \beta_2' x_{2i} + \varepsilon_{2i}$$
$$\vdots \qquad\qquad (*)$$
$$y_{mi}^* = \beta_m' x_{mi} + \varepsilon_{mi}$$

对于被解释变量而言，方程可以设定为：

$$y_m = \begin{cases} 1 & if \quad y_m^* > 0 \\ 0 & otherwise \end{cases} , \quad m = 1,\ 2,\ \cdots,\ M$$

其中，$y_m = 1$、$y_m = 0$ 分别表示愿意和不愿意以第 M 种方式退出承包地。m 代表方程个数，也是第 M 种承包地退出方式；i 代表自变量个数，反映了影响农民承包地退出的 N 个因素；ε_{mi} 为服从多元正态分布的误差项，且各均值为 0、方差为 1。对（*）式进行极大似然拟合估计，可得各 β 值。

三　实证结果分析

（一）非农就业的中介效应检验

理论分析表明，农业机械的大范围使用，替代了农业生产中的人工劳动，可能会推动农村劳动力向非农领域转移，亦即非农就业可能充当了农业机械化影响农民承包地退出意愿的中介变量。为了保证回归结果的准确性和解释的科学性，必须检验有关变量的中介效应。由于尚未有理论表明农业机械化会对农民的非农就业稳定性（m3）产生显著影响，接下来主要分析农业机械化是否通过家庭人均非农年收入（m1）、家庭非农劳动力比例（m2）两个指标对农民的退地意愿产生作用。采用温忠麟等（2004）提出的检验程序对非农就业的中介效应进行检验。

第一步，不考虑反映非农就业的各指标，将农田耕作机械化比例（x1）、农机服务满意度（x2）和各控制变量对三种土地退出方式进行MvProbit回归，发现在10%的显著性水平上，"换工资收入"方程中x1的系数为0.357（0.197）（括弧内为标准误，下同）；"直接出售"方程中x2的系数为-0.123（0.068）。故可以继续第二步检验，且只需关注"换工资收入"方程中的x1和"直接出售"方程中的x2对非农就业的作用。第二步，做Baron和Kenny部分中介效应检验。分别以家庭人均非农年收入（m1）、家庭非农劳动力比例（m2）作被解释变量，将农田耕作机械化比例（x1）、农机服务满意度（x2）和各控制变量对其回归，在m1方程中得到x1、x2的新系数分别为0.048（0.098）、-0.045（0.030），都不显著；在m2方程中，x1、x2的新系数分别为0.002（0.042）、-0.018（0.013），亦都不显著。因此，该检验的功效较低，需要做Sobel检验。第三步，Sobel检验发现，在"直接出售"方程中，x2对m1的中介效应显著，但对m2的中介效应不显著；在"换工资收入"方程中，x1对m1和m2的中介效应都显著。

上述分析表明，农田耕作机械化比例（x1）不仅对农民是否愿意用承包地"换工资（养老保险等）收入"产生直接影响，而且通过家庭人均非农年收入（m1）、家庭非农就业劳动力比例（m2）两个指标对其产生间接影响。因此，为了获得更准确的估计结果，不应让m1、m2和x1同时进入"换工资收入"方程。除直接影响外，农机服务满意度（x2）也通过家庭人均非农年收入（m1）对农民的承包地退出意愿产生间接影响，也应将二者分别放入"直接出售"方程。不过，农业机械化对农民是否接受政府征地不产生显著的直接影响，且不会通过影响非农就业对其产生间接影响，因此各变量可以一起进入"被政府征用"方程。

（二）农业机械化与非农就业的退地效应估计

为了保证回归的有效性，需要首先考察解释变量和控制变量的相关系数及其多重共线性，coldiag2 检验发现，各解释变量间的条件数为 32.6，远小于 100 这一上限，且变量间的相关系数都小于 0.30（除性别与受教育程度的相关系数为 0.36 之外）。变量间有一定的多重共线性，但不严重，可以进行回归分析。以农业机械化和非农就业为关键解释变量的农民承包地退出意愿方程的 MvProbit 估计结果如表 6-2 所示。

表 6-2 MvProbit 模型估计结果

指标	换工资收入		直接出售		被政府征用
人均非农年收入（m1）		-0.014 (0.094)		0.018 (0.106)	-0.099 (0.099)
非农劳动力比例（m2）		0.245 (0.216)	-0.125 (0.237)	-0.051 (0.239)	0.391 * (0.228)
成员是否城镇定居（m3）		0.171 (0.138)	0.364 *** (0.141)	0.401 *** (0.147)	0.259 * (0.145)
农田机械化比例（x1）	0.397 * (0.207)		0.072 (0.239)	0.032 (0.234)	0.162 (0.218)
农机服务满意度（x2）	-0.118 * (0.064)		-0.129 * (0.071)		0.069 (0.067)
年龄（c1）	-0.044 (0.073)	-0.045 (0.074)	-0.024 (0.083)	-0.026 (0.083)	0.201 *** (0.077)
性别（c2）	-0.047 (0.143)	-0.035 (0.142)	-0.106 (0.160)	-0.082 (0.159)	-0.127 (0.146)
受教育程度（c3）	0.087 (0.069)	0.078 (0.069)	0.177 ** (0.075)	0.174 ** (0.075)	0.102 (0.071)
家庭规模（c4）	0.025 (0.034)	0.020 (0.035)	-0.045 (0.039)	-0.050 (0.038)	0.019 (0.035)
家庭抚养比（c5）	-0.259 ** (0.117)	-0.251 ** (0.123)	-0.054 (0.138)	-0.040 (0.141)	-0.237 * (0.130)

续表

指标	换工资收入		直接出售		被政府征用
承包地归属认知(c6)：集体	0.220 (0.208)	0.241 (0.209)	−0.022 (0.232)	−0.014 (0.232)	−0.001 (0.213)
国家	0.108 (0.124)	0.112 (0.124)	0.347 ** (0.136)	0.354 *** (0.136)	0.169 (0.129)
承包地细碎化程度(c7)	−0.085 ** (0.039)	−0.075 * (0.039)	−0.091 * (0.047)	−0.089 * (0.047)	0.021 (0.046)
地区(c8)：河南	−0.071 (0.167)	−0.165 (0.162)	0.080 (0.179)	0.031 (0.178)	0.714 *** (0.190)
山东	−0.190 (0.141)	−0.182 (0.137)	−0.108 (0.160)	−0.058 (0.160)	−0.329 ** (0.144)
常数项	0.524 (0.417)	0.846 (0.965)	−0.933 ** (0.474)	−1.094 (1.103)	0.376 (1.034)

注：进入方程的有效样本为 540，Log likelihood 值为 −888.69，Wald chi2 (41) 值为 126.27 (p = 0.000)，且各方程间的误差项相关系数都通过了 5% 的显著性水平检验，表明采用 MvProbit 模型是合适的。括弧内为参数的标准误，*** 、** 、* 分别表示在 1% 、5% 和 10% 的水平上显著。承包地归属认知的参照组为"农民自己"，地区的参照组为河北。

回归结果表明，在控制其他变量后，农业机械化和非农就业情况都会对某种方式下农民的承包地退出意愿产生显著影响。

从农业机械化的影响来看，左侧的"换工资收入"方程表明，在 10% 的显著性水平上，在耕、种、收环节农田耕作机械化比例（x1）越高，农民越愿意用承包地换取养老保险等工资收入，假说 H1 得到证实。这一结论不难理解。农业机械化是对人力劳动的替代，其比例越高，农民脱离农业生产的程度也越强。再考虑到当前包括规模经营主体在内的大部分农户都不再"储粮备荒"，而是在收获后尽快出售换成现金，土地越来越像一种有稳定预期收益的资产。因此，农业机械化程度的提高将弱化农民的"恋土情结"，使其更愿意换取工资收入。农机服务满意度（x2）则与农民的退地意愿呈负相关关系，且在"换工资收入"和"直接出售"方程中得到了相似的结论，只是对后者的作用力度更强，假说 H2 也得以证实。该指标反映了借助农业机械化从农业生产中获益的成本与愉悦程度，较高的满意度无疑会对农民放弃承包地产生拉力。但无论是农田耕作机械化比例，还是农机服务满意度，对农民是否愿意承包地被政府征收的作用都不显著。这表明农民是否接受政府征地，主要受模型之外的因素影响。

可见，农业机械化对农民与农村土地的"人地分离"既有推力也有拉力。不过，就"换工资收入"方程而言，其推力（0.397）远大于拉力（0.118）。因此，整体而言，随着农业机械化程度的进一步提高，农户"弃地进城"的意愿将进一步增强。

农户家庭的非农就业情况，主要对农民是否愿意出售承包地、是否愿意被政府征用产生影响。其中，反映非农就业稳定性的"是否家庭成员有在城镇定居"（m3）变量，在1%的显著性水平上，对农民的承包地出售意愿造成影响，且作用力度（系数）较大。而且该指标也对农民是否愿意以政府征用的方式放弃承包地有显著影响。这意味着，非农就业的稳定性越强，农民越愿意以一次性卖断（直接出售或被政府征用）的方式处置承包地。这与其他学者的研究结论一致。对这部分农户而言，其生存已经不再依赖于农村土地，甚至有了完整的城市社会保障来替代土地的保障功能，因而更愿意有偿放弃农村土地，实现从农民向市民的身份转变。家庭非农劳动力比例（m2）的提高，会促进农民接受以政府征地方式退出承包地的概率，但对农民以承包地换工资收入或直接出售的意愿影响不显著。农户家庭人均非农年收入（m1），对农民是否愿意以各种方式放弃承包地的影响微弱且不显著。

结合前文的中介效应检验整体来看，假说 H3 的前半部分得到证实，即农业机械化会促进农民的非农就业，但后半部分没得到实证结果的支持。总体而言，非农就业并不会对农民的土地退出意愿产生影响。其原因可能有二：一是农户家庭人均非农收入与其土地退出意愿并不是简单的线性关系；二是家庭非农劳动力比例是农户家庭在效用最大化逻辑下劳动力和土地资源最优配置的结果，与承包地退出意愿不相关。无论如何，关于非农就业对农民土地退出意愿的影响有待进一步研究。

（三）控制变量对农民退地意愿的影响

表 6-2 的参数估计结果表明，在给定的显著性水平上，除性别和家

庭规模外，年龄、受教育程度、家庭抚养比、承包地归属认知、承包地细碎化程度以及地区等控制变量，都会显著影响农民的承包地退出意愿。不过，其影响作用会因承包地退出方式的不同而变化。

具体而言，①年龄越大的样本农民越乐于接受承包地被政府征用。这可能是他们经历过集体化时期，因而配合政府行为的自觉性更强。②受教育程度对农民的承包地出售意愿有正向作用。这意味着，随着农民受教育程度的持续提高，将会有更多的农民愿意有偿退出承包地。③家庭抚养比越高，即单个劳动力需要抚养的人数越多，农民越不愿意用承包地换工资收入或者承包地被政府征用。由于抚养比衡量了家庭的生存压力，上述结论表明对于部分农民而言，农村土地依然是安身立命之所在。这一结论对于当前征地上访事件有一定的解释：一旦最需要农村土地的人被迫失去了土地，其生计就成了问题，上访就成为他们重新获得土地的最后手段。④与认为承包地归自己所有的农民相比，认为承包地归国家所有的农民更愿意出售承包地，或者说，认为承包地归自己所有的农民会更珍视承包地而不愿出售。这就意味着，随着农民土地权益意识的强化，将会有更多的人不愿意出售承包地。⑤承包地越是细碎化，农民越不愿意用其换工资收入或者将其直接出售。其原因可能是细碎化反映了人地关系，细碎化程度的提高反映了更加紧张的人地关系。而长期的人地关系紧张使人们把土地看得更珍贵。⑥与河北相比，河南的样本农民更能够接受承包地被政府征用，但山东的样本农民则更抵触政府征地。可见，山东人最看重承包地。这可能是由于山东农民长期受儒家文化影响，有更浓厚的"恋地情结"（孔子曾用"为人下者，岂犹土乎"表达对土地的热爱和赞美）。

四 结论与政策启示

利用冀鲁豫三省农户调查数据，对农民与农村土地"人地分离"的三种具体方式进行 MvProbit 回归分析发现，农业机械的广泛采用所引发的农业生产方式转变会直接影响农民的承包地退出意愿。尽管农户家庭的非农就业受到农业机械化的影响，充当了后者影响农民承包地退出意愿的中介变量，但它对农民退地意愿的影响并不显著。具体来看，研究结论主要有以下四点：①耕、种、收环节越来越多地使用农业机械，会强化农村承包地的资产属性，从而促使农民更愿意接受以承包地换养老保险等工资性收入，推动农民与农村土地"人地分离"；②农民对农机作业质量、服务态度和收费情况满意度的改善，会抑制农民直接出售承包地或以承包地换养老保险等工资性收入的意愿，即对"人地分离"产生拉力作用；③非农就业充当了农业机械化影响农民退地意愿的中介变量，但以家庭人均非农年收入、家庭非农就业劳动力比例等反映的非农就业情况，与农民的承包地退出意愿并不呈线性关系；④以农户家庭是否有成员在城镇买房或长期租房表征的非农就业稳定性，对农民的承包地"直接出售"和"被政府征收"意愿都有显著的正向作用，进城农户的土地依赖性已经降低。

上述研究结论对于结合农业生产方式的转变，全面深化农村土地制度改革有着重要的政策启示。一方面，相当一部分农民愿意有偿放弃农村承包地，因此顺应工业化、城镇化和农业现代化的要求，加快施行农村土地退出制度，为有意愿、有能力的农户彻底放弃农村承包地提供制度出口，不仅可以增加社会福利，而且有利于推动农业转型和城乡一体化发展。另一方面，农业机械的使用，虽然可以替代人工劳动、促进农户非农就业，但它对农民的退地意愿有推、拉两种作用。而兼业经营程度的提高，也不会促使农户放弃农村土地。如果不提供相应的制度安排，改变农村人口"离农、进城、不退地"的现状，中国农业兼业化、老龄化的问题将越来越严重。总之，为了避免产生新时期的"不在地主"，实现农地规模化经营和农业转型发展，需要深化农村土地制度改革，尽快为有能力、有意愿的农户"退地进城"提供制度出口。

第七章
确权颁证、子孙传承与农民的承包地退出意愿

 土地既是农民最重要的财产，也是农业发展之基和农民安身立命之本。当前中国正在经历城乡时代大变革，大量农村人口持续向城镇迁移，传统农业加快向现代农业转型。人口的乡城迁移需要财富的相应流动，现代农业发展则需要适度规模的、稳定的土地使用权。考虑到农民市民化、农业现代化的需要，中共十八届五中全会和2018年中央"一号文件"都提出，引导进城落户农民依法自愿有偿转让土地承包权。农村土地产权转让，或简称承包地转让，是在一定的社会环境（包括习惯、社会风俗等）中进行的（孔祥智，2012），因而它不仅是经济学意义上农民对财产权利的处置，还受到农村社会的习俗、规范以及其他习惯权利体系的影响。研究农村承包地转让，需要采取多维视角，统筹考虑经济、社会文化等因素。

 在经济方面，从人口乡城迁移和农业规模经营的角度看，土地承包权转让意味着农民身份的彻底转换，因而比一般意义上的土地流转，也就是土地经营权出租更有意义（杜文娇、任大鹏，2011）。中国的农村承包地确权登记颁证工作已于2018年底基本完成。作为农村土地制度改革的一项重要举措，确权颁证将进一步强化农民的土地财产权。产权经济学指出，明晰产权可以降低交易费用从而促进土地交易，因此确权颁证对承包地转让的影响值得重视。当然，界定产权是为了交易，同时只有在市场交易中，

产权才能够真正得到清楚和明确的界定，离开了市场交易，界定产权本身并不能具有独立的经济意义（陈会广、钱忠好，2012）。不过，国内现有文献主要关注确权颁证能否以及如何影响土地经营权出租。例如，林文声等（2017）基于 2011 年和 2013 年的 CHARLS 数据计量发现，对于发生过土地调整、有公交车到达以及农业机械化程度较低的村庄，土地确权更能促进农户土地（经营权）流转；李金宁等（2017）对浙江省 11 市 522 户农户的数据采用 Logit 回归发现，确权能显著促进土地（经营权）流转，且对户主年龄超过 55 岁或户主常年外出打工的农户，确权的土地流转效应更大。尚未发现有学者考察确权颁证对农民承包地退出意愿的影响。

在社会文化方面，被称为农民"命根子"的土地，既是农民最重要的财产和生产资料，也是农民生活方式和自我身份认同的基础支撑，因此"土地不仅有经济价值，还有非经济价值"（费孝通，2007）。一旦将视角从经济转向社区、社会，会发现与很多国家农民的土地主要具有财产属性、发挥生产资料功能不同，对于有家系主义文化传统的中国农民来说，土地还往往与传宗接代联系在一起，具有很强的乡土文化传承功能。随着中国农村土地制度改革的推进，关于承包地转让的文献也日益增多，但现有研究主要从经济视角出发，很少考虑乡土文化的作用，至于对家系主义、子孙传承如何影响承包地转让的研究更是空白。基于此，本章从中国的国情、农情出发，将研究视角从产权制度拓展至乡土文化，把农村土地的资产属性和文化传承功能结合起来，同时关注确权颁证、子孙传承对农民承包地退出意愿的影响，既是对现有土地交易研究的深化，也有助于全面认识中国农民的土地需求，从而更好地推进土地制度改革。

一　理论分析与研究假说

有效的产权制度是经济增长的关键。不完善的土地产权制度与社会生产活动不相适应，会阻碍经济增长（周其仁，2004；North and Thomas，1973）。确权颁证是完善土地产权制度、发展土地要素市场从而优化土地资源配置的重要基础。借鉴威廉姆森（2002）等在研究市场运行及资源配置有效与否时构建的交易成本分析框架，确权颁证主要通过两种作用机理推动土地交易。

一是确权颁证可以降低交易成本，促进土地交易。一方面，确权颁证能够减少土地交易的不确定性，降低事前的交易成本。在签订承包地转让契约时，交易各方的当事人都会面临将来的不确定性，因此需要事前规定各方的权利、义务和责任，而这需要花费代价和成本，成本的大小与土地产权结构的事前清晰度有关。确权颁证能够提升土地交易双方对市场的信任度，减少土地交易前的摩擦力（Feder and Nishio，1999），让土地租赁交易更容易达成（李金宁等，2017；付江涛，2016）。另一方面，确权颁证能够降低土地交易的履约成本，降低事后的交易成本。确权颁证之后，土地交易契约更容易受到法律保护而保持长期或连续性，交易后的冲突可以交由土地流转仲裁机构或者法庭解决，而且受让方可以通过再次转让的方式中止交易关系。这都会降低事后的交易成本，让当事人更放心地进行交易，有助于达成一个更长期的出租合同（Macours et al.，2010；Deininger et al.，2011），从而活跃了土地租赁市场。

二是确权颁证能提高交易自由度，促进土地交易。确权颁证让农民获得了更加正式、清晰而完整的土地承包经营权，能够提高受让方和出让方土地交易的自由度。对受让方来讲，获得土地使用权后，一般还要进行专用性投资，比如进行农田基础设施建设、投入资金发展设施农业等。除非交易限制在社区内部，否则一旦交易突破社区边界，熟人社会的约束减少，如果没有土地承包经营权证，由于机会主义的存在，受让方会担心在履约过程中出让方"敲竹杠"甚至中途毁约而不敢参与交易。确权颁证从法律上降低了土地交易的不确定性，为外部主体参与土地交易提供制度保障。基于埃塞俄比亚的研究发现，确权颁证帮助农户从原本很少接触的人之中找到经营效率更高的承租人（Deininger et al.，2011），推动潜在的土地出租者和承租方进行交易（Holden et al.，2011）。对出让方而言，土地承包经营权，已经被视为一种"准所有权"（杜文娇、任大鹏，

2011；叶兴庆，2015），确权颁证让农民拥有更多、更正式的土地权利，会强化农民"承包地归自己家所有"的认知，进而提高交易的自由度。基于上述分析，本文提出研究假说1：确权颁证能够提升农民的承包地退出意愿。

经济行为模式无非是人们的一种选择，这种选择由社会生活方式及其结构所决定（Granovetter，1995）。"土地的非经济价值使土地的交易复杂化"（费孝通，2007）。在"恩往下流"的家系主义氛围中，农民的土地产权选择（比如是否转让承包地）并不总是收益最大化原则驱使下的个体或家庭理性决策，它还受到习俗、文化观念等社会性因素的影响。因此，在考察农民的承包地转让意愿时，不能只从经济角度分析，还需要结合中国农村的社会文化因素。

对中国农民来讲，家庭延续或说传宗接代是最重要的事情。对此，费孝通（2007）在《江村经济》一书中有充分论述："传宗接代的重要性往往用宗教和伦理的词汇表达出来"，农民"相信生命可以通过孩子延续，只要代代相传，先辈就能永生，保持家庭延续是对祖先的最大义务，绝后不仅意味着家庭的终结，也意味着祖先的死亡"（杨懋春，2001）。对大部分中国农民而言，整个亲属关系内的各种关系都是为了延续家族的父系（许烺光，2001）。农民认为自己不过是"祖先—本人—子孙"家系延续链条上的一环，他们上要对祖宗负责，下更要对子孙负责。费孝通（2007）认为，农民活着的动力就在于世代（传承）之间，自己活着不重要，关键是能够光宗耀祖和培养出色的子代，因此"中国人是心中有祖宗、有子孙的民族"。在研究华北农民家庭后，杨懋春（2001）发现，"人和土地是中国农民家庭的两大支柱。说一个家庭垮了，意思是说这个家庭失去了土地。土地是农民及其家庭生命的一部分……他们对土地的珍视程度不亚于对他们的孩子"。费孝通（2007）在《江村经济》中指出，"关于绵续后代的重要性的宗教信仰，在土地占有的延续上得到了具体表现。把从父亲那里继承来的土地卖掉，就要触犯道德观念"，"传给儿子最好的东西就是地，地是活的家产，钱是会用光的，可地是用不完的"。在以家庭延续为终极价值的农民家庭中，父亲仅是祖业传递链条上的一个"守业者"和"传承者"，土地等家产并不是他们的私有财产，他们只是土地等家产的管理者，没有处置家产的绝对权利（滋贺秀三，2003）。只有遭受特殊变故，农民才会卖地，否则就"上对不起祖宗、下对不起子孙"，被其他村民贴上"败家子"的标签。总之，在乡土社会，一个合格的父亲有义务把土地传给子孙，而且为了家系的繁荣，他应当勤奋劳动、节俭生活，尽可能为子孙留下更多土地及钱财。

尽管传统乡土社会随着现代性的进入而不断消解，家庭再生产不再仅仅体现为传宗接代意义上的家庭继替，还要实现以向上的社会流动为目标的家庭发展（Granovetter，1995），但是在农村彻底现代化之前，传统的乡土文化观念，尤其是传宗接代这一信仰，无疑仍会对农民的意愿和行为产生重要影响。农村长期存在的女婴堕胎和严重失衡的男女比例，是男性主义的传统观念和家系延续伦理仍在当前中国农村发挥强大作用的有力证据。那么，当代农民对土地的依恋，也可能有一部分是出于传宗接代的需要，受到"不能把子孙的土地弄丢了"这一乡土共识的影响。

因此，本文提出研究假说 2：有子孙会降低农民的承包地转让意愿，或者说没有子孙的农民更愿意有偿退出承包地。

接下来，本文使用 2018 年 1～3 月黄淮海农区农户问卷调查数据进行计量分析。考虑到本文的研究目的，删除其中有儿子但与儿子分户因而未报告子孙信息的样本 22 份以及 6 份村支书、村主任问卷，最终本文使用 998 份农户调查样本。

二 变量说明与计量方法

（一）变量选取

1. 被解释变量

本文的被解释变量是农民的承包地退出意愿。在当前的法律政策框架下，农民想要退出承包地，一种途径是将承包地出售给政府（包括政府征地）或有偿退给政府资金支持下的集体——宁夏平罗、重庆梁平等农村改革试验区在推进承包地有偿退出试验时采取了这种做法；[①] 另一种途径是按照《农村土地承包法》有关规定，将承包地转让或转包给本集体成员。因此本文通过询问农民"是否愿意将承包地出售给国家"和"是否愿意将承包地（使用权）转让给本集体成员"来考察其承包地退出意愿。

价格是影响农民承包地退出意愿最重要的因素。本文以受访者所知的40年的当地最高年租金作为承包地转让价格，询问农民是否愿意退出一部分承包地。关于为何是40年的当地最高年租金，本书第五章在分析农民的承包地退出意愿时，已经做了详细说明，此处不再赘述。

2. 关键解释变量

本章关注的是确权颁证和子嗣情况对农民承包地退出意愿的影响。农户是否拿到了土地承包证可以通过询问直接获知。子嗣情况则需要根据家庭成员信息推演得出。最终来看，一个农民只能是"有"或"没有"子孙[②]两种情况之一。不过，在最终结果到来之前，一些农民的子嗣情况存在不确定性。比如有一个10岁女儿且仍在育龄的农民夫妻，既然二孩政策已经全面放开，他们可能会要二胎并生个男孩，从而"子子孙孙无穷尽也"，但也可能不要二胎或二胎依旧是女孩，最终没有子孙。因此，农民是否有子孙也可以三分为：有、没有和不确定。

在农村，超过适育年龄的农民一般不会再生孩子，过了30岁仍未结婚的男性，就被视为"大龄未婚"群体（韦艳、张力，2011），成为村民眼中的"光棍"，离婚男性也很难再婚（宋丽娜，2015）。据此可以对样本农民的子嗣情况大致划定：已经有孙子或没有孙子但儿子在适育年龄的受访者，认为其有子孙；30岁以上的未婚男性或仅有女儿的离婚男性，或者男性超过45岁、女性超过43岁仍没有儿子的，认为没有子孙；其他

---

① 关于宁夏平罗、重庆梁平承包地有偿退出的具体方式，见本书机制探索篇。
② 子孙是儿子和孙子的简称，意指男性继承人。

情况认为受访者是否有子嗣暂不确定。通过入赘、领养等方式获得子孙的比例很少，不做专门考虑。

3. 其他解释变量

文献表明，除土地确权颁证外，性别、年龄、受教育程度、农业收入占比、家中 17 ~ 30 岁男性的比例、是否有家人城里定居、地权稳定性、地块细碎化程度等，都会影响农民是否将土地出租（林文声等，2017；Holden et al.，2011；许庆等，2017）或出售（de Janvry et al.，2015；刘同山，2016）。随着大量农村人口向城镇迁移、社区内部需求不足，承包地退出可能需要突破原有的社区边界，因此本文还特意将农民对所在社区开放的支持度，作为影响承包地转让意愿的一个变量。各变量及其说明见表 7 - 1。

表 7 - 1 变量含义与描述性统计特征

变量	变量说明	均值	标准差
是否愿意把部分承包地出售给国家	不愿意 = 0；愿意 = 1	0.447	0.497
是否愿意把部分承包地（使用权）转让给本集体成员	不愿意 = 0；愿意 = 1	0.342	0.475
是否有承包证	没有 = 0；有 = 1	0.620	0.486
是否有子孙（三分）	没有 = 0；不确定 = 1；有 = 2	1.439	0.721
性别	受访者性别：男 = 1；女 = 2	1.323	0.468
年龄	受访者报告的年龄（岁）	53.499	11.221
受教育年限	受访者对"你上了几年学"的回答（年）	6.861	4.551
健康状况	受访者对"你健康状况如何"的回答：很健康 = 1；比较健康 = 2；一般 = 3；比较差 = 4；非常差 = 5	1.979	1.075
农业收入占比	2017 年农业收入占家庭纯收入的比重（%）	0.212	0.354
家庭劳动力比例	家中 16 ~ 65 岁的劳动力人数除以家庭总人数（个）	0.682	0.229
是否有家人城里定居	没有 = 0；有 = 1	0.128	0.335
对社区开放的支持度	受访者对"如果政策允许，有外人想来你们村买房、买地并成为集体一员，你家同意吗"的回答：坚决不同意 = 1；不同意 = 2；无所谓 = 3；同意 = 4；完全同意 = 5	2.937	1.236

续表

变量	变量说明	均值	标准差
承包地调整情况	没调整过=0;调整过=1	0.229	0.420
经营地块平均面积	经营的土地面积除以经营的地块数量（亩/块）	2.638	3.673
地区	江苏=1;山东=2;河南=3;河北=4;安徽=5;天津=6	3.169	1.271

（二）描述性统计

表7-1的前两行表明，如果一次性给予40年的当地最高年租金，分别有44.7%和34.2%的农民选择把一部分承包地（使用权）出售给国家或转让给本集体成员。可见，有相当比例的农民愿意永久退出一部分承包地，而且与转让给本集体的熟人相比，农民更愿意把承包地有偿交给国家。另外表7-1第三行和第四行表明，黄淮海地区有62.0%的农户拿到了土地承包证，大部分农民都有子孙或可能有子孙。

表7-2给出了出售给国家和转让给本集体成员两种方式下，"愿意"与"不愿意"退出部分承包地的两组样本各变量的均值及其差异。对比发现，"愿意"把部分承包地出售给国家或转让给本集体成员的样本，拥有承包证的比例显著高于"不愿意"的样本。另外，无论是出售给国家，还是转让给本集体成员，"愿意"转让部分承包地的样本拥有子孙的均值，都不如"不愿意"的样本高，尽管不够显著。此外，在10%的显著性水平上，愿意转让部分承包地的样本均值，在拥有土地承包证的比例、性别、年龄、劳动力比例、家人城里定居、对社区开放的支持度、承包地调整、经营地块平均面积等方面都与不愿意转让承包地的样本存在显著差异。不过，简单的均值比较只是粗略地反映了"愿意"和"不愿意"转让部分承包地的两类农民在土地承包证、子嗣等方面的差异，更精确地考察确权颁证、子孙情况及其他变量对农民承包地转让意愿的影响，需要严谨的实证分析。

表 7 - 2　两类样本农户各变量的均值及其差异

变量	出售给国家			转让给本集体成员		
	愿意 （n = 446）	不愿意 （n = 551）	差异	愿意 （n = 341）	不愿意 （n = 655）	差异
是否有承包证	0.684 (0.02)	0.568 (0.02)	0.116***	0.681 (0.03)	0.587 (0.02)	0.094***
是否有子孙 （三分）	1.400 (0.04)	1.472 (0.03)	- 0.073	1.393 (0.04)	1.463 (0.03)	- 0.070
性别	1.291 (0.02)	1.347 (0.02)	- 0.055*	1.282 (0.02)	1.342 (0.02)	- 0.060*
年龄	55.045 (0.55)	52.249 (0.45)	2.796***	55.915 (0.62)	52.246 (0.43)	3.669***
受教育年限	6.910 (0.16)	6.817 (0.23)	0.094	6.959 (0.19)	6.805 (0.22)	0.154
健康状况	1.962 (0.05)	1.991 (0.05)	- 0.029	1.941 (0.06)	1.997 (0.04)	- 0.056
农业收入占比	0.207 (0.02)	0.217 (0.01)	- 0.010	0.198 (0.03)	0.220 (0.01)	- 0.022
家庭劳动力比例	0.664 (0.01)	0.696 (0.01)	- 0.032**	0.664 (0.01)	0.691 (0.01)	- 0.028*
是否有家人城里 定居	0.186 (0.02)	0.082 (0.01)	0.104***	0.196 (0.02)	0.093 (0.01)	0.103***
对社区开放的 支持度	3.128 (0.06)	2.784 (0.05)	0.344***	3.202 (0.07)	2.797 (0.05)	0.406***
承包地调整情况	0.267 (0.02)	0.198 (0.02)	0.069***	0.270 (0.02)	0.208 (0.02)	0.062**
经营地块平均 面积	3.045 (0.22)	2.311 (0.12)	0.735***	3.164 (0.27)	2.368 (0.11)	0.796***

注：***、**、*分别表示在 0.01、0.05、0.1 的水平上显著，括弧内为标准误。

（三）模型设定

面临某一种承包地退出方式，如出售给国家，农民会基于自身及其家庭情况，选择是否接受。这是典型的二元选择问题，可以采用 Probit 模型计量分析。不过，由于本文同时考察"出售给国家"和"转让给本集体成员"两种退出方式，样本对不同退出方式的选择很可能潜在相关，分两次采用 Probit 回归，会降低不同转让方式回归结果的可比性，因此本文使用可同时处理两个二元选择问题的 BiProbit 模型。BiProbit 模型的一般形式为：

$$
\begin{aligned}
y_{1i}^* &= \beta_1' x_{1i} + \varepsilon_{1i} \\
y_{2i}^* &= \beta_2' x_{2i} + \varepsilon_{2i}
\end{aligned}
\tag{1}
$$

对于被解释变量而言，方程可以设定为：

$$
y_m = \begin{cases} 1 & 如果 \quad y_m^* > 0 \\ 0 & 如果 \quad y_m^* \le 0 \end{cases} \qquad m = 1,\ 2
\tag{2}
$$

其中，$y_m = 1$、$y_m = 0$ 分别表示样本愿意和不愿意以第 m 种方式退出承包地。i 代表自变量，反映了影响农民承包地退出的 n 个因素；误差项 ε_{1i} 和 ε_{2i} 服从联合正态分布，均值为 0，方差为 1，并且相关系数为 ρ。对（1）式进行极大似然拟合估计，可得各 β 值。

在计量之前，需要先检验解释变量的相关性及多重共线性，并考察内生性问题。使用 Stata15 进行多重共线性检验发现，各解释变量间的条件数为 32.85，虽然稍大于理想值（30），但远小于 100 这一上限。另外，各变量间的相关系数都小于 0.30。这表明解释变量有一定的相关性和多重共线性，但非常弱。而且，从变量的含义来看，土地确权颁证和子嗣情况，对于农民是否愿意退出一部分承包地而言，基本都是外生的，因而可以不考虑内生性问题。总之，采用 BiProbit 模型估计是合适的。

三 实证结果分析

（一）估计结果

表 7-3 所示的 BiProbit 模型估计结果表明，是否有承包证、是否有子孙会对农民的承包地退出意愿产生显著影响。具体来看，①无论是出售给国家，还是转让给本集体成员，确权颁证都能够提升农民的土地承包权

退出意愿。出售给国家和转让给本集体成员的估计系数分别为 0.270 和 0.254，意味着给没有承包证的农民发放土地承包证，会让农民选择"愿意"退出部分承包地的概率增加 25.0 个百分点以上，且二者都通过了 1% 的显著性水平检验，假说 1 得到证实。②有子孙或可能有子孙明显降低了农民的承包地退出意愿。无论是出售给国家，还是转让给本集体成员，是否有子孙的估计系数都为 −0.125，表明如果农民从不确定是否有子孙变为有子孙，其选择"愿意"退出部分承包地的概率降低 12.5 个百分点。结果通过了 5% 的显著性水平检验，假说 2 也得到证实。可见，当前农民依然有强烈的家系观念和乡土意识，土地对很多农民来讲，不仅是生产资料，还是生活方式和文化传承的重要支撑，在男性主义的家系延续中依然有重要作用。

是否有家人城里定居和对社区开放的支持度两个变量，都显著影响农民的承包地退出意愿。具体来看，农民对所在社区开放的支持度每提高一个等级，其愿意退出部分承包地的概率提高 15.0 个百分点左右；家里有人城里定居的农户，愿意退出部分承包地的概率高 40 个百分点以上。对社区开放的支持度反映了农民的现代化理念，家里是否有人城里定居则直接体现了农民家庭融入城市的情况。它们测度了农民对传统封闭性农村社区的摒弃和对城镇化、现代化的接纳程度，因此对承包地退出有促进作用不难理解。

此外，年龄、家庭劳动力比例、承包地调整情况、经营地块的平均面积等也会对农民的承包地退出意愿产生显著影响。家庭劳动力比例较高的农民，其承包地退出意愿较弱。这可能是因为，家庭劳动力较高，可以更好地进行家庭内部分工，从而不愿意减小土地经营规模。年龄较大的农民已经难以从事农业生产，因而更愿意退出农村土地实现"退休"。经营地块平均面积反映了土地资源禀赋，地块平均面积越大，表明细碎化程度越轻、"人地关系"越不紧张。丰富的土地资源可能会削弱农民的"恋土情结"，使其更愿意退出部分承包地。承包地调整会减弱农民对土地的禀赋效应，从而提升农民的承包地退出意愿。

表 7-3　BiProbit 模型估计结果

变量	是否愿意退出部分承包地	
	出售给国家	转让给本集体成员
是否有承包证	0.270 *** (0.087)	0.254 *** (0.090)
是否有子孙(三分)	-0.125 ** (0.060)	-0.125 ** (0.061)
性别	-0.088(0.090)	-0.061(0.092)
年龄	0.011 *** (0.004)	0.016 *** (0.004)
受教育年限	0.001(0.009)	0.009(0.009)
健康状况	-0.029(0.040)	-0.047(0.041)
农业收入占比	-0.235(0.167)	-0.336(0.182)
家庭劳动力比例	-0.337 * (0.181)	-0.222 * (0.187)
是否有家人城里定居	0.480 *** (0.127)	0.408 *** (0.127)
对社区开放的支持度	0.147 *** (0.034)	0.175 *** (0.035)
承包地调整情况	0.176 * (0.100)	0.179 * (0.101)
经营地块平均面积	0.048 *** (0.014)	0.045 *** (0.012)
地区	0.010(0.033)	0.043(0.033)
常数项	-0.962 ** (0.391)	-1.792 *** (0.394)
残差相关性 ath(ρ)	2.135 *** (0.131)	
Wald test of ρ	264.022 ***	
样本量	987	

注：*** 、** 、* 分别表示在 0.01、0.05 和 0.1 的水平上显著，括弧内为稳健标准误。Log pseudolikelihood 值为 -896.11，Wald chi2（24）值为 107.22（$p = 0.000$）。

（二）稳健性检验

为了证明实证结果的可靠性，本文使用剔除可能影响估计结果的样本、重新界定被解释变量两种方式，进行稳健性检验。

首先，因暂时不确定是否有子孙的农民，终将融入"有"或"没有"子孙的两类农民群体，本文在剔除不确定是否有子孙样本后，对剩余的701 个样本再进行 BiProbit 回归。表 7-4 中间两列的回归结果表明，剔除子嗣情况不确定的样本后，是否有承包证、是否有子孙仍旧会对农民的承包地退出意愿产生影响，且在 5% 的水平上显著。具体来看，关于出售给国家与转让给本集体成员，与没有子孙的农民相比，有子孙的农民愿意退出部分承包地的概率分别高为 25.7%、26.8%，远高于子孙情况三分时的 12.5%。考虑到中国农村普遍的"从夫居"和父系继承传统，与其在去世后土地被别人无偿拿走，没有子孙的农民更愿意在生前处置部分承包地，这无疑是一种理性选择。

其次，用家里是否有承包地出租作为农民承包地退出意愿的代理变量。因土地转让价格不外是资本化的地租，承包地出租本质上也是一种土地退出行为，只不过时间更短。这相当于对农民的承包地退出意愿做了重新界定。使用 Probit 模型将农民是否出租承包地对各变量回归发现，与付江涛等（2016）、许庆等（2017）的研究结论相似，确权颁证确实能够促进农户出租承包地，而且无论是系数大小、作用方向，还是显著性水平，是否有承包证、是否有子孙的影响都与表 7-3 中的结果非常接近。

总之，稳健性检验表明，确权颁证、子孙传承对农民承包地退出意愿有稳定可靠的影响。

表 7-4 稳健性检验结果

变量	BiProbit 回归		Probit 回归：出租承包地
	出售给国家	转让给本集体成员	
是否有承包证	0.266 *** (0.102)	0.245 ** (0.106)	0.204 ** (0.097)
是否有子孙（三分）	—	—	- 0.143 ** (0.071)
是否有子孙（二分）	- 0.257 ** (0.131)	- 0.268 ** (0.133)	—
性别	- 0.150(0.110)	- 0.169(0.112)	0.067(0.100)
年龄	0.014 *** (0.005)	0.019 *** (0.005)	- 0.005(0.005)
受教育年限	- 0.009(0.013)	0.004(0.011)	0.002(0.010)
健康状况	- 0.078(0.047)	- 0.074(0.047)	- 0.037(0.045)
农业收入占比	- 0.199(0.170)	- 0.408 ** (0.199)	- 0.363(0.285)
家庭劳动力比例	- 0.364(0.227)	- 0.220(0.235)	0.173(0.202)
是否有家人城里定居	0.421 *** (0.151)	0.364 ** (0.149)	0.319 ** (0.145)
对社区开放的支持度	0.184 *** (0.040)	0.186 *** (0.041)	- 0.023(0.036)
承包地调整情况	0.173(0.118)	0.093(0.118)	0.294 ** (0.113)
地块平均面积	0.043 *** (0.015)	0.038 *** (0.013)	- 0.358 ** (0.072)
地区	0.029(0.040)	0.074 * (0.041)	0.054(0.041)
常数项	- 0.998 ** (0.460)	- 1.767 *** (0.447)	0.149(0.431)
残差相关性 ath(ρ)	2.224 *** (0.174)		—

续表

变量	BiProbit 回归		Probit 回归：出租承包地
	出售给国家	转让给本集体成员	
Wald test of ρ	163.637 ***		—
Pseudo R^2	—		0.171
样本量	701		988

注：*** 、** 、* 分别表示在 0.01、0.05 和 0.1 的水平上显著，括弧内为稳健标准误。BiProbit 和 Probit 回归的 Log pseudolikelihood 值分别为 −628.56、−482.69，Wald chi2（24）值分别为 94.87、74.19（p＝0.000）。

四　结论与政策启示

本章在理论分析的基础上，基于黄淮海 998 户农户问卷调查数据，将承包地退出分为出售给政府和转让给本集体成员两种方式，使用 BiProbit 模型计量分析了是否有承包证、是否有子孙对农民承包地退出意愿的影响，并进行了稳健性检验。结果发现，无论是把部分承包地出售给国家，还是转让给本集体成员，家里有承包证都会显著提高农民的承包地退出意愿；而且没有子孙或可能没有子孙的农民，其退出部分承包地的意愿显著更强。而且稳健性检验发现，确权颁证和子孙情况对农民承包地退出意愿有稳定可靠的影响。此外，对社区开放性持积极态度和家里有人城里定居的农民，更愿意退出一部分承包地。

上述结论有以下几点启示。一是确权颁证会增强农民的土地财产权意识及承包地退出意愿，因此下一步的农村土地制度改革需要对此予以回应，但农村土地仍具有很强的乡土文化传承功能，"人地"分离的政策不可操之过急。二是提高农村土地的可交易性，为农民退出承包地提供制度安排，有利于保障没有子孙的、在农村属于弱势群体的"双女户""五保户"的利益。三是由于支持社区开放、家里有人城里定居的农户更愿意退出承包地，为了减少改革风险，可以在经济发达、社区开放程度高的地区，先行试点农村承包地退出工作。

第八章

"离农"对农民承包地退出意愿的影响：
兼论"不在地主"

"离农、进城"农户占有大量农地，是很多国家在城镇化和农业转型中都曾遇到的问题。以日本为例，日本曾专门立法鼓励离农农户将承包地退给专业农户（关谷俊作，2004），且对拥有农地的非农户征税，但农业普查数据表明，2015 年底日本仍然有 115.8 万户在城镇生活却拥有农地的非农户，占全国农户数（含拥有农地的非农户）的 34.9%，全日本 21.5% 的农地在他们手中。"二兼滞留"是日本农业发展的一个突出现象（速水佑次郎、神门善久，2003）。

近年来，随着大量农业劳动力向城镇非农领域转移，中国的农村土地经营方面出现了两个突出现象。一方面是中国的农地流转面积持续增加。农业农村部发布的《中国农村经营管理统计年报（2018 年）》的数据显示，至 2018 年底，全国农地流转面积达到 5.12 亿亩，农地流转比例从 2007 年的 5.20% 增加至 36.98%。不过，当前中国的农地流转主要是所有权、承包权、经营权"三权分置"下的农地经营权租赁。另一方面是拥有农地承包权但退出农业生产的离农户不断增多。《中国农村经营管理统计年报（2018 年）》的数据显示，全国两亿多农户中有 9.3% 已完全退出农业生产（比 2015 年增长了 0.7 个百分点），成为拥有农地的非农户或者说新时期的"不在地主"（郭熙保，2014）。

根据费孝通（2007）的分析，"不在地主"制，会让农村财富以地租的形式，流出农业农村，并会拉大城乡差距。Schultz（1964）在《改造传统农业》一书中也指出，"不在所有"会损害农业经营效率。那么，基于当前中国农地出租十分普遍、农户持续向城镇迁移的客观现实和发展趋势，学界和政策制定者应当回答的一个重要问题是：农户出租农地经营权的离农行为，最终是否会促其退出承包地？如果答案是否定的，则意味着政府应当完善制度安排，以避免农户离开农业后成为"不在地主"。

一 "不在地主"的弊端及其原因分析

随着农民的土地财产权利持续强化，农村土地承包经营权的"准所有权"（罗必良、李玉勤，2014）性质越来越强。如果"离农、进城"农民不能有序退出农村土地，会造成农村土地的"不在所有（absentee ownership）"（Schultz，1964），形成新时期的"不在地主（absentee landlord）"（费孝通，2007；郭熙保，2014）。因为"不在所有"会造成农业经营效率损失，所以西欧和英国农村土地利用政策，"总的倾向仍然是有利于所有者兼经营者的农业单位"（Schultz，1964）。[①] 从农业经营者的角度看，美国也是一个以"自耕农"为主的国家，而不是一些人认为的农场主靠租地经营。美国农业部下属美国国家农业统计服务中心（NASS）的数据显示，美国农业经营者中完全所有者兼经营者[②]的比例，在1935年是47.10%，到1997年这一比例已经增加至60.00%；农业经营者中部分所有者兼经营者的比例，在1935年是10.00%，到1997年已经增加至30.00%。[③]

让"离农、进城"农民退出农村承包地有两方面的重要意义。一方面是有助于缓解城乡收入差距。与仍在农村从事农业劳动的农户相比，在

[①] 关于这一情况详细证据，见本书第十五章法国基于1960年《农地指导法》推行的"进退联动"式农村土地转让。

[②] 完全所有者兼经营者，也就是只经营自己所有的土地的农业经营者，类似于中国的自耕农概念。

[③] 美国国家农业统计服务中心（NASS）官方网站，https：//www.nass.usda.gov/Publications/Ag_Statistics/2018/Chapter09.pdf。

城镇稳定就业和生活的离农农户，能力相对更强、收入相对更高。如果农户离农、进城却继续保有农地，他们将成为在城镇定居但拥有农地的新时期"不在地主"。这些"不在地主"收取的农地租金，实质是城镇对农村财富的掠夺（费孝通，2007）。在"城市像欧洲、农村像非洲"（习近平，2015）的隐喻下，继续从相对落后的农村地区汲取收入较低的农民的财富补贴城镇居民，既不符合国家的大政方针，也有失社会公平公正。

另一方面是有助于促进农业转型发展。农地产权形式会影响农地长期投资，进而影响农业绩效和农户经营收益（姚洋，1998；李宁等，2017），而中国目前的农地经营权租赁存在明显的"短期化、非正式"特点（洪炜杰、胡新艳，2018），农地经营权流转存在市场配置失灵（朱文珏、罗必良，2018）。农地配置不合理，会损害农业生产效率和农业高质量发展（Deininger et al.，2008；叶兴庆，2016；刘同山，2018）。因此，从长期来看，发展现代农业，促进农业增效、农民增收，不仅要推动农地经营权流转，实现"耕者租人田"，还要引导离农、进城农户将承包地退出出去，从而让务农者获得稳定的农地承包经营权（使用权），实现"耕者有其权"。

关于"离农、进城"农民不退出农村土地，产生的"不在所有"为何会降低粮食生产和农业经营效率，Schultz（1964）在《改造传统农业》中指出，原因在于："在处理现代农业问题中，农业中的当前经营决策和投资决策不仅要服从于许多无法按常规处理的（包括空间的、季节的、机械的和生物的细节在内）微小变化，而且还始终需要采用由于应用知识的进步而形成的新的、优越的农业要素。在不在所有的安排之下，由于简单的原因，即由于不在的一方不能获得充分信息，往往就不能有效地作出处理这些细节，尤其是利用应用知识进步的决策。不在所有者一般也没有成功地提出必要的刺激并委派决策的负责者（利用这些知识进步改善农业经营和投资）。"[①]

---

① 此处参见西奥多·W. 舒尔茨：《改造传统农业》，梁小民译，商务印书馆，2006，第102~105页。第二个括号内为本书作者添加的内容，以方便理解。

近年来，国内一些学者从农地具有多种价值属性出发，将离农、进城与承包地退出结合起来进行考察，发现农地是否出租、是否有成员定居城镇、非农收入是否稳定以及社会保障水平等因素都会影响农户的承包地退出意愿（张学敏，2013；杨婷、靳小怡，2015；王常伟、顾海英，2016；李荣耀、叶兴庆，2019）。国外也有学者研究了农民乡城迁移中的承包地退出，发现人们离开农业农村后是否卖掉农地是基于经济收益和安全需要做出的理性决定（van Dijk，2003），农地确权能够促进农民退出承包地向城镇迁移，从而推动农地的再配置（Chernina et al.，2014；de Janvry et al.，2015）。不过，农地非农业生产价值的增加，会抑制农地持有人的农地出售意愿，导致效率更高的农户难以获得更多农地（Deininger & Jin，2008）。

这些文献对于理解城镇化和农业转型发展中的农民与农地关系，无疑有重要作用。但是，现有文献未能将农地的多元价值性纳入规范的统一分析框架，也未能直接回答农户离农、进城后是否愿意退出承包地这一重要问题。因此，本章立足农地出租十分普遍、农业人口持续向城镇迁移的客观现实和发展趋势，结合中国国情、农情构建理论分析框架，进而基于农户调查数据计量分析农户离开农业、出租农地后是否愿意永久退出承包地，有较强的理论意义和实践价值。

二 经济性占有、情感性占有与承包地退出意愿

对中国农民而言，农地不仅有经济价值，还有非经济价值（费孝通，2007）。有学者把非经济价值进一步分为身份价值和社会价值，其中社会价值以农地具有社会保障、就业保障功能为核心（徐志刚等，2018；朱文珏、罗必良，2018），即所谓的农地"保障替代"作用（钟涨宝等，2016；聂建亮、钟涨宝，2015）。农地之所以有价值，是因为它满足了人们的需要。借鉴费孝通（2007）的农地价值二分法，本文把人们对农地占有的需要分为两类：经济性占有需要和情感性占有需要。

根据马斯洛的层次需求理论，农地的经济性占有主要满足人们生理上和安全上（经济目的）的需要，对应农地的经济价值。显然，农地的保障替代作用主要满足了农户的经济性占有需要。情感性占有主要满足人们的身份认同、乡土情结、自我成就感和心理满足感的需要。除身份认同、乡土情结外，"城里有房、村里有地"的成就感以及让农地"有在那里"（贺雪峰，2010）的心理满足感等，也会引发人们对农地的情感性占有需要。

农地经济性占有和情感性占有状况都会影响农户的效用，因此可以把典型农户在 t 时占有农地的效用函数设定为 $u[R(t),H(t)]$。它不仅取决于农地经济性占有 $R(t)$，还依赖于农户的情感性占有 $H(t)$。不过，经济基础决定上层建筑，农户之所以对农地有情感性占有需要，归根结底是因为农地具有经济价值，在使用农地过程中产生了情感，或者说情感性占有需要是经济性占有衍生出来的。因此，可以借鉴 Constantinides（1990）和陈彦斌等（2003）的思路，将农地的情感性占有需要定义为对过去经济性占有的加权平均和：

$$H(t) \equiv e^{-at} H_0 + b \int_0^t e^{a(s-t)}R(s)ds \qquad (1)$$

（1）式中的 H_0 是家庭组建之初的农地情感性占有需要；参数 b 度量情感性占有需要形成的强度，b 越大，意味着过去的农地经济性占有对当下情感性占有需要的影响越大；a 是反映权重变化的参数，a 越大，表明过去的农地经济性占有对当下情感性占有需要的影响越小；若 $a = b = 0$，则农地的情感性占有需要与过去的经济性占有状况无关。

假定农地占有的效用函数 $u[R(t),H(t)]$ 像普通的效用函数一样二次连续可微，且有 $u_R > 0$，即改善当前的农地经济性占有状况而不改变过去的经济性占有水平或者说不改变农地的情感性占有需要，会增加农户的效用；$u_H < 0$，即改善过去的农地经济性占有状况或者说强化情感性占有需要而不改变当前的农地经济性占有水平，会降低农户的效用；$u_{RR} < 0$ 和 $u_{HH} < 0$，即农户效用的改变以递减的速度进行。

农户可以在不同时期调整家庭劳动力经营的农地规模来改变经济性占有水平，进而使家庭存续期内的预期总效用最大：

$$\max_{\{R,t \geq 0\}} E_0 \int_0^\infty e^{-\rho t} u[R(t),H(t)]dt \tag{2}$$

定义农户效用的值函数为：

$$J[R(\cdot)] \equiv \max_{\{R,t \geq 0\}} E_0 \int_0^\infty e^{-\rho t} u[R(t),H(t)]dt \tag{3}$$

其中，E_0 为条件期望算子，ρ 为效用的折现率。在 t_1 时，农地经济性占有的边际效用为 $J'[R(\cdot),t_1]$。与普通的效应函数不同，这一导数考虑了 t_1 时农地的经济性占有 $R(t_1)$ 对农户此后情感性占有 $H(t)$ 的影响。定义不同的时期 t_1 和 t_2，$0 < t_1 < t_2$，农地经济性占有效用的边际替代率为：

$$MRS[R(\cdot),t_1,t_2] \equiv \frac{J'[R(\cdot),t_1]}{J'[R(\cdot),t_2]} \tag{4}$$

考虑到中国的农地仍处于二轮承包期，在"增人不增地、减人不减地"的制度安排下，可以合理假定自二轮承包至出租农地前的所有时间 t 农户都有一个不变的农地经济性占有状况，即 $R(t) = H(t) = H(0)$。针对这种特殊情况，Ryder & Heal（1973）已经证明，必定存在一个 $\bar{t}$（$t_1 < \bar{t} < t_2$），在 $t < \bar{t}$ 时，随着农地经济性占有 $R(t)$ 的增加，其效用的 MRS 也会增加。由于农地的情感性占有需要是过去的经济性占有的加权平均，上述结果表明，农地的经济性占有与情感性占有具有临近互补性，或者说相对远期而言，农地经济性占有状况的改善，会让农户近期的情感性占有需要增强。考虑到富人更讲求情怀或乡土情结，上述结论不难理解。

在农业劳动力持续向城镇非农领域转移、农地出租普遍存在的情况下，农地的经济性占有是一个综合性概念，不仅包括自耕、出租等不同的农地经营方式，而且涵盖了农地的保障替代作用，因此可以根据收益来源不同，把农地的经济性占有具体分为自耕、出租和保障替代三类。在农地部分出租、部分自耕时，农户获得经营收益、租金收益和保障替代潜在收益。一旦农户把全部农地都出租出去（完全离农），农地将主要发挥两个作用：保障替代和满足农户的情感性占有需要。① 因人均占有的农地较少，大部分农户家庭都存在富余劳动力，农业机械对劳动的替代进一步释放了本就丰富的劳动力，减小农业经营规模的农地出租，通常都伴随着家庭劳动力向城镇非农领域的转移，因此农地出租情况实际上也反映了农户的离农状况。

基于上述理论分析，本章提出研究假说：农户出租农地的离农行为，可以改善农地的经济性占有状况，强化情感性占有需要，从而降低其农村承包地（永久）退出意愿。

接下来，本章将使用2018年黄淮海农区问卷调查获得的1026户样本数据，对上述假说进行检验。由于要针对特定的农户群体进行分析，需要剔除一些不适用的样本（比如分析农户是否出租部分承包地时，应剔除把全部承包地都出租的样本，以真正考察部分而不是完全出租），再加上个别样本二轮承包时没有承包农地或数据缺失，计量时使用的样本有所减少，且考察不同被解释变量时的样本数量不同。

三 计量方法、变量说明及描述性统计

（一）计量方法

要分析农户离农与承包地退出意愿之间的因果关系，必须首先进行因果效应识别。由于无法同时观测到一个农户在出租承包地和不出租承包地两种相互排斥状态下的承包地退出意愿，所以不能直接考察离农对农户承包地退出意愿的影响。另外，农户是否出租承包地，是其基于多

---

① 假如农户有稳定的非农工作且获得了城镇居民社会保障，不再需要农地的保障替代作用，那么满足情感性占有需要就成为他们离农却不愿退出承包地的关键原因。在计量时，可以通过控制非农就业稳定性来剔除农地的保障替代作用，以更准确地考察农地出租对承包地退出意愿的影响。

种因素做出的综合决策，并非随机分配结果。为了在考虑农户出租概率的情况下，分析离农对农户承包地退出意愿的影响，可以通过构建内生处理 Probit（Endogenous Treatment Probit，ETP）回归模型，进而采用"反事实"分析框架，估计出租情况对农户是否愿意退出承包地的处理效应。

首先，农户是否出租承包地是自我选择的结果，即处理变量 T_i 是内生的。如果农户选择出租承包地或者说接受处理则 $T_i = 1$ ，否则 $T_i = 0$ 。因此典型农户 i 是否出租承包地可表示为：

$$T_i^* = Z_i\alpha + \mu_i, T_i = \begin{cases} 1 & T_i^* > 0 \\ 0 & T_i^* < 0 \end{cases} \tag{5}$$

（5）式中，T_i^* 表示农户承包地出租行为选择的潜变量，Z_i 表示影响农户承包地出租选择的变量，α 为待估计系数，μ_i 为随机误差项。T_i 表示实际观测到的农户承包地出租的选择结果，$T_i = 1$ 表示农户出租承包地，$T_i = 1$ 表示农户未出租承包地。

其次，把农户承包地退出意愿（Y_i）的结果方程设定为：

$$Y_i = \begin{cases} Y_{1i} & T_i = 1, Y_{1i} = \Gamma(Y_{1i}^* > 0), Y_{1i}^* = X_{1i}\beta_1 + \varepsilon_{1i} \\ Y_{0i} & T_i = 0, Y_{1i} = \Gamma(Y_{0i}^* > 0), Y_{0i}^* = X_{0i}\beta_0 + \varepsilon_{0i} \end{cases} \tag{6}$$

（6）式中，Y_{1i}^* 和 Y_{0i}^* 分别表示出租和未出租承包地的两类农户承包地退出意愿的潜变量，它们决定了观测到的二元选择农户承包地退出意愿变量 Y_{1i} 和 Y_{0i} ；X_{1i} 和 X_{0i} 表示可观测的影响农户承包地退出意愿的协变量；β_1 和 β_0 为待估计系数；ε_{1i} 和 ε_{0i} 为随机误差项，假定其服从均值为 0 的正态分布。

内生处理 Probit 回归模型可以同时估计以下三个方程：

$$T_i = Z_i\alpha + \mu_i \tag{7}$$

$$Y_{1i} = X_{1i}\beta_1 + \varepsilon_{1i} \tag{8}$$

$$Y_{0i} = X_{0i}\beta_0 + \varepsilon_{0i} \tag{9}$$

（7）式是农户的出租选择方程，（8）式是处理组 $T_i = 1$ 对应的农户承包地退出意愿结果方程，（9）式是控制组 $T_i = 0$ 对应的农户承包地退出意愿结果方程。为了识别因果效应，消除两个误差项 μ_i 和 ε_i 的相关性，（7）式的 Z_i 中至少应包含一个影响 T_i 但不影响 Y_i 的工具变量（IV）。

在内生处理 Probit 回归模型估计的基础上，可以计算离农对农户承包地退出意愿的处理组的平均处理效应（ATT）和全样本平均处理效应（ATE）。计算方程如下：

$$ATT = E(Y_{1i} \mid T_i = 1) - E(Y_{0i} \mid T_i = 1) \tag{10}$$

$$ATE = E(Y_{1i} \mid T_i = 1) - E(Y_{0i} \mid T_i = 0) \tag{11}$$

（二）变量说明及描述性统计

1. 被解释变量——农户的承包地退出意愿

退出补偿价格对农户承包地退出意愿有至关重要的影响，因此考察承包地退出意愿必须考虑价格因素。如前面的说明，在农村承包地退出市场不存在的情况下，可以采用替代市场法，以受访者所知的当地农地出租的最高年租金乘以40年作为承包地退出补偿价格，询问其是否愿意把部分承包地出售给国家。之所以询问农户是否愿意把承包地出售给国家而不是其他主体，有两方面的原因：一方面是当前私人之间的承包地使用权转让受到严格限制，集体作为发包方虽然可以有偿回收农民退出的承包地，但绝大部分集体经济组织没有相应的经济实力，政府是合法且有补偿能力的受让方；另一方面是政府主导的承包地退出在国内外有较多的成功实践，比如后面篇章将要介绍的法国政府主导下的农地"收买—整理—转卖"（周淑景，2002）和中国宁夏平罗的"政府收储式"承包地退出。

2. 关键解释变量

本章关注的是以农地出租反映的离农情况对农民承包地退出意愿

的影响。根据农地出租的比例不同，关键解释变量主要有两个：一是与农地部分出租对应的部分离农；二是与农地全部出租或农业收入为零对应的完全离农。从部分离农到完全离农，不仅是离农程度的增强，而且关系着农户身份的彻底转变，反映了农民离农的趋势。不过，除一些农户已经部分或全部离农外，还有一些农户想出租农地或者说想离农。为了从"未离农（但期待离农）—部分离农—完全离农"整个演进链条上分析离农情况对农民承包地退出意愿的影响，在稳健性检验时，将农户是否想部分离农（未离农但期待离农）作为一个关键解释变量。另外，在工具变量选取时，借鉴丰雷等（2013）的思路，用农户所在乡镇其他农户流转的农地面积与他们经营的农地总面积之比（反映当地农地租赁市场繁荣程度），作为农户是否离农或是否想离农的工具变量。[①]

3. 其他解释变量

城镇化进程中，农户是否愿意有偿退出承包地，是工农、城乡各自推力和拉力共同作用的结果。参照最近的相关研究成果（王常伟、顾海英，2016；刘同山，2018；李荣耀、叶兴庆，2019），在计量分析时，对户主个人特征、农户家庭特征、农地资源禀赋特征、城乡联系特征以及地区变量加以控制。需要指出，为了考察可能存在的"U形"或"倒U形"关系，计量时加入一些控制变量的二次项。另外，由于我们主要关注农地出租反映的离农情况对承包地退出意愿的影响，为了控制农户离农过程中农地的保障替代作用，考虑到农地对户内所有劳动力可能都具有就业保障、社会保障功能，我们在城乡联系特征中加入了农户层面的非农就业稳定性这一变量。上述各变量的具体说明及描述性统计见表8-1。

[①] 根据行为模仿理论，当地其他农户农地经营权流转行为，会对农户是否出租或想出租农地产生影响。但其他人的农地经营权流转行为，显然不会直接影响农户的农地转让意愿。Probit和IV-Probit模型分别回归也证实了这一分析，表明该工具变量是一个有效的工具变量。

表8-1 变量定义与描述统计

变量	说明	均值	标准差
是否愿意退出承包地	一次性给40年的当地最高年租金,愿意把部分承包地出售给国家吗:不愿意=0;愿意=1	0.447	0.497
户主个人特征			
性别	受访者的性别:女=0;男=1	0.686	0.464
年龄	受访者报告的年龄(岁)	53.794	11.335
农户家庭特征			
农业收入占比	农业经营收入与家庭总收入之比	0.221	0.359
劳动抚养比	平均每个16~65岁的劳动力负担的家庭人口数量	1.581	0.582
劳均非农收入	家庭非农收入除以家庭劳动力人数(万元/人)	2.397	1.831
农地禀赋特征			
人均承包地面积	二轮承包的农地面积除以当时的家庭人口数量(亩/人)	1.620	0.920
是否有土地承包证	家里是否已经拿到了土地承包经营权证:否=0;是=1	0.622	0.485
城乡联系特征			
邻里关系融洽度	与邻居相互帮助多吗:从不=1;很少=2;偶尔=3;经常=4	3.142	0.896
是否有成员定居城市	家里是否有人在城市定居:否=0;是=1	0.126	0.332
非农就业稳定性	家庭劳动力非农工作稳定性得分加总除以劳动力人数,稳定性得分:不稳定=1;一般=2;很稳定=3	0.625	0.517
是否部分离农	2017年是否租出部分农地且没有租入:否=0;是=1	0.199	0.400
是否完全离农	2017年农业经营收入是否为零:否=0;是=1	0.115	0.319
是否想部分离农	农户想把部分农地出租但暂未能租出:否=0;是=1	0.425	0.495
工具变量(IV)	所在乡镇其他农户流转农地面积与经营农地面积之比	0.599	1.071
最高年租金	农户所知的当地农地经营权出租最高年租金(千元/亩)	1.115	0.361

四　实证结果分析

（一）不同离农情况对承包地退出意愿的影响

借助 Stata15 软件，分别对是否部分离农、是否完全离农的样本数据进行内生处理 Probit 回归估计，得到表 8 - 2 和表 8 - 3 所示的回归结果。在表 8 - 2 和表 8 - 3 中，是否部分离农、是否完全离农两个方程与是否愿意退出承包地方程的残差相关系数分别高达 0.858 和 0.701，且都在 1% 的显著性水平上拒绝了方程相互独立的原假设，表明不可观测因素同时影响农户的离农选择和承包地退出意愿。无论是部分离农还是完全离农，对离农是否会影响农户的承包地退出意愿进行评估确实存在样本选择性偏差和内生性问题。因此，采用可以纠偏和解决内生性的内生处理 Probit 回归模型对样本数据进行估计，是十分必要且合适的。

表 8 - 2　部分离农对农户承包地退出意愿影响的回归结果

变量	是否部分离农	是否愿意退出承包地	
		未离农	部分离农
户主个人特征			
性别	0.017(0.125)	− 0.037(0.012)	0.055(0.202)
年龄	0.002(0.006)	0.020 *** (0.005)	− 0.007(0.010)
年龄平方项	− 0.001 * (0.000)	0.001 *** (0.000)	0.000(0.001)
农户家庭特征			
农业收入占比	− 3.838 *** (0.927)	0.232(0.823)	0.596(1.764)
农业收入占比平方项	2.092 ** (0.940)	− 0.834(0.795)	− 1.701(2.004)
劳动抚养比	0.068(0.141)	0.074(0.107)	0.243(0.197)
劳均非农收入	− 0.481 *** (0.118)	− 0.143(0.127)	− 0.113(0.120)
劳均非农收入平方项	0.043 *** (0.012)	0.021(0.014)	0.011(0.008)
农地禀赋特征			
人均承包地面积	0.320 *** (0.075)	0.259 *** (0.068)	0.169(0.155)
是否有土地承包证	0.065(0.133)	0.115(0.116)	0.530 *** (0.195)
城乡联系特征			
邻里关系融洽度	0.027(0.064)	− 0.053(0.060)	− 0.032(0.115)
是否有成员定居城市	0.126(0.177)	0.351 ** (0.174)	0.210(0.294)

变量	是否部分离农	是否愿意退出承包地	
		未离农	部分离农
非农就业稳定性	0.121(0.140)	0.298 ** (0.131)	0.330(0.202)
工具变量（Ⅳ）	1.010 *** (0.220)	—	—
是否部分离农	—	− 0.176(0.400)	− 2.123 *** (0.760)
常数项	0.019(0.408)	—	—
地区（省份）	已控制	已控制	已控制
残差相关系数	0.858 *** (0.135)		
瓦尔德卡方值	245.940 ***		
样本数	718		

注：***、**、*分别表示估计结果在 0.01、0.05、0.1 的水平上显著；括号内数值为稳健标准误。为了消除多重共线性，对年龄进行了中心化处理，下同。

从表 8 - 2 的回归结果可以发现以下几点。

第一，农户是否部分离农，受户主年龄、家庭农业收入占比、家庭劳均非农收入、家庭人均承包地面积等因素的显著影响。具体来看，在其他条件不变时，户主年龄与部分离农呈显著的"倒 U 形"关系，而家庭农业收入占比与农户部分离农呈显著的"U 形"关系，表明与农业收入占比适中的兼业农户相比，农业收入占比较低和较高的两类农户，出租部分农地的可能性更大。农业收入占比适中的农户出租农地的可能性更低，是由于农地经营对其家庭收入的影响更大。但以农为生的专业农户出租农地的可能性更高，需要从两个方面来分析：对于农业收入占比高但家庭总体收入比较低的生存农户来讲，单纯依靠农地经营难以获得体面的生活，这种压力会迫使他们将农地出租出去、向非农领域转移；对于农业收入占比高且家庭总收入也比较高的职业农户来讲，一般需要租地经营，在这一过程中，他们可能为了调串连片或方便经营，把自家的农地出租出去。另外，人均承包地面积越大，农户出租部分农地的可行性越高。人均承包地面积越大，人地关系相对越不紧张，可能会削弱农户的情感性占有需要从而促其出租农地。

第二，对于未离农的农户，其承包地退出意愿受户主年龄、人均承包地面积、是否有成员定居城市、非农就业稳定性的影响。户主年龄与承包地退出意愿呈显著的"U 形"关系，户主年龄较小和较大的农户，更愿意退出一部分承包地。之所以如此，可能是因为年轻的户主对农地的情感性占有需要较少；年老的户主虽然对农地情感性占有需要较多，但是随着年龄增加，农地面积已经超出了他们能够耕种的面积。人均承包地面积对农户承包地退出意愿的影响与其对农地部分出租的作用机理相同，不再赘述。另外，值得注意的是，有成员定居城市、且家庭成员的非农就业稳定性强的农户，更愿意退出一部分农地。

第三，部分离农后，只有是否有土地承包证一个变量对农户的承包地退出意愿有显著影响，其他变量对承包地退出意愿影响不显著。对表 8 - 2 最后两列是否部分离农的估计系数横向比较发现，一旦农户从未离农转变为部分离农，其承包地退出意愿将大幅度降低，且在 1% 的水平上显著。可见，农地出租与承包地退出意愿存在很强的替代性。一旦农户出租部分农地或者说部分离农，承包地退出意愿将显著降低。

表 8 - 3 完全离农对农民承包地退出意愿影响的回归结果

变量	是否完全离农	是否愿意退出承包地	
		非完全离农	完全离农
户主个人特征			
性别	− 0.198(0.128)	0.018(0.097)	0.148(0.260)
年龄	− 0.015(0.005)	0.011 ** (0.005)	0.013(0.013)
年龄平方项	0.001(0.000)	0.001 *** (0.000)	0.001(0.001)
农户家庭特征			
劳动抚养比	0.126(0.111)	0.090(0.087)	0.117(0.216)
劳均非农收入	− 0.046(0.079)	0.009(0.060)	0.058(0.151)
劳均非农收入平方项	0.006(0.005)	0.001(0.005)	− 0.003(0.011)
农地禀赋特征			
人均承包地面积	− 0.187(0.093)	0.182 *** (0.062)	0.377(0.322)
是否有土地承包证	− 0.297(0.124)	0.202 ** (0.101)	0.215(0.285)
城乡联系特征			
邻里关系融洽度	− 0.225(0.066)	− 0.111 ** (0.052)	− 0.055(0.156)
是否有成员定居城市	0.092(0.191)	0.329 ** (0.140)	− 0.153(0.461)
非农就业稳定性	0.345(0.122)	0.272 *** (0.097)	0.229(0.230)
工具变量(IV)	0.262 ** (0.108)	—	—
是否完全离农	—	− 0.827 *** (0.320)	− 2.481 *** (0.955)

变量	是否完全离农	是否愿意退出承包地	
		非完全离农	完全离农
常数项	−1.280 ** (0.496)	—	—
地区(省份)	已控制	已控制	已控制
残差相关系数	0.701 * (0.373)		
瓦尔德卡方值	139.130 ***		
样本数	980		

注: *** 、 ** 、 * 分别表示估计结果在 0.01、0.05、0.1 的水平上显著;括号内数值为参数的稳健标准误。因完全离农农户没有农业收入,故表 3 中的估计未包含农业收入变量。

从表 8 - 3 的回归结果可以发现以下几点。

第一,除反映当地农地租赁市场繁荣程度的工具变量对农户的完全离农有显著的正向影响外,其他变量对农户是否完全离农的影响都不显著,也就是说农户是否完全离农受模型之外的因素影响。

第二,对于非完全离农的农户而言,户主年龄、人均承包地面积、是否有土地承包证、邻里关系融洽度、是否有成员定居城市和非农就业稳定性,都会显著影响农户的承包地退出意愿。拥有土地承包证的农户,承包地退出意愿更强。农村土地承包证从法律上强化了农户的农地权益,改变了其农地不是自家的因而不可交易的认知,从而提高了其承包地退出意愿。邻里关系越融洽,农户的转让意愿越弱。因邻里关系融洽是农村社区对农户离农、进城的拉力,上述结论不难理解。另外,户主年龄、人均承包地面积、是否有成员定居城市和非农就业稳定性四个变量,对农户承包地退出意愿的影响方向与未离农农户的完全一样。因非完全离农包含未离农,关于上述四个变量对承包地退出意愿影响的原因,参见部分离农的分析。

第三,完全离农后,所有变量对农民承包地退出意愿的影响都不再显著。其中,非农就业稳定性对农民的承包地退出意愿没有显著影响,意味着农民不愿退出承包地,并不是因为需要农地的保障替代作用。总的来看,一旦农户把全部农地出租出去,农户的承包地退出意愿就由模型之外的因素决定。这进一步表明农地出租与承包地退出存在很强的替代性。对表 8 - 3 最后两列是否完全离农的估计系数横向比较发现，一旦农户从非完全离农转变为完全离农，其承包地退出意愿将会大幅度降低，且在 1% 的水平上显著。这一结果与部分离农时的情况相似。另外，与表 8 - 2 的部分离农的系数（ - 2.123）相比，完全离农的系数（ - 2.481）绝对值更大，表明完全离农后，农户的承包地退出意愿反而更弱。

上述结果表明，无论是部分离农还是完全离农，农户出租农地的离农行为，确实显著降低了其承包地退出意愿，研究假说得到证实。

（二）经济性占有状况对承包地退出意愿的影响

前述内生处理 Probit 计量结果表明，在控制承包地退出补偿价格的条件下，无论是部分离农还是完全离农，只要农户已经有了离农行为，其承包地退出意愿都会显著更低。不过，这一结论未能直接体现农地情感性占有需要增强，会抑制农户的承包地退出意愿。理论部分已经论证，由于存在临近互补性，农地经济性占有状况的改善，也就意味着近期农户对农地情感性占有需要的增强，或者说近期二者对农户承包地退出意愿有相同的作用方向。由于情感性占有需要不好测度，以下仅考察农地经济性占有状况的改善对农户承包地退出意愿的影响。

在劳动力市场比较完善和农户劳动资源禀赋既定的情况下，对于农户出租农地经营权的离农行为，农地经济性占有状况的改善主要由经营权出租收益也就是地租高低来反映。可以认为，当地农地出租的最高年租金越高，可以认为出租农地的离农农户的农地经济性占有状况越好。根据理论分析，农户应该越不愿意退出承包地。对单个出租农地的离农农户而言，当地农地经营权出租的最高年租金是外生的，因此可以通过将离农农户的承包地退出意愿对其所知的当地最高年租金进行简单的 Probit 回归，来分析农地经济性占有状况的改善对承包地退出意愿的影响。为了更细致地考察农地经济性状况改善的影响，我们分别对离农（包括部分离农和完全离农）、完全离农两类农户进行回归。

表 8 - 4 所示的回归结果表明，在给定的显著性水平上，无论是离农农户样本，还是完全离农农户样本，最高年租金对农户的承包地退出愿意有负向作用，或者说农地出租收益越高，农户越不愿意退出承包地。而且，对于完全离农农户，这一负向作用力度更强。从边际效应来看，对于完全离农农户，农地租金每提高 1000 元，其回答愿意退出承包地的概率降低 27.9% 个百分点。由此可知，与 Deininger & Jin（2008）的结论相似，农地经济性占有状况的改善，确实强化了农户的农地情感性占有需要，进而抑制农户的承包地退出意愿。研究假说得到了进一步证实。

表 8 - 4   经济性占有状况对离农农户承包地退出意愿的影响

被解释变量	解释变量	样本类型（样本量）	Probit 回归	
			系数	边际效应
是否愿意退出承包地	最高年租金	离农农户（256）	- 0.440** (0.218)	- 0.172** (0.084)
		完全离农农户（117）	- 0.728* (0.375)	- 0.279** (0.137)

注：**、* 分别表示估计结果在 0.05、0.1 的水平上显著；括号内为参数的稳健标准误或 Delta 方法的标准误。

（三）离农对承包地退出意愿影响的处理效应估计

内生处理 Probit 回归的系数只是给出了各自变量对因变量影响的方向，要得到离农程度对农户承包地退出意愿影响的大小，可以在其估计系数的基础上，进一步求出处理组的平均处理效应（ATT）和全样本的平均处理效应（ATE），结果如表 8 - 5 所示。

对于部分离农情况下农户愿意退出承包地的概率，处理组（部分离农）的平均处理效应（ATT）为 - 0.484，表明对于尚未把农地租出去的农户，如果农户已经把部分农地租出去或者说部分离农，其愿意退出承包地的概率将降低 48.4 个百分点；全样本的平均处理效应（ATE）为 - 0.415，表明如果所有农户都把农地租出去一部分（部分离农），那么愿意退出承包地的概率将降低 41.5 个百分点。对于完全离农情况下农户愿意退出承包地的概率，处理组（完全离农）的平均处理效应（ATT）为 -0.436，表明对于尚未把全部农地都租出去的农户，如果农户已经把全部农地租出去或者说完全离农，其愿意退出承包地的概率将降低 43.6 个百分点；全样本的平均处理效应（ATE）为 -0.361，表明如果所有农户都把农地全部租出去（完全离农），那么愿意退出承包地的概率将降低 36.1 个百分点。上述结果都通过了给定的显著性水平检验。可见，农户一旦离农，无论是部分离农还是完全离农，其承包地退出意愿都会显著降低。

表 8 - 5 最后一列报告了以农户是否愿意退出承包地为被解释变量，对除工具变量之外的所有自变量进行简单的 Probit 回归，得到的两个关键解释变量的边际效应。估计结果表明，如果不控制样本选择性偏差和内生性问题，在非常宽松的条件下，是否部分离农、是否完全离农对农户承包地退出意愿的影响都不显著。这表明，要准确估算处理效应，必须采取恰当的计量模型解决变量的内生性问题。

表 8 - 5　离农情况对农民承包地退出意愿影响的处理效应

项目	离农情况	内生处理 Probit 回归		Probit 回归边际效应
		ATT	ATE	
愿意退出承包地的概率	是否部分离农	-0.484^{***} (0.090)	-0.415^{***} (0.050)	$-0.017(0.048)$
	是否完全离农	-0.436^{*} (0.248)	-0.361^{**} (0.166)	$-0.010(0.051)$

注：***、**、* 分别表示估计结果在 0.01、0.05、0.1 的水平上显著；括号内为参数的标准误或 Delta 方法的标准误。

（四）考虑未离农但期待离农农户的稳健性检验

上述内生处理 Probit 回归结果表明，农地出租与承包地退出意愿之间有显著的替代性，农户出租农地、离开农业反而会抑制其承包地退出意愿。如果能够证实未离农但期待离农的农户有更强的承包地退出意愿，则可以间接表明农地出租的离农行为对农户承包地退出意愿的抑制，也就验证了上述估计结果的稳健性。考虑到农户的承包地退出意愿可能部分源自离农意愿，或者说离农意愿是农户承包地退出意愿的一个内生协变量，因此需要采取内生协变量 Probit 回归对是否想部分离农进行估计。这相当于重新定义了关键解释变量，并更改了计量方法。此外，为了进一步检验结果的稳健性，我们还将是否愿意退出承包地分别对是否部分离农、是否完全离农进行工具变量 Probit（IV - Probit）回归。

表 8 - 6 中的内生协变量 Probit 回归结果表明，在控制其他变量后，农户是否想部分离农，对农户是否愿意退出承包地有显著的正向影响，想出租部分农地但未能租出的农户，更愿意退出承包地。从估计系数看，是否想部分离农的系数为 2.021，与表 8 - 2 中部分离农的系数（-2.123）大小相近、符号相反，表明部分离农对农户承包地退出意愿有稳定的负向影响。而且，IV - Probit 回归结果也表明，在给定的显著性水平上，部分离农、完全离农的农户愿意退出承包地的概率更低。不过，与内生处理 Probit 回归结果相比，IV - Probit 回归的系数（边际效应）较小，而且显著性明显降低，表明仅使用工具变量进行 IV - Probit 回归会低估离农行为对农户承包地退出意愿的抑制作用。总之，上述检验结果表明，内生处理 Probit 回归结果具有很好的稳健性，农户出租部分或全部农地离开农业，不仅不会促使他们放弃农地，反而会改善其农地经济性占有状况、强化其情感性占有需要，从而抑制其承包地退出意愿。

表 8 - 6　离农对农民承包地退出意愿影响的稳健性检验

变量	内生协变量 Probit 回归		IV - Probit 回归	
	是否想部分离农	是否愿意退出承包地	是否愿意退出承包地	是否愿意退出承包地
是否想部分离农	—	2.021 *** (0.174)	—	—
是否部分离农	—	—	- 1.157 ** (0.526)	—

续表

变量	内生协变量 Probit 回归		IV – Probit 回归	
	是否想部分离农	是否愿意退出承包地	是否愿意退出承包地	是否愿意退出承包地
是否完全离农	—	—	—	− 0.993 * (0.592)
工具变量(IV)	− 0.193 *** (0.067)	—	—	—
常数项	0.510 *** (0.134)	1.310 *** (0.318)	− 0.608 (0.499)	0.878 *** (0.324)
户主个人特征	已控制	已控制	已控制	已控制
农户家庭特征	已控制	已控制	已控制	已控制
农地禀赋特征	已控制	已控制	已控制	已控制
城乡联系特征	已控制	已控制	已控制	已控制
地区(省份)	已控制	已控制	已控制	已控制
残差相关系数	− 0.819 *** (0.130)		—	—
瓦尔德卡方值	790.190 ***		104.820 ***	109.200 ***
瓦尔德外生性检验	—		3.020 *	2.570
样本数	693		718	980

注：***、**、* 分别表示在 0.01、0.05 和 0.1 的水平上显著；括号内为参数的稳健标准误。

五 结论与政策启示

本章在理论分析农地经济性占有状况的改善会强化情感性占有需要，进而导致农户离农却不愿意退出承包地的基础上，利用中国黄淮海农区 20 个县（市、区）的 1026 户农户问卷调查数据，根据是否出租部分或全部农地，将农户分为部分离农、完全离农，进而采取可以消除内生性的内生处理 Probit 回归模型和处理效应估计，考察离农情况对农户承包地退出意愿的影响。研究结果表明，以农地出租反映的离农情况会显著影响农户的承包地退出意愿。一旦农户出租农地、离开农业，其承包地退出意愿会显著降低。而且，农地租金的提高或者说农地经济性占有状况的改善，会强化农户的情感性占有需要，从而抑制农户的承包地退出意愿。从处理效应看，与未离农和非完全离农的农户相比，部分离农和完全离农农户愿意退出承包地的概率分别低 48.4 个百分点、43.6 个百分点。利用内生协变量 Probit 回归模型对未离农但期待离农的农户进行计量分析，发现离农对农户承包地退出意愿的影响具有稳健性。

上述结论主要有三个方面的政策含义。第一，单纯依靠农地经营权租赁市场，农户会部分或完全离开农业生产但不会放弃农地，最终形成新时期的"不在地主"。考虑到部分离农和完全离农农户的比例已经相当高且仍在增长，政府需要制定相应措施，引导其有偿退出农地。第二，农地租金的上涨会强化农户对农地的情感性占有需要，对农户承包地退出意愿有显著的负向作用，因此政府应当抑制地租过快上涨，避免各项财政补贴转化为地租。第三，由于未离农但期待离农的农户更愿意退出部分承包地，政府应当在支持此类农户出租农地经营权的同时，引导其将农地承包权转让给会种地且需要更加稳定的农地使用权的农户，实现"耕者有其权"。总之，为了农地资源的高效率利用和农业的高质量发展，政府不仅要支持农地经营权租赁或者说"耕者租人田"，而且需要尽快做出前瞻性的制度安排，引导"离农、进城"农户退出承包地，支持一部分"耕者有其权"，避免"不在地主"大量出现。

第九章
农民的闲置宅基地退出意愿

近年来，随着工业化、城镇化的持续推进，同时受计划生育政策的影响，农业农村人口持续减少。国家统计局的数据显示，中国乡村人口的数量在1995年达到8.59亿人（占比70.97%）的峰值后逐年减少，至2018年，已经减少至5.64亿人（占比40.42%）。20余年农村人口减少了近3亿人。

农村人口数量减少，理论上讲，应当伴随着农村建设用地规模的缩小。但中国的实际情况恰恰相反，在乡村人口大量减少、农民持续向城镇迁移的背景下，主要被用作宅基地的农村建设用地不仅没有减少，反而大幅增加。中共中央、国务院印发的《国家新型城镇化规划（2014~2020年）》中的数据显示，2000~2011年，在农村人口减少1.33亿人的情况下，以农村宅基地为主的农村居民点建设用地反而增加了3045万亩。2011年以后，这种情况依然未得到扭转。原国土资源部的土地利用变更调查数据显示，至2016年，全国村庄用地面积达到28800.5万亩，短短5年时间，又在2011年的基础上增加了747.2万亩。[①]

农村宅基地大量闲置浪费，是造成上述不合理现象的一个重要原因。据原国土资源部解读《国土资源部关于推进土地节约集约利用的指导意见》时给出的数据，2014年，中国乡村人均村庄用地达240平方米，远超国家标准，农村居民点闲置用地和低效用地面积分别达3000万亩、

---

① 第二次全国土地调查和年度全国土地变更调查，自然资源部官方网站，http://tddc.mnr.gov.cn/to_ Login。

9000万亩，二者合计多达1.2亿亩，相当于全国城镇用地规模。① 按照市场的逻辑，农村宅基地难以通过流转交易实现优化配置，是其闲置或者低效率利用的重要推手。

农村宅基地是房屋之基。长期以来，农村宅基地交易受到法律法规和政策的严格限制，加之"房地一体"，这实际上也导致农民的房屋财产权难以实现，因此在城镇化进程中与农村宅基地低效率利用相伴的，是大量农村房屋的长期闲置。国家统计局的数据显示，2012年，中国农村居民人均住房面积为37.1平方米，每平方米的住房价值为689.1元，假如从农村向城镇迁移的人口以2018年的1790万人计算，则农村每年将会新增6.64亿平方米的闲置住房，折合市场价值超过4570亿元。一旦考虑到存量，农村长期闲置房屋的价值将十分惊人。农民是弱势群体，农村是落后地区。大量的农村房屋资产长期闲置，对农民进城、乡村振兴乃至中国经济发展毫无益处。

可见，消除农村宅基地以及房屋闲置和低效率利用现象是一个十分紧迫的问题。因此，本章利用2018年黄淮海农区和2019年苏鲁皖三省两次农户调查数据，计量分析农民闲置宅基地和闲置房屋退出意愿的影响因素，对于更好地提高农村建设用地尤其是宅基地利用效率、保障农民房屋的财产权利，有重要意义。

一 文献综述：宅基地退出意愿的三类影响因素

第五章详细报告了农户闲置宅基地退出意愿。本章试图回答：为什么有的农民愿意退出闲置宅基地（房屋）而有的不愿意？或者说什么因素影响了农民的闲置宅基地退出意愿？这个问题直接影响着相关改革的推进，关系到农村闲置宅基地的高效利用。

---

① 《〈国土资源部关于推进土地节约集约利用的指导意见〉解读之一》，福建自然资源厅官方网站，2014年10月15日，http://zrzyt.fujian.gov.cn/xxgk/flfg/zcwjjd/qtzcwjjd/201410/t20141015_721450.htm。

近年来，伴随着农民向城镇迁移以及农村宅基地制度改革的深化，越来越多的文献对农民宅基地退出意愿的影响因素进行了研究。总体而言，大部分学者强调城镇化进程中的农户分化，是一些农户尤其是"离农、进城"农户想要有偿退出农村宅基地的根本驱动因素（彭长生，2013；刘同山和牛立腾，2014；邹伟等，2017）。

农村宅基地不仅有经济功能，还有社会功能，而且其功能的发挥受法律法规政策的约束。根据这一分析，可以把影响农民宅基地退出意愿的因素分为三大类。

（一）经济因素

农村宅基地退出"利大于弊"还是"弊大于利"（朱新华、蔡俊，2016），或者说退出的成本—收益，是影响农民宅基地退出决策的关键（邹伟等，2017）。因此，显而易见，农村宅基地退出的补偿标准越高，农民退出宅基地的意愿越强（朱新华，2014；杨玉珍，2015）；退出补偿低，则会抑制农民的宅基地退出意愿（王敏等，2016）。一些研究发现，家庭人均财富、家庭年收入越高的农户，越愿意以获得货币化补偿的方式，退出农村宅基地（陈霄，2012；彭长生，2013；朱新华，2014；于伟等，2016；孙鹏飞等，2019）。城镇生活稳定性强或者拥有更为充分的城市社会保障，对农民的农村宅基地退出意愿有正向影响（杨婷、靳小怡，2015；高欣等，2016）。

（二）社会因素

农村宅基地是农民"生于斯、老于斯"的情感寄托，也是其生活居住及社会交往最重要的场所。王静等（2015）基于天津市静海县140户农户调查数据分析发现，关于不愿退出农村宅基地的原因，分别有45.7%和36.4%的受访者认为，人际环境的改变和不适应城镇的生活是导致他们不愿意退出宅基地的非常重要的因素。龚宏龄（2017）对重庆7个区县651份农户调查问卷分析发现，农村宅基地两个重要的社会功能——情感寄托功能（具体有农村房屋和宅基地有很深的感情、生养之地要留作念想 2 个观测变量）和归属承继功能（具体有便于老了后落叶归根、要留给下一代、方便过年过节亲人团聚、已经习惯在这里居住 4 个观测变量），都对农民的宅基地退出意愿有显著影响。这两方面的社会功能越强，农民越不愿意退出农村宅基地。

（三）制度因素

交易是在一定的社会环境（包括制度、习惯、社会习俗等）中进行的（威廉姆森，2002）。对于农村宅基地而言，几十年来的限制交易，可能会影响农民对农村宅基地的产权认知状况，进而影响其退出意愿。有学者发现，如果农民认为农村宅基地可以自由交易，则其宅基地退出意愿会显著更高（彭长生，2013）。许恒周等（2013）通过分析天津 248 份农民工调查问卷发现，对于新生代农民工，宅基地权证能够显著提高其农村宅基地退出意愿。邹伟等（2017）对江苏省 1456 个农户（其中有过农村宅基地退出行为的农户 102 户）数据的计量分析发现，有无农村宅基地权证，会显著影响农户的宅地基退出行为，拥有宅基地权证的农户退出宅基地的概率显著更高。但是，彭长生等（2019）对安徽、湖南两省 512 户农户调查数据的计量分析发现，确权对农村宅基地流转的影响不显著，而且会让农民更不愿意接受征地。这一结论意味着，确权可能会降低农民的宅基地退出意愿。

上述文献为宅基地退出方面的进一步研究奠定了重要基础。不过，也要看到，现有文献在考察农民的宅基地退出意愿时，主要是笼统地问农民是否愿意退出宅基地，而没有具体分析农户家里是不是有闲置宅基地。对于拥有一处宅基地和拥有多处宅基地的农民，其农村宅基地退出决策有明显不同。对于只有一处农村宅基地的农民而言，农村宅基地退出不仅关系到退出收益，还关系其农民身份和生活方式的转变。如龚宏龄（2017）所指出的，当农户在农村只拥有一处住宅时，宅基地对于他们而言意义非凡，不仅是其全家安身之所，而且是心灵的最终归属地和情感寄托之物。另外，有闲置宅基地的农民（无论是闲置多处还是一处），与没有闲置宅基地的农民的宅基地退出意愿也明显不同。由于提高农村宅基地利用效率是本书研究的一个出发点，所以从农村人口向城镇迁移引发的农村宅基地和房屋闲置问题出发，针对有闲置宅基地和房屋的农户进行重点分析，不仅更加合情合理，其政策含义也更加清晰。

二 农村宅基地占有及闲置情况：基于2018年、2019年的农户调查

（一）两次农户调查及相关情况说明

考察农民的闲置宅基地有偿退出意愿的影响因素，一个基本前提应当是找到家里有闲置宅基地的农户。2014年冀鲁豫三省的农户调查询问农民的宅基地退出意愿时，未具体区分农户家里是否有闲置宅基地，所得结论的价值相对较弱。为了掌握农民家里是否有闲置宅基地，及其闲置宅基地退出意愿情况，我们于2018年1~3月对黄淮海农区6省20县（市、区）1026户农户进行了问卷调查，在有宅基地的1011户农户中，164户农户家里有闲置宅基地，占比16.22%。考虑到有闲置宅基地的农户样本数量偏少，对农民的宅基地退出意愿进行计量分析的说服力不够，2019年7~8月，我们又在苏鲁皖三省补充做了935份农户问卷，其中有闲置宅基地的农户样本为104份。两次调查，共得到268份有闲置宅基地的农户样本。

农村宅基地的主要用途是建造房屋，即农民所说的"盖房"。一般而言，农民认为只有没盖房的、"完全闲着"的宅基地，才是闲置宅基地，已经盖上房屋的宅基地不能被称为闲置宅基地。[1] 不过，从提高农村宅基地利用效率和优化人地资源配置的角度看，农村宅基地盖上房子但房屋闲置的，实际上宅基地并没有得到有效利用。因此，本章将有闲置房屋也认定为有闲置宅基地。两次调研，共得到有闲置房屋的农户样本281份，其

---

[1] 2018年黄淮海农区和2019年苏鲁皖三省的调查数据显示，农户家里是否有闲置宅基地、是否有闲置房屋的相关系数分别为0.45和0.41，表明是否有闲置宅基地和是否有闲置房屋有相关性但相关性不强，二者不是一回事。

中 2018 年黄淮海农区调研和 2019 年苏鲁皖三省调研得到的有闲置房屋的农户样本分别为 142 个、139 个。

接下来将以 2018 年黄淮海农区调研数据为主，以 2019 年苏鲁皖三省调研数据作为补充，分析农村的闲置宅基地和房屋情况，进而考察影响农民闲置宅基地退出意愿的因素。

（二）一户多宅、面积超标与宅基地及房屋闲置

农村宅基地集约化利用程度不高的一个直观表现，是"一户多宅"和人均宅基地面积过大。两次调研发现，无论是在黄淮海农区，还是在苏鲁皖三省，当前农村的"一户多宅"和人均宅基地面积过大问题都非常严重。

"一户多宅"方面，对 2018 年黄淮海农区 1026 户样本农户数据分析发现，除 15 户农户因本村实施宅基地退出、集中上楼居住导致自家的宅基地面积为 0 外，剩余的 1011 户农户，平均有 1.57 处宅基地（SD = 0.72）。其中，有 2 户农户的宅基地多达 6 处，每户却分别只有 7 人和 13 人。"一户多宅"的直接后果就是农户占有的宅基地面积过大。调查的 1011 户拥有农村宅基地的农户，平均每户占有的宅基地面积接近 0.66 亩（SD = 0.48），约合 437.44 平方米，其中一户宅基地面积竟然多达 8 亩。以山东省为例，《山东省农村宅基地管理办法》规定："平原地区的村庄，每户面积不得超过 200 平方米；占用未利用土地的，可适当放宽，但最多不得超过 264 平方米。"但是，黄淮海农区调查获得的山东省有农村宅基地的 270 户受访农户中，237 户（占比 87.78%）的宅基地面积都超过了 200 平方米，户均宅基地面积多达 426.1 平方米。可见，农户实际占有的农村宅基地面积，远高于政府确定的面积标准上限。

人均宅基地面积是比"一户一宅"更为合理的一个指标。这是因为农户可以分户，父子分户甚至夫妻分户，[①] 而人却是不可再分的最小核算

---

① 农业农村部发布的《中国农村经营管理统计年报（2015～2018 年）》数据显示，2015 年，全国农户数量为 2.67 亿户，2016 年增加至 2.69 亿户，2018 年进一步增加至 2.73 亿户。在 2018 年农村人口向城镇迁移 1790 万人的情况下，农户数量不减反增，这无疑是分户造成的。

单位。那么，黄淮海农区农户家庭人均占有多少宅基地呢？结果表明，1011 户有宅基地的农户，家庭人均占有的宅基地面积接近 0.14 亩，亦即 92.27 平方米。其中，73 户（占比 7.2%）农户家庭人均宅基地面积超过 0.30 亩（200 平方米）。也就是说，不少农户家里一个人占有的宅基地面积就达到了《山东省农村宅基地管理办法》规定的平原地区村庄每户的宅基地面积。

农民当然不需要如此多的农村宅基地。更不要说大量农民常年外出务工，很多家庭实际上早已举家迁移至城镇。国家统计局的数据显示，在 2015 年外出的 1.69 亿农民工中，有多达 22.78% 的为举家外出。[①] 因为"供大于求"且限制流转，进城农民闲置的宅基地没有退出的通道，所以大量的农村宅基地被闲置或者低效率利用，一些宅基地即便早已盖上房屋，也无人居住而致"房地一体"长期闲置。2018 年黄淮海农区调查获得的 1011 户拥有农村宅基地的样本农户中，有 16.22% 的（164户）农户家里有闲置宅基地；有 13.85% 的（140 户）农户家里有闲置房屋。

2019 年 7～8 月对苏鲁皖三省的补充调研也发现，927 户（其他 8 户因已经上楼集中居住而没有宅基地）家里有宅基地的样本农户，平均每户有宅基地 1.44 处，户均宅基地面积 367.78 平方米。人均来看，苏鲁皖三省样本农户家庭人均占有宅基地面积为 77.12 平方米。虽然低于黄淮海农区调查的户均与人均宅基地面积，但同样发现农户宅基地存在面积过大的问题。另外，15.31% 的样本农户家里有闲置房屋，是农户宅基地面积过大因而低效率使用的一个证据。

在 2019 年苏鲁皖三省农户调查中，有 930 户农户回答了"你家有闲置宅基地吗？"这一问题。结果表明，有 104 户（占比 11.18%）农户家里有闲置宅基地。这一比例明显低于 2018 年黄淮海农区样本农户家庭有闲置宅基地的比例（16.22%）。而且苏鲁皖三省样本农户买卖过宅基地

---

① 国家统计局农村社会经济调查司：《中国农村经济主要数据（1978～2015）》，2016。

的比例只有 8.47%，也明显低于 2018 年黄淮海农区样本农户买卖过宅基地的比例（12.21%）。

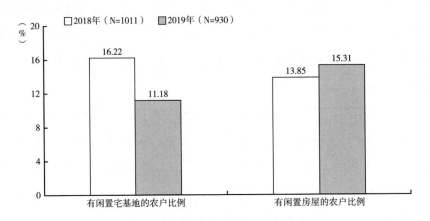

图 9 - 1 农村宅基地和房屋闲置比例

苏鲁皖三省农户拥有闲置宅地基的比例之所以显著低于黄淮海地区，除样本选择区域、人地关系等原因外，还有两个原因。一是苏鲁皖三省农户建造的房屋更多，从而减少了宅基地闲置比例——苏鲁皖三省样本农户拥有闲置房屋的比例（15.31%）高于黄淮海农区样本农户拥有闲置房屋的比例（13.85%）；二是两次调查的时间不同：2018 年黄淮海农区调查是在 1～3 月春节前后，此时农民工集中返乡，因此选择偏差较小，而2019 年苏鲁皖三省调查则在年中 7～8 月开展，受访者主要是留在农村发展的人员。与常年外出务工、经商甚至举家迁移至城市的人相比，留在农村发展的家庭宅基地使用需求更大（拥有的闲置房屋更多也可以佐证这一观点），因而家里有闲置宅基地的比例更低。

三　变量说明与计量方法

（一）变量说明

因为要考察影响农民闲置宅基地退出意愿的因素，且前文已经说明，将闲置房屋视作有闲置宅基地看待，所以计量分析时，将农民的闲置宅基地退出意愿、农村闲置房屋退出意愿两个变量作为被解释变量。结合第二章的理论分析，借鉴现有文献（陈霄，2012；彭长生，2013；龚宏龄，2017；孙鹏飞等，2019；彭长生等，2019；等），本章把影响农民闲置宅基地退出意愿的因素，或者说解释变量，分为经济因素（包括家庭人均收入、非农收入占比、农户层面的非农就业稳定性、是否有人城镇定居等）、社会因素（包括是否有子孙、社区民主参与等）、制度因素（土地产权认知、是否有宅基地权证、人均宅基地面积等）。由于在询问农民的退出意愿时，已将闲置宅基地退出价格设定为当地市场价格，且假定受访人知道这一价格，相当于控制了闲置宅基地退出的价格。

另外，前文已经说明，对农民而言，闲置宅基地和闲置房屋不是一回事。理论上看，有闲置宅基地的农户，如果家里还有闲置房屋，则其退出闲置宅基地的意愿较强——因为他已经有闲置的房屋，以后用闲置宅基地建房的可能性大幅减小；与之相似，有闲置房屋的农户，如果家里还有闲置宅基地，其退出闲置房屋的意愿也会较强——因为如果需要，农户可以将闲置旧房屋转让后，再用闲置宅基地建设新房屋。而且，虽然二者相互影响，但是是否有闲置宅基地和是否有闲置房屋，是由人口分化、职业分化、城乡迁移以及制度因素决定的，并不是内生的，[①] 故可以不考虑互为因果造成的内生性问题。因此，计量分析农民的闲置宅基地或闲置房屋退出意愿时，要分别将家里是否有闲置房屋、是否有闲置宅基地纳入计量模型。

对选定的变量检验发现，除非农收入占比与非农就业稳定性、非农收入占比与是否有子孙的相关系数都为 0.33 以外，其他变量间的相关系数绝大部分都在 0.30 以下，而且变量间的条件数为 16.97，可以认为变量之间不存在多重共线性，适合进行计量分析。

---

① 也就是说，一个农户有闲置宅基地，并不必然会有未盖房屋的闲置宅基地；反之亦然。

表 9 - 1   变量、指标与具体测量标准

变量		指标	标示	变量定义
被解释变量	闲置宅基地退出意愿	是否愿意把闲置宅基地(使用权)转让给别人	y_1	0 = 否;1 = 是
		是否愿意把闲置房屋连同宅基地一起转让给别人	y_2	0 = 否;1 = 是
解释变量	经济因素	家庭人均收入①	x_1	家庭总收入除以家庭人口数(元)
		非农收入占比	x_2	外出务工、经商收入与家庭总收入之比
		非农就业稳定性	x_3	家庭劳动力非农工作稳定性得分(不稳定 = 1;一般 = 2;很稳定 = 3)加总除以劳动力人数(户层面)
		是否有人城镇定居	x_4	没有 = 0;有 = 1
	制度因素	人均宅基地面积	x_5	家庭总面积除以家庭人口数(平方米)
		家里是否有闲置房屋	x_6	0 = 否;1 = 是
		家里是否有闲置宅基地	x_7	0 = 否;1 = 是
		是否有宅基地权证	x_8	0 = 否;1 = 是
		土地产权认知	x_9	承包地归谁所有:1 = 自己家;2 = 村组集体;3 = 国家②
	社会因素	是否有子孙	x_{10}	没有 = 0;不确定 = 1;有 = 2③
		是否参与村里选举投票	x_{11}	上次村委会选举,家人是否去投票:0 = 否;1 = 是
		是否使用互联网	x_{12}	0 = 否;1 = 是
	地区因素	省份	x_{13}	1 = 江苏;2 = 山东;3 = 河南;4 = 河北;5 = 安徽;6 = 天津

(二)计量模型设定

理论分析部分已经论述,闲置宅基退出,是追求效用最大化逻辑下的农户层面上的决策。可以假定作为受访者的户主或家里的主事人,会综合

---

① 为了消除量纲,消减极端值对数据质量的影响,提高数据的可比性,在计量时,对家庭人均收入和人均宅基地面积进行标准化处理。

② 由于房屋的私人财产权属性,宅基地使用权比承包地使用权更具有"准所有权"性质。为了消减农民认知造成的偏差,此处用承包地归谁所有作为农民土地产权认知的代理变量。

③ 关于有无子孙情况的界定,详见本书第七章。

考虑其家庭的各种情况而不是基于自己的偏好，给出对于家庭而言最优的选择。因此，本章用受访人的闲置宅基地退出意愿作为其所在家庭的闲置宅基地退出意愿，且不考虑受访者的个人特征。另外，入户调查时，调查员鼓励家庭成员就是否愿意有偿退出自家闲置宅基地和房屋的问题充分交流后，由受访人代表全家做出选择，这也一定程度上减少了将受访人意愿作为农户家庭意愿产生的偏差。

受访者报告的其家庭闲置宅基地退出意愿只有"愿意 = 1"和"不愿意 = 0"两种，是典型的二值选择问题，故可以采用二值 Logistic 模型进行计量分析。建立如下回归模型：

$$p = F(y = 1 \mid x_i) = \frac{1}{1 + e^{-y}} \qquad (1)$$

其中，y 代表农民是否愿意退出农村闲置宅基地，$y = 1$ 表示愿意退出，$y = 0$ 表示不愿意退出。p 代表农民愿意退出闲置宅基地的概率，$x_i(i = 1, 2, \cdots, n)$ 表示可能影响农民农村闲置宅基地退出意愿的第 i 种因素。

可以通过以下两个步骤对农民回答"愿意"退出闲置宅基地的概率 p 进行非线性转化。首先，将 p 转换为发生比率 $odds = \frac{p}{1 - p}$，即农民愿意退出闲置宅基地的概率与不愿意退出的概率之比。$odds$ 是 p 的单调函数，保证了它与 p 有相同的变动方向。其次，将 $odds$ 取自然对数，转化为 $\ln odds = \ln\left(\frac{p}{1 - p}\right)$，$\ln odds$ 也被称为 $Logit(p)$。这一转化显然保持了 $Logit(p)$ 与 $odds$ 以及 p 变动方向的一致性，且将 p 的取值从 0 至 1 变换与一般线性回归方程被解释变量的取值范围相吻合。

上述转换过程即所谓的 $Logit$ 变换。经过 $Logit$ 变换后的 Logistic 回归方程为：

$$Logit(p) = \alpha + \beta_1 x_1 + \cdots + \beta_i x_i + \varepsilon \qquad (2)$$

其中，α 表示常数项，β_i 是回归系数，ε 是随机误差项。

四 实证结果分析

如何以"再配置"实现城镇化进程中农村土地资源的优化利用是我们关注的核心问题。这里先关注农户离农、进城和农村宅基地利用状况对其闲置宅基地退出意愿的影响，然后再考虑其他因素的作用。利用Stata15 计量软件，得到如表 9-2 所示的回归结果。

表 9-2　农民闲置宅基地退出意愿的回归结果

变量	模型 1		模型 2	
	系数	Exp(B)	系数	Exp(B)
家庭人均收入（标准化）	-0.396*(0.22)	0.673*(0.15)	-0.359(0.22)	0.699(0.16)
非农收入占比	-0.419(0.66)	0.657(0.44)	-0.245(0.69)	0.783(0.54)
非农就业稳定性	0.194(0.35)	1.214(0.42)	0.301(0.36)	1.351(0.48)
是否有人城镇定居	0.893**(0.41)	2.442**(1.01)	0.764*(0.44)	2.147*(0.94)
人均宅基地面积（标准化）	0.034(0.15)	1.035(0.16)	0.041(0.16)	1.042(0.16)
家里是否有闲置房屋	0.754**(0.35)	2.125**(0.74)	0.712*(0.38)	2.039*(0.77)
是否有宅基地权证			-0.009(0.45)	0.991(0.45)
土地产权认知			0.383*(0.20)	1.466*(0.30)
是否有子孙			-0.291(0.28)	0.748(0.21)
是否参与村里选举投票			0.296(0.39)	1.344(0.53)
是否使用互联网			-0.462(0.38)	0.630(0.24)
地区变量（已控制）	—	—	—	—
常数项	-1.349*(0.80)	0.260*(0.23)	-1.629(1.07)	0.196(0.21)
Wald 卡方检验	18.10*(p=0.08)		24.95**(p=0.05)	
伪 R^2	0.091		0.114	
H-L 卡方检验	2.64(p=0.95)		8.47(p=0.39)	
样本量	173		165	

注：*、**、*** 分别表示 10%、5%、1% 的显著性水平；因一些变量的数据缺失，进入回归方程的样本量少于有闲置宅基地的农户数量且模型 1 和模型 2 略有不同。

对回归结果的拟合优度进行 H-L（Hosmer-Lemeshow）检验，发现两次回归的模型显著性水平 p 值都远大于 0.1，表明数据拟合良好，适合进行 Logistic 回归分析。

模型 1 的回归结果表明，标准化后的家庭人均收入、是否有人城镇定居和是否有闲置房屋，都会显著影响农民的闲置宅基地退出意愿。具体来看，在其他条件不变时，标准化处理后的农户"家庭人均收入"的回归系数为 -0.396，且在 10% 的水平上显著，表明所在家庭人均收入与农民的闲置宅基地退出意愿呈反向关系，又因发生概率比 Exp（B）为 0.673，表明标准化后的家庭人均收入每提高 1 个单位，会导致农民愿意退出闲置宅基地的概率降低 32.7 个百分点；"是否有人城镇定居"的回归系数为正（0.893）且发生概率比 Exp（B）为 2.442，且在 5% 的水平上显著，表明与没有家人在城镇定居的农户相比，家里有人在城镇定居者，会让农民愿意退出闲置宅基地的概率提高 144.2 个百分点；"家里是否有闲置房屋"的回归系数为正（0.754）且发生概率比 Exp（B）为 2.125，同样在 5% 的水平上显著，表明与没有闲置房屋的农户相比，家里有闲置房屋的农户，愿意退出农村闲置宅基地的概率高 112.5 个百分点。

模型 2 的回归结果表明，加入制度、社会等方面的 5 个解释变量后，模型的 Wald 卡方检验、伪 R^2 和 H-L 卡方检验都有所改善——比如伪 R^2 从模型 1 的 0.091 增加至 0.114，模型具有更好的拟合度。模型 2 中，在给定的显著性水平上，"土地产权认知"变量与农民的闲置宅基地退出意愿呈正相关（0.383）且发生概率比 Exp（B）为 1.466，表明与认为"农村土地所有权属于自己家"的农户相比，如果农户认为农村土地属于集体所有，他们退出闲置宅基地的意愿将会提高 46.6 个百分点。这反过来也表明，农村土地确实具有禀赋效应，认为宅基地是自己的农民，会更加"惜地"而不愿退出（彭长生，2013）。不过，在模型 2 中，"家庭人均收入"变量对农民的闲置宅基地退出意愿的影响不再显著。另外，"是否有人城镇定居"和"家里是否有闲置房屋"两个变量的回归系数和显著性变化不大，意味着两个变量对农民的闲置宅基地处置意愿有稳定的影响。

总的来看，农民向城镇迁移后，如果在城镇有了稳定居所，其处置农村闲置宅基地的意愿将大幅提高。如果一个农户除了有闲置宅基地外，还有闲置房屋，则与没有闲置房屋者相比，该农户退出闲置宅基地的意愿显著更强。因为农村建成的房屋被闲置，是农民向城镇迁移的结果，所以上述结论表明，农村人口乡城迁移是农民想要退出闲置宅基地的重要驱动力。另外，正如 Kahneman et al.（1990）所言，"一旦个人拥有了某个物品，那么他们赋予物品的价值就会急剧上升"。当前的渐进式赋权无疑会强化农民"宅基地是自己家的"这一认知。在禀赋效应的作用下，农民将更加"惜地"而不愿意退出。

表 9 - 3　农民闲置房屋退出意愿的回归结果

变量	模型 3		模型 4	
	系数	Exp（B）	系数	Exp（B）
家庭人均收入（标准化）	0.016(0.13)	1.017(0.13)	-0.024(0.14)	0.976(0.13)
非农收入占比	-0.750(0.47)	0.472(0.22)	-0.948 **(0.51)	0.387 **(0.20)
非农就业稳定性	-0.172(0.25)	0.842(0.21)	-0.160(0.26)	0.852(0.23)
是否有人城镇定居	0.240(0.28)	1.271(0.35)	0.202(0.30)	1.224(0.37)
人均宅基地面积（标准化）	-0.192(0.15)	0.825(0.12)	-0.299(0.16)	0.742(0.12)
家里是否有闲置宅基地	0.647 **(0.27)	1.91 **(0.51)	0.677 **(0.28)	1.967 **(0.55)
是否有宅基地权证			0.437(0.36)	1.548(0.56)
土地产权认知			-0.123(0.18)	0.884(0.16)
是否有子孙			-0.127(0.19)	0.881 **(0.17)
是否参与村里选举投票			0.867 **(0.36)	2.380(0.87)
是否使用互联网			-0.431(0.30)	0.650(0.19)
地区变量（已控制）	—	—	—	—
常数项	0.766(0.54)	2.151(1.15)	0.525(0.75)	1.690(1.35)
Wald 卡方检验	17.50(p = 0.09)		29.52 ***(p = 0.02)	
伪 R^2	0.050		0.086	
H - L 卡方检验	10.62(p = 0.22)		3.08(p = 0.93)	
样本量	273		257	

注：*、**、*** 分别表示10%、5%、1%的显著性水平，括号内为参数的稳健标准误；因一些变量的数据缺失，进入回归方程的样本量少于有闲置宅基地的农户数量且模型3和模型4略有不同。

同样，对回归结果的拟合优度进行 H－L（Hosmer－Lemeshow）卡方检验发现，两次回归的模型显著性水平 p 值都远大于 0.1，表明数据拟合良好，适合对农民的闲置房屋退出意愿进行 Logistic 回归分析。对表 9－3 中两个模型的估计结果比较发现，模型 4 的回归结果全面优于只有部分变量的模型 3，故接下来仅对模型 4 的结果进行讨论。

模型 4 的回归结果表明，控制其他变量后，在 5% 的显著性水平上"非农收入占比""家里是否有闲置宅基地"以及"是否参与村里选举投票"都会对农民的闲置房屋退出意愿产生影响。具体来看，在其他条件不变时，农户家庭"非农收入占比"回归系数为负数（－0.948）且发生概率比 Exp（B）为 0.387，表明非农收入占比提高一个点，比如从 0 增加为 1——从完全没有非农收入到非农收入占比为 1，农民愿意转让闲置房屋的比例降低 61.3 个百分点。期待农民离农、进城后会自愿放弃农村闲置房屋，不太现实。这反过来也意味着，兼业程度不高的农户更愿意转让农村闲置房屋。农户"家里是否有闲置宅基地"回归系数为正数（0.677）且发生概率比 Exp（B）为 1.967，表明在其他条件不变时，相对于没有闲置宅基地的农户，有闲置宅基地的农户愿意"房地一体"退出房屋和宅基地的比例会提高 96.7 个百分点。正如前文分析所指出的，由于另有一处闲置宅基地，农户将闲置旧房屋连同其下的宅基地一起转让后，如果需要，还可以再用闲置宅基地建设新房屋，因此"家里是否有闲置宅基地"对农民的闲置房屋连同宅基地一体转让有显著的正向作用就容易理解。

此外，家里有人参与村里选举投票的农户，也更愿意将自家闲置房屋连同宅基地一体转让。上述结果的一个可能原因是：参与村里投票的农户，一般拥有更多的社会资本和更大的关系网络，因而对当地闲置房屋交易事件了解的更多，根据行为模仿理论，他们愿意处置自家闲置房屋的可能性也更大。

五　结论与政策启示

本章在梳理影响农民宅基地退出意愿的经济、社会与制度因素基础上，利用 200 多户有闲置宅基地和闲置房屋的农户调查数据，计量分析了影响农户闲置宅基地退出意愿的具体因素。研究发现，家里有人在城镇定居的，或者有闲置房屋的农户，相对更愿意有偿退出闲置宅基地，而且认为农村土地属于自家所有的农户，闲置宅基地退出意愿相对较高；非农收入占比对农户的闲置房屋连同宅基地退出意愿有负向作用。

上述结论表明，随着更多的农民在城镇购置房屋和定居，农民的宅基地退出意愿将会增强。不过，由于非农收入占比对农民的闲置房屋及宅基地退出意愿有负向影响，如果不能制定合适的政策，随着进城落户农民收入的增加，他们可能反而不愿意有偿退出农村闲置房屋及宅基地，从而导致农村房屋成为城里人很少利用的"第二住宅"。因此，为了提高农村建设用地利用效率，避免"城乡都有房、一用一闲置"造成的资源资产浪费，下一步的农村土地制度改革，需要建立健全进城落户农民的宅基地与农村房屋有偿退出制度，保障农民的财产权利，准许农民尤其是进城落户农民自愿有偿退出农村闲置宅基地、转让闲置房屋。关于农民的闲置房屋、宅基地使用权以及土地承包经营权如何跨集体转让，不少地方已经探索出了行之有效的改革经验，下一篇将对其进行详细介绍。

第十章
农地"退出不畅"阻碍粮食增产：以小麦亩均产量为例

中国高度重视国家粮食安全。中共十九大报告指出："确保国家粮食安全，把中国人的饭碗牢牢端在自己的手中。"习近平总书记也多次强调，"粮食安全是头等大事"，要"做到谷物基本自给、口粮绝对安全"。

土地是粮食生产的"命根子"，也是国家粮食安全战略的根本支撑，必须合理配置和高效利用宝贵的耕地资源。前面的理论分析表明，城镇化进程中农地要随着人口迁移而流动，以实现土地和劳动力的优化配置。由于不少农民有减小农业经营规模、退出农村土地的意愿，农村改革应当重视"离农、进城"农民"想退地"却不能实现引发的问题。作为一枚硬币的两面，一些农户由于政策的、自然的、市场的原因难以退出农村土地，也意味着一些本该扩大农业经营规模者未能流入更多土地，因此可以把"退出不畅"视作"流转不畅"或农地未能有效配置。

为了测度"退出不畅"对农业经营的影响，本章和下一章将"退出不畅"与"进入受阻"相结合，利用一手调查数据，分别计量分析"退出不畅"引发的粮食产量和农民增收损失。小麦是三大主粮之一，且是黄淮海农区最主要的农作物，因此本章在测量"退出不畅"造成的亩均粮食产量损失时，以小麦亩均产量为例，具有很好的合理性。

一 文献综述：土地产出与土地优化配置

土地资源的稀缺性决定了提高土地利用效率的重要性。土地利用效率的一个综合测度是土地产出率（柯善咨等，2014）。对农村来讲，土地产出率是一定时间内单位耕地上的产值或扣除成本后的产出（Carletto C，2013），是农业生产率的集中体现。中国土地资源高度紧张，提高土地产出率尤为重要。中共中央亦将提高农村土地产出率作为农业政策的一个核心目标。2007 年、2012 年和 2017 年中央"一号文件"一再要求，提高土地产出率、资源利用率和农业劳动生产率。

理论上看，农地流转是优化"人地"资源配置、提升农业生产率的重要途径。发达的农地流转市场可以让劳动力更好地离开农业并让农地流向效率更高的使用者（Deininger et al.，2013）。尽管农地流转在不同国家的作用有所不同，但一些学者对中国、印度等发展中国家的研究发现，农地流转能显著提高农业生产率（Deininger et al.，2008；Jin and Deininger，2009；Deininger et al.，2013；冒佩华等，2015）。自 2008 年十七届三中全会以来，以租赁为主要形式的农地流转在中国农民乡城迁移和农业转型发展中发挥了积极作用。但广义的农地流转不仅包括农地使用权租赁（亦即狭义的农地流转），而且包括农地产权转让（Otsuka，2007；Deininger et al.，2008）。考虑到一些投资大、见效慢的现代农业项目可能需要更为稳定、充分且可市场化处置的农地产权，而且现有的法律政策也允许农户通过出租、转让等方式让渡农地产权，本章的农地流转，是广义农地流转的概念。

土地资源再配置效应对农业全要素增长率有显著影响（陈训波，2012）。在达到最优规模之前，让想扩大经营规模者获得更多农地，能提高农业生产率（陈训波等，2011；戚焦耳等，2015；陈海磊等，2014；倪国华、蔡昉，2015；Wang et al.，2017）；如果想减小经营规模而不得，农户就会惰耕、弃耕（倪国华、蔡昉，2015），导致亩均粮食产量损失（王倩、余劲，2015；刘同山，2017），并造成严重的投资不足和效率损失（Muraoka et al.，2018）。中国的城镇化和农业转型仍在继续。在这一过程中，如果农户无法通过农地"退出"和"流入"调整土地经营规模，就不能"人尽其才、地尽其利"。

二　"退出不畅"影响农地产出的机理分析

土地产出率主要取决于自然条件、投入水平、农作物类型和农业生产技术。气候等自然条件难以控制，而农业生产技术通常体现在农业的直接投入中（林本喜、邓衡山，2012）。因此，土地产出率主要是由农作物类型以及劳动、物质与服务等直接投入决定的。农地流转不畅主要通过影响农作物种植结构、农作物单产、农产品品质（价格）和各项直接投入进而影响土地产出率。

一方面，农地流转不畅会阻碍农业的直接投入尤其是劳动力投入，造成农作物单产损失，进而降低农地产出率。从农业劳动力配置看，非农就业机会的增加，"半工半耕"，让农户家庭内部分工越来趋向于"青工老农"，即年轻人进城务工、经商，老年人留守务农（夏柱智、贺雪峰，2017）。农业经营呈现农户层面的兼业化和劳动力层面的老龄化。在工农部门工资率差距下，外出务工、经商的青年人一般不会再回乡务农。随着务农老年人年龄增长，理性的追求家庭总效用最大化的农户会想要减小土地经营规模。如果他们想把一部分农地流转出去而不得，就会减少向农地投入的劳动以及资金，惰耕甚至干脆弃耕（倪国华、蔡昉，2015），从而导致农作物单产损失（刘同山，2018）。而且，从收入来源的重要性来看，农业收入占比较低的兼业尤其是深度兼业农户，农作物单产甚至整个农业收入对其家庭总收入的影响都很小，他们不会用心"绣地球"（何秀荣，2016）。与之相反，农业收入占较高的农户，更看重农业收入、更在意农地产出，因而更愿意"精耕细作"。如果让这类农户获得更多土地，显然比把农地留在不看重农业收入、不在意农地产出的深度兼业或离农农户手中，更能产生价值。可见，农地流转不畅，会让农地继续保留在无力耕种的老年农民或者不看重农业收入、不在意农地产出的深度兼业及离农农户手中，不利于提高土地产出率。

虽然有学者研究指出，农业机械化服务引入可以完全抵消农村劳动力非农转移对农地产出率的负面影响（仇童伟，2018），但这是基于农业社会分工细化、农业服务组织完善、市场运行机制良好等假设条件之下，是一种理想状态。而现实中，我国农户地块分散、种植作物各样、地形地势复杂等因素，导致农机作业（机械替代劳动）不能顺利进行。钟甫宁等（2016）指出：农村劳动力外出务工对粮食生产的影响要面临机械替代劳动力的难易程度的制约，在不适宜机械作业的丘陵山区，外出务工对粮食生产有负面影响。吴明凤等（2017）相对于土地细碎化对农机购置的抵制效应，不同地块作物生产趋同和机耕道修筑对农机购置的影响更大。总之，在现实中，农业机械对劳动力的替代是不完全的，农地流转不畅会导致劳动力投入减少，劳动力减少又得不到机械的完全替代，最终会造成农地产出率降低。

另一方面，农地流转不畅会限制农户调整农作物种植结构、提升农产品品质，直接损害农地的单位产值。在"肥瘦搭配、按人均分"的承包制度安排下，自家承包地规模太小且非常零散，不愿或不能外出务工、经商的"以农为生"的农户，要想获得足够多的农业经营收入来维持生活，必须扩大农地经营面积、改变农作物种植结构或者提升农产品品质。随着粮食作物种植效益相对变低，理性的农户为了提高农业经营效益，会改变作物种植结构，越来越趋向于"减粮增菜""减粮增果"。不过，为了保证产量、减少病虫害，不少蔬菜和瓜果过一年或几年就需要更换地块。而且，一般也需要借助土地流转实现集中连片经营。对于需要"流入"农地种植蔬菜、瓜果的农户而言，如果不能流入理想规模的土地，将会阻碍其扩大经营规模和调整农作物种植结构。对于想"流出"农地减小经营规模的农户，他们已经不在意农业产出，没有动力种植需要投入更多劳动和资金的蔬菜、瓜果等，也不愿意冒更大的市场风险种植优质农产品。农作物种植结构调整和农产品品质提升受阻，直接降低了农地的单位产值。

此外，对于想要扩大经营规模的农户而言，农地流转不畅限制其扩大经营规模，还会通过损害规模经营效益，降低农地产出率。比如，由于规模较小、地块细碎，农户没办法更好地利用大型农业机械进行连片耕作，导致难以进行深耕和秸秆还田，从而影响粮食作物产量；对于种植瓜果、蔬菜的农户，不能流入农地扩大经营规模，会削弱其寻找更好的销售渠道进而提高农产品销售价格的动力。而且，劳动力不能无限细分，单个农民有最优的农地经营规模，不能适度提高农地经营规模，也不利于劳动力的合理使用。这都会降低农地产出率。

总之，正如 North 和 Thomas（1973）在《西方世界的兴起》一书中所指出的："不能自由转让土地和牢牢限制劳动的移动明显地妨碍着资源的有效配置。有效率的农民不能随意获得更多的土地，无效率的农民不能随意处置他的某些土地，这种情况通常都会降低农业的总效率。"

三 计量方法、数据说明与变量界定

（一）计量方法

在土地流转市场不完善时，单位面积土地上的粮食产出不仅受兼业程度的影响，而且受农户的农地"退出"或"流入"意愿的影响。借鉴 Maddala（1983）提出的处理效应模型，粮食产出方程为：

$$Y_i = X_i\beta + D_i\gamma + \varepsilon_i \tag{8}$$

式（8）中，Y_i 是以小麦亩均产量反映的单位土地上的粮食产量，X_i 是影响小麦亩均产量的兼业程度、土地禀赋等变量，D_i 是农户是否想"退出"或"流入"土地的处理变量，β 和 γ 是待估计系数向量，ε_i 是随机误差项。

如果 D_i 是外生的，则可以通过直接对（8）式进行普通最小二乘法（OLS）回归，考察农户的土地"退出"和"流入"意愿对小麦亩均产量的影响。然而，作为一种行为选择，农户是否想退出农地，是由其兼业程度、土地禀赋等多方面因素决定的一个潜变量，而不是随机选择的。亦即有：

$$D_i^* = Z_i\alpha + \mu_i$$
$$D_i = 1 \quad \text{if } D_i^* > 0$$
$$D_i = 0 \quad \text{if } D_i^* \leq 0 \tag{9}$$

也就是说，是否"退出"或"流入"农地，是农户自我选择（self - selection）的结果。而且，（9）式中误差项 μ_i 包含的不可观测信息和（8）式中误差项 ε_i 包含的不可观测信息可能同时影响农户的农地流转意愿和小麦亩均产量，导致两个误差项有相关性，即 $\rho_{\mu\varepsilon} = corr(\mu_i, \varepsilon_i)$。在 $\rho_{\mu\varepsilon} \neq 0$ 的情况下使用 OLS 估计（8）式，所得到的估计系数是有偏误的（Ma and Abdulai, 2017）。

为了更准确地分析农户的农地"流出"和"流入"意愿对小麦亩均产量的影响，需要选择能够克服选择性偏差的处理效应模型（Treatment Effect Model，TEM）进行估计。值得一提的是，TEM 模型可以同时控制由可观测因素和不可观测因素导致的选择性偏差问题。

TEM 模型估计结果直接反映了流转意愿对小麦亩均产量的边际效应，即农地流转意愿从 0 变为 1 时，小麦亩均产量的变化情况。要考察农地流转意愿对小麦亩均产量的整体影响，需要在 TEM 模型的基础上，分别计算农地"退出"和"流入"意愿对小麦亩均产量的平均处理效应（ATE），进而估计出整体的 ATE。ATE 可由如下方程计算：

$$ATE = E(Y_i \mid D_i = 1) - E(Y_i \mid D_i = 0) \tag{10}$$

其中，$E(Y_i \mid D_i = 1)$ 表示农户愿意流转农地时的小麦亩均产量；$E(Y_i \mid D_i = 0)$ 表示农户没有农地流转意愿时的小麦亩均产量。根据（10）式计算得到的平均处理效应控制了可能由可观测因素和不可观测因素等引起的估计偏误问题。借助 ATE，可以从整体样本的角度，考察农地流转意愿对农户小麦亩均产量的影响。

此外，农户是否想"流出"或"流入"农地，还是既不想"流出"也不想"流入"农地，实际上是一个三元选择。不过，为了更直观地分析农地流转不畅对粮食产量的影响并进行稳健性检验，本文首先借鉴Maddala（1983）的思路，将三元选择分为两个二元选择问题，采用 TEM 模型分别考察想"流出"农地和想"流入"农地对小麦亩均产量的影响，进而采用多值处理效应模型（Multivalued Treatment Effect Model，M - TEM），整体估计农地流转不畅造成的小麦亩均产量损失。

（二）数据说明

本章使用的数据仍然来源于课题组 2018 年 1~3 月在黄淮海农区做的 1026 户农户调查。不过，从广义的适度规模经营（让想少种地的农户少种地、让想多种地也能多种地的农户种较多的土地）出发，本章研究内容有两个角度的拓展：一是狭义的承包地退出意愿延展到广义的农地流转（既包括承包地退出，又包括经营权流转）；二是不仅考虑农户想退出承包地而不得造成的效率损失，而且考虑一些农户想种更多土地而不得造成的效率损失。为了消减估计偏误，更准确地考察农地流转不畅对粮食产量的影响，本文借鉴 Deininger et al.（2013）的做法，在总样本中删除了既想"流出"又想"流入"农地的 86 个样本，最终得到 940 个样本农户的数据。

由于一些农户已经将全部农地出租出去，也有一些农户未种植小麦，[①] 最终 2017 年收获小麦的样本农户为 708 个，分布在除天津市之外的 5 个省份的 18 个县（市、区）。[②] 在这些样本农户中，因有 42 户农户在收获小麦后把承包地全部流转出去，只有 666 户农户回答了是否想"流出"一部分承包地这一问题，其中想"流出"者 250 户（占比 37.54%）；708户农户都回答了是否想"流入"一些农地，其中想"流入"者 206 户

① 比如天津宁河区的两个镇农作物一年一熟，且主要种植棉花或水果，没有一户种小麦。
② 因样本河北迁安是山区，一年一季且以板栗种植为主，没有农户种植小麦，故将该县的农户样本剔除。

（占比 29.10%），既不想"流出"又不想"流入"农地者 252 户。本文将利用这些数据进行分析。

（三）变量界定

表 10-1 对计量分析中用到的变量进行了定义和汇总统计。农户是否想"流出"或"流入"农地，是一个虚拟变量，如果想流转农地（又分为"流出"和"流入"两种）赋值为 1，不想则赋值为 0。由表 10-1 可知，受访者的平均年龄为 54.44 岁，家庭农业收入占比均值为 24.10%，也就是说农户的大部分家庭收入主要来自非农领域，样本地区的农业从业者老龄化严重且农户兼业经营程度很高。单个地块面积为均值 2.88 亩，表明农地细碎化问题依然存在，而这可能会对粮食产量造成影响（Rahman and Rahman，2009；Kompas et al.，2012）。此外，受访者的平均受教育年限为 6.69 年，近 5 年有外出务工经历的比例均值为 29.90%。

表 10-1　变量定义与描述统计

变量	变量说明	均值	标准差
小麦亩均产量	受访者报告的 2017 年自家小麦亩均产量（斤/亩）	850.387	242.633
性别	受访者的性别：男 = 1；女 = 2	1.308	0.462
年龄	受访者报告的年龄（岁）	54.438	11.001
受教育年限	受访者报告的受教育年限（年）	6.689	5.025
健康状况	很健康 = 1；比较健康 = 2；一般 = 3；比较差 = 4；很差 = 5	2.049	1.084
近 5 年是否曾外出务工	否 = 0；是 = 1	0.299	0.458
家庭农业收入占比	农业经营收入占家庭总收入的比重	0.241	0.400
家庭劳动力比例	劳动力（16～65 岁）与家庭总人数的比例	0.681	0.246
农机作业质量是否满意	不满意或说不上满意不满意 = 0；满意 = 1	0.407	0.492
地权稳定性	二轮以来承包地是否重新分过：否 = 0；是 = 1	4.113	1.663
单个地块面积	经营农地总面积除以地块数（亩/块）	2.883	4.205
地区（省份）	江苏 = 1；山东 = 2；河南 = 3；河北 = 4；安徽 = 5	2.891	1.120

续表

变量	变量说明	均值	标准差
是否想"流出"农地	受访者对自家是否想少种一部分承包地的回答：否 = 0；是 = 1	0.375	0.485
是否想"流入"农地	受访者对自家是否想多种一些农地的回答：否 = 0；是 = 1	0.291	0.455
乡镇农地流转是否发达	乡镇农地流转面积是否达到经营面积的50%：否 = 0；是 = 1	0.153	0.360
家庭"人地关系"演变	农户二轮承包时的土地面积除以当前家庭规模（亩/人）	1.534	1.282

想"流出"、想"流入"与不想流转农地的三类农户的各变量均值差异如表10－2所示。具体来看：①与想"流出"农地者相比，想"流入"农地、扩大经营规模的农户小麦亩均产量显著更高，且户主或家里主事人的年龄更小、健康状况更差，但想"流入"农地者的家庭劳动力比例更高、单个地块面积更大；②与想"流出"农地者相比，不想流转农地的农户小麦亩均产量更高，户主或家里主事人的女性比例更高、健康状况更差且单个地块面积更大；③与不想流转农地者相比，想"流入"农地、扩大经营规模的农户的小麦亩均产量差异不显著，但想"流入"农地的户主或家里主事人的年龄明显更小。在其他方面（工具变量除外），三类农户没有显著差别。

表 10 － 2　不同农地流转意愿农户的各变量均值差异

变量	想"流入"与想"流出"	不想流转与想"流出"	想"流入"与不想流转
小麦亩均产量	105.061 *** (22.212)	71.167 *** (22.552)	33.894 (21.258)
性别	0.036 (0.042)	0.105 ** (0.041)	－ 0.069 (0.044)
年龄	－ 4.675 *** (0.986)	－ 1.455 (1.011)	－ 3.220 *** (1.003)
受教育年限	0.090 (0.442)	－ 0.025 (0.419)	0.115 (0.533)
健康状况	－ 0.153 * (0.102)	－ 0.208 ** (0.098)	0.054 (0.100)
近 5 年是否曾外出务工	－ 0.022 (0.044)	－ 0.062 (0.041)	0.040 (0.042)
家庭农业收入占比	－ 0.010 (0.043)	0.031 (0.025)	－ 0.041 (0.042)
家庭劳动力比例	0.050 ** (0.023)	0.033 (0.023)	0.017 (0.022)

变量	想"流入" 与 想"流出"	不想流转 与 想"流出"	想"流入" 与 不想流转
农机作业质量是否满意	0.026(0.046)	0.009(0.044)	0.018(0.046)
地权稳定性	0.219(0.156)	0.071(0.152)	0.147(0.153)
单个地块面积	0.734**(0.364)	0.589*(0.344)	0.145(0.455)
乡镇农地流转是否发达	0.081**(0.033)	0.059*(0.031)	0.023(0.036)
家庭"人地关系"演变	-0.212*(0.109)	0.080(0.123)	-0.292**(0.120)

注: ***、**、*分别表示在0.01、0.05、0.1的水平上显著,括号内为标准误;略去地区(省份)变量。

四 "退出不畅"造成的小麦亩均产量损失测算

(一)TEM适用性检验

进行TEM估计,需要为农户是否意愿"退出"或"流入"农地找到合适的工具变量以解决变量的内生性问题。[①] 一个有效的工具变量必须满足两个条件:一是与内生解释变量(农地流转意愿)相关;二是与其他解释变量及无法观测的因素不相关(伍德里奇,2010),即满足外生性要求。农户是否想"流出"农地受到周边其他农户农地流转行为或当地农地流转市场发育情况的影响。但是,一个地区的农地流转市场发育情况,可能不会对单个农户的亩均粮食产量产生影响,而且在"拉平效应"(姚洋,2000)的作用下,已经流出农地与流入农地农户的亩均粮食产量可能并没有明显差距(因为流出者和流入者都获得了合意的经营规模)。因此本文以所在乡镇农地流转市场是否发达作为农户农地"流出"意愿的工具变量。另外,考虑到人口分化是农户调整经营规模的重要原因(恰

---

① 豪斯曼检验和异方差稳健的DWH检验都发现,想"流出"或"流入"农地变量是内生变量。农户的农地流转意愿和小麦亩均产量存在相互影响。因此回归时需要借助工具变量消除内生性、提高估计精度。

亚诺夫，1996），本文以家庭二轮承包的土地面积除以当前的家庭人口数量（家庭"人地关系"演变），作为农户是否想"流入"或多种一些农地的工具变量。理论上讲，两个工具变量具有较强的外生性。

　　分别将农户的农地"流出""流入"意愿以及小麦亩均产量对两个工具变量回归，发现工具变量对农地"流出""流入"意愿的影响显著，但对小麦亩均产量的影响不显著。Kleibergen - Paap rk LM 统计值表明模型可识别。2SLS 估计发现，最小特征值统计量接近 10，F 统计量的 p 值在给定水平上显著，而且对弱工具变量更不敏感的 LIML 估计结果与 2SLS 非常接近，也从侧面印证了不存在弱工具变量问题。可以认为两个工具变量都是有效的工具变量。

　　借助 Stata15 软件，对数据进行 TEM 估计，得到表 10 - 3 所示的估计结果。无论是农地"流出"还是"流入"，Wald 内生性检验都在 5% 的水平上拒绝了农地流转选择方程和小麦亩均产量方程相互独立的原假设。对于想要"流出"农地的农户，ρ 为正数且通过显著性检验，说明存在正向的选择性偏差，即小麦亩均产量低于平均水平的农户更愿意"流出"农地；对于想要"流入"农地的农户，ρ 为负数且通过显著性检验，说明存在负向的选择性偏差，即小麦亩均产量高于平均水平的农户更愿意"流入"农地、扩大经营规模。另外，多重共线性检验发现，各解释变量的条件数为 29.52，小于 30 这一理想值，表明变量之间不存在多重共线性。总之，上述检验表明，对样本数据进行 TEM 分析是合适的。

（二）计量结果及其讨论

　　表 10 - 3 列出了分别对想"流出"和"流入"农地的样本农户数据回归，得到的影响农户农地流转意愿以及小麦亩均产量的因素。TEM 估计结果表明，控制户主或家里主事人的个体特征、家庭特征、农业机械化情况、农地禀赋状况和地区变量后，与不想"流出"农地者相比，想"流出"农地的农户，其小麦亩均产量明显更低；与不想"流入"农地者相比，想"流入"农地的农户，其小麦亩均产量明显更高。上述结果在

1%的水平上显著。这一结论与前面理论分析的结果一致——如果想"流出"农地而不得，会对农户的小麦亩均产量造成显著的负向作用，而如果想"流入"农地而不得，会导致农业生产率更高的农户不能扩大经营规模而造成产量损失。另外，无论是想"流出"农地还是想"流入"农地的农户，其小麦亩均产量都与农户的家庭农业收入占比正相关，或者说与农户兼业经营程度负相关，且在5%的水平上显著。理论分析已经表明，在农地规模保持不变时，兼业程度增加会导致农户向单位面积土地上投入的劳动减少，也就是更加粗放地经营，从而降低小麦亩均产量。

表 10 - 3　农地流转不畅对小麦亩均产量的影响：TEM 估计结果

变量	想"流出"农地者		想"流入"农地者①	
	"退出"选择方程	小麦产量方程	"流入"选择方程	小麦产量方程
性别	- 0.070 (0.123)	- 31.584 (25.754)	- 0.209 * (0.123)	- 8.545 (23.412)
年龄	0.016 *** (0.006)	1.190 (1.256)	- 0.023 *** (0.005)	1.409 (1.141)
受教育年限	0.013 (0.010)	3.314 ** (1.669)	- 0.010 (0.013)	2.955 ** (1.270)
健康状况	0.072 (0.051)	- 2.247 (10.325)	0.018 (0.050)	- 17.592 ** (8.274)
近5年是否曾外出务工	0.321 *** (0.124)	27.010 (28.477)	- 0.185 (0.127)	14.631 (21.995)
家庭农业收入占比	- 0.119 (0.091)	60.048 (43.236)	0.634 *** (0.214)	173.775 *** (35.862)
家庭劳动力比例	- 0.198 (0.214)	- 39.714 (45.679)	0.489 ** (0.226)	- 6.859 (37.272)
农机作业质量是否满意	- 0.004 (0.104)	18.830 (20.654)	0.016 (0.106)	10.236 (18.025)
地权稳定性	- 0.053 (0.033)	6.988 (6.811)	0.029 (0.034)	9.886 * (5.737)

① 流入土地进行规模经营"赔钱"的农户短时间内一般不想再种更多的土地。因此在估计时，剔除了2017年种地"赔钱"的3个异常样本。

续表

变量	想"退出"农地者		想"流入"农地者	
	"退出"选择方程	小麦产量方程	"流入"选择方程	小麦产量方程
单个地块面积	- 0.017	- 2.121	0.010	- 3.971 *
	(0.016)	(2.398)	(0.014)	(2.369)
地区（省份）（参照组：江苏）				
山东	0.078	60.440	- 0.009	69.423 **
	(0.197)	(37.487)	(0.202)	(32.145)
河南	0.039	108.286 ***	0.049	118.586 ***
	(0.196)	(33.909)	(0.202)	(30.397)
河北	0.087	- 48.378	0.150	- 50.922
	(0.196)	(38.087)	(0.208)	(36.093)
安徽	0.302	50.064	- 0.302	28.931
	(0.241)	(45.413)	(0.255)	(37.929)
是否想流出或流入农地	—	- 334.165 ***	—	227.692 ***
		(103.485)		(70.918)
乡镇农地流转是否发达	0.287 **	—	—	—
	(0.124)			
家庭"人地关系"演变	—	—	- 0.231 ***	—
			(0.056)	
常数项	- 1.022 **	861.360 ***	0.717	613.198 ***
	(0.499)	(98.309)	(0.494)	(99.052)
ρ	0.605 **		- 0.416 **	
σ	261.380 ***		237.567 ***	
Wald test of indep. eqns.	5.48 ** ($p=0.019$)		5.95 *** ($p=0.015$)	
Log pseudo likelihood	- 4977.382		- 5208.037	
样本数	664		703	

注：*** 、** 、* 分别表示估计结果在 0.01、0.05、0.1 的水平上显著；括号内数字为参数的稳健标准误。

　　基于 TEM 估计，可以分别考察农地"流出"和"流入"意愿对小麦亩均产量的平均处理效应（ATE），分别预测出想"流出"农地与不想"流出"农地的农户的小麦亩均产量差别，以及想"流入"农地与不想

"流入"农地的农户的小麦亩均产量差别,进而大致估计农地流转不畅造成的小麦亩均产量损失。表 10 – 4 所示的 *ATE* 估计结果表明,与不想"流出"农地的农户相比,想"流出"农地、减小经营规模的农户的预期小麦亩均产量低 73.75 斤;与不想"流入"农地的农户相比,想"流入"农地、扩大经营规模的农户的预期小麦亩均产量高 58.05 斤。想要减小经营规模者不能让渡一部分农地,想要扩大经营规模者不能获得更多农地,合计造成了 15.62% 的小麦亩均产量损失。

表 10 – 4　农地流转意愿对小麦亩均产量的平均处理效应:TEM 分别估计

变量	想"流出"农地		想"流入"农地		*ATE*	t 值	变化
	是	否	是	否			
小麦亩均产量	790.494	864.248	—	—	– 73.754 ***	– 1.9e + 02	– 8.534%
	—	—	876.901	818.851	58.050 ***	92.452	7.089%

注:*** 表示估计结果在 0.01 的水平上显著;变化 = ATE/不想"流出"或"流入"农地者的小麦亩均产量 × 100%。

但是,将三元选择问题分为两个二元选择问题分别研究后再对 *ATE* 加总,会造成估计偏差(Heckman,2010),要得到更为精准的农地流转不畅造成的粮食产量损失,需要采用 M – TEM 模型整体估计平均处理效应。表 10 – 5 所示的 *ATE* 整体估计结果表明,与想"流出"农地者的潜在小麦亩均产量(798.06 斤/亩)相比,不想流转农地者的潜在小麦亩均产量较高,为 865.97 斤/亩,想"流入"农地者的潜在小麦亩均产量最高,为 908.57 斤/亩。从变化百分比看,与不想流转或想"流入"农地者相比,想"流出"农地者的潜在小麦亩均产量分别低 8.51% 和 12.16%。可见,如果农户想减小或增大经营规模,却难以通过"流出"或"流入"合意面积的农地,以小麦为例,预期会造成 12.16% 的产量损失。这一比例明显低于分别估计后再加总的结果(15.62%)。可见,若不采用 M – TEM 对 *ATE* 整体估计,会高估农地流转不畅造成的粮食产量损失。

表 10 - 5　农地流转不畅对小麦亩均产量的平均处理效应：M - TEM 整体估计

农地流转意愿	潜在小麦亩均产量	ATE	z 值	变化
想"流出"	798.062 ***	—	—	—
不想流转	865.973 ***	67.911 ***	3.070	8.509%
想"流入"	908.573 ***	110.511 ***	5.080	12.163%

注：*** 表示估计结果在 0.01 的水平上显著；变化 = ATE /想"流出"农地者的潜在小麦亩均产量 × 100% 。

（三）稳健性检验

为了确认上述估计结果的可靠性，本文对删除 2017 年种地"赔钱"的 3 个异常样本后的 705 个小麦种植户数据，采用不同于主回归的加权最小二乘（WLS）法和普通最小二乘（OLS）进行稳健性检验。因怀特检验和 BP 检验发现数据存在异方差，采用加权最小二乘法（WLS）进行估计更加合理。需要说明的是，一部分农户不想参与农地流转，有可能是因为他们已经通过流转获得了合意规模的农地。为了更好地考察农地流转对农户小麦亩均产量的影响，本文进一步把不想流转农地的农户二分为"未流转"和"已流转"两类（故农地流转意愿成为四分类）。在回归时，对小麦亩均产量取自然对数，以方便与前面的计量结果进行比较。

表 10 - 6 所示的结果发现，无论是 WLS 回归还是 OLS 回归，农地流转意愿都会显著影响小麦亩均产量，而且前者比 OLS 模型拟合得更好。WLS 模型可以解释接近 20.0% 的小麦亩均产量损失。在三分农地流转意愿时，与想"流出"农地者相比，不想流转或想"流入"农地者的小麦亩均产量分别高 5.1% 和 8.6%；在四分农地流转意愿时，与想"流出"农地者相比，想"流入"农地者的小麦亩均产量高 8.9%。这一结果表明农地流转不畅确实会影响亩均粮食产量，尽管从数值上看稍低于 ATE 测算的结果。而且，在四分农地流转意愿时，与想"流出"农地者相比，不想流转且未流转农地者的小麦亩均产量高 4.5%，而不想流转但已经流

转农地者的小麦亩均产量高 7.1%，比不想流转且未流转农地者高出 2.6 个百分点。这再次表明，让农户获得合意规模的土地，确实能够提高亩均粮食产出。此外，不管农户是否已经参与了农地流转，只要想"流入"农地，其小麦亩均产量都明显更高。上述结果都通过了给定的显著性水平检验。

表 10-6　稳健性检验：流转意愿对农户小麦亩均产量的再考察

变量	OLS 回归（三分）	WLS 回归	
		三分	四分
性别	-0.050(0.033)	-0.036 * (0.022)	-0.041 * (0.022)
年龄	-0.0002(0.001)	-0.002(0.001)	0.002(0.001)
受教育年限	0.003(0.003)	0.003 *** (0.001)	0.003 *** (0.001)
健康状况	-0.016(0.014)	-0.009(0.008)	-0.008(0.008)
近 5 年是否曾外出务工	0.003(0.033)	0.033(0.021)	0.031(0.021)
家庭农业收入占比	0.294 *** (0.056)	0.107 *** (0.026)	0.106 *** (0.026)
家庭劳动力比例	-0.029(0.059)	-0.010(0.031)	-0.012(0.031)
农机作业质量是否满意	0.021(0.029)	0.007(0.018)	0.004(0.018)
地权稳定性	0.018 * (0.009)	0.013 * (0.006)	0.012 ** (0.006)
单个地块面积	-0.011 *** (0.004)	-0.002(0.003)	-0.003(0.003)
地区(省份)(参照组:江苏)			
山东	0.046(0.054)	0.106 *** (0.034)	0.104 *** (0.035)
河南	0.177 *** (0.054)	0.165 *** (0.030)	0.159 *** (0.031)
河北	-0.126 ** (0.056)	-0.059 ** (0.056)	-0.064(0.055)
安徽	0.024(0.068)	0.004(0.039)	0.002(0.040)
流转意愿(参照组:想流出)			
不想流转	0.108 *** (0.033)	0.051 ** (0.023)	—
不想流转且未流转	—	—	0.045 * (0.026)
不想流转且已流转	—	—	0.071 ** (0.029)
想流入	0.160 *** (0.036)	0.086 *** (0.023)	0.089 *** (0.023)
常数项	6.543(0.135)	6.465(0.096)	6.491 *** (0.096)
F 统计值	7.820 ***	10.150 ***	9.800 ***
R^2	0.154	0.191	0.196
调整 R^2	0.135	0.173	0.176
样本数	703	703	703

说明：*** 、** 、* 分别表示在 0.01、0.05 和 0.1 的水平上显著，括号内为标准误。

五 进一步讨论：广义适度规模经营与农地优化配置

中国的农地资源高度紧张。根据世界银行的数据，2015年中国的人均耕地面积只有0.087公顷，在全球190余个国家中排名129位，虽然高于日本（0.033公顷）、韩国（0.029公顷），却远低于世界平均水平（0.194公顷）。加上农村人口数量仍然庞大，中国农业劳动力人均耕地面积只有0.775公顷，不仅远低于人均耕地较多的欧美国家，还明显低于人均耕地更少的日本（1.743公顷）和韩国（1.029公顷）。[1]另外，农户经营耕地面积小且严重细碎化是中国农业的典型特征。农业农村部的数据显示，至2018年底，在全国两亿多农户中，多达77.45%的农户农地经营面积不足10亩。由于当初承包时采取了"按人平均、肥瘦搭配"的方式，一户经营的农地又分割成多块，细碎化严重。

随着城镇化进程中越来越多的农业人口向非农领域转移，通过农地流转实现适度规模经营是中国农业转型发展的应有之义。所谓"适度"规模经营，广义上看，有两方面意思：一方面是让想种地、会种地的农户获得其能够经营并愿意经营的土地规模；另一方面是允许想少种地甚至不愿种地的农户退出一部分的土地，从而让宝贵的土地资源得到利用，不至浪费。简而言之，广义适度规模经营，就是农户想经营并适合经营多大规模的土地，就让其经营多大规模的土地。它不仅要求支持一些想种地、会种地的小农户获得更多土地成长为新型职业农民，而且要求允许并鼓励"离农、进城"农民退出一部分甚至全部农村土地。从土地资源优化配置的角度看，农村土地退出和适度提高农业经营规模化程度、培育新型职业农民，彼此相互联系。当然，受制于中国的人多地少的实际情况和农村土地的社会保障及社会稳定作用，"适度"还有单个农业经营主体经营的土地面积不能超过一定规模之义。

---

[1] 根据世界银行数据库（https://data.worldbank.org.cn/）2015年的数据计算得出。

农村土地资源不能在城镇化进程中随农业人口转移而优化配置会造成农业效率损失。利用中国黄淮海农区 5 省 18 个县（市、区）708 户农户的调查数据，采用可以消除内生性并能够估计农地流转意愿边际效应和平均处理效应（ATE）的多值处理效应模型（M－TEM），以小麦为例，进行计量分析发现：想"退出"农村土地者的小麦亩均产量显著更低，而想"流入"农地者的小麦亩均产量显著更高。由于农地流转不畅，想减小经营规模的农户不能让渡一部分农地、想扩大经营规模的农户不能获得更多农地，合计造成了 12.16% 的小麦产量损失。基于 WLS 回归的稳健性检验发现，与想"退出"农地者相比，不想流转或想"流入"农地者的小麦亩均产量显著更高，表明"退出不畅"造成的粮食产量损失是稳定可靠的。

上述结论主要有三方面的政策含义。一是要加快农村集体产权制度改革和农村产权交易市场建设。为了优化"人地"资源配置，农村集体产权制度改革应尽快从经营性资产向资源性资产拓展，在农村土地确权颁证的同时推进"还权赋能"，消除农地流转的制度障碍，加快农村产权交易市场建设，切实提高农地的可交易性。二是要加快小农户向专业农户转型并支持有条件的小农户有序"离农、进城"。支持懂技术、会经营、善管理的小农户实现适度规模经营，成长为新型职业农民；引导深度兼业户尤其是离农农户放弃农地，完成从农民到市民身份的转变；建立城乡一体化的社会保障体系，通过提高农民的社会保障水平，抵消小农户"离农、进城、退地"产生的社会风险。三是要加快农地流转和城乡劳动力双向流动。为农地变资产、变资金提供制度安排，让有能力、有意愿进城的农民带着资产、资金离开农村；将农村承包经营权抵押贷款试点与农户获得更多农地联动起来，为农户承接进城农民放弃的农地提供金融支持；加快户籍、农业补贴等配套改革，清除农民进城和市民返乡制度障碍，促进城乡劳动力资源双向流动。

第十一章
农地资源错配损害农业经营效益：
对亩均净收益的考察

在城乡要素流动壁垒逐渐消除，且工农收入差距依然很大的情况下，解决"谁来种地"问题、确保农业作为一个产业长期存在，必须增加农业劳动的回报率，提高务农者收益（倪国华、蔡昉，2015；何秀荣，2016）。与国家强调粮食安全、注重农业"生产效率"不同，务农者等微观主体更关心"经营收益"，因为经营收益直接决定了微观主体能否在竞争中存活下去（Foster et al.，2008）。但是，当前务农效益相对较低。正如习近平总书记所说"种一亩粮的收入还比不上外出打几天工"，再加上各项生活开支持续走高，仅依靠"人均一亩三分地、户均不过十亩田"，绝大部分农户难以过上体面的生活。

为了增加农业的吸引力、提高务农者收益，需要支持一些农户以较小的代价获得更多的土地使用权。习近平总书记在2013年中央农村工作会议上指出："从我国资源禀赋和当前城乡居民收入差距看，一年两熟地区户均耕种五十至六十亩、一年一熟地区户均耕种一百至一百二十亩，具有规模效益。这样农业就有了吸引力，愿意种地的青壮年就会多起来。"毫无疑问，扩大土地经营规模，让农户获得合意的务农收益，是增加农业吸引力最简单而有效的方式。因此，为了培育新型职业农民，支持农业转型发展，需要加快农地资源优化配置，让一部分"离农、进城"农民把承包地交给想种地、会种地的农民。

然而，政策分析和农户问卷调查都表明，农村土地"退出不畅""流入受阻"是当前中国农村的一个突出现象，其直接后果就是农地资源错配。为了进一步论证农地"退出不畅"对农业发展的影响，本章将研究视野从国家重视的粮食产量转向农民注重的农业经营收益，测算"退出不畅"引发的农地资源错配，对农地亩均净收益的负面影响，进一步论证加快实施农村土地退出的重要性。

一 文献综述：农地资源错配

Syrquin（1986）拓展了 Solow 的新古典增长框架，把全要素生产率（TFP）增长分解为行业 TFP 增长和（资源）要素的配置效应，发现在行业间对要素重新配置可以极大地改进生产率。资源在微观行为主体之间的错配，是导致 TFP 和产量损失的关键（Dollar et al.，2007；Hsieh et al.，2009）。资源错配在一定条件下会持续存在（Banerjee et al.，2010），并与经济结构转型密切相关（Gollin et al.，2014）。消除资源错配的过程，也是提高要素生产率、推动经济增长的过程。曾解释 1978～1984 年中国农业产出增加 46.89% 的家庭承包责任制（林毅夫，1994），本质上亦是解决集体统一经营时农业劳动力和农地资源错配的一种举措（蔡昉，2017）。农地资源错配，也有学者称之为农地资源配置不当或扭曲（朱喜等，2011；盖庆恩等，2017），是指农地作为一种重要的资源，因难以充分流转，而未能以最合适的方式分配给最有效率的农业经营主体使用。

家庭承包责任制曾在改革之初很好地解决了农地（产权）错配问题。林毅夫（1994）研究发现，1978～1984 年中国农业产出增加的 46.89%，归功于从集体统一经营转向家庭承包责任制这一产权制度变革。然而，二轮承包以来，从"增人不增地、减人不减地"到确权颁证，再到最新修订实施的《农村土地承包法》规定"二轮承包到期后再延长三十年"且不再要求进城农民退出土地，农地产权的排他性不断增强（李宁等，2017）且日益固化。与此同时，工业化、城镇化推动农户分层分化（刘洪仁、杨学成，2005；王春光等，2018），让农户产生了差别化的农地需求——越来越多兼业农户想"离农、进城"，也有一些小农户想扩大农地规模（刘同山，2018）。一边是"按人均分"后产权逐步固化的农地，另一边是分层分化后农业经营意愿、农地需求逐渐分化的农户，导致近年来中国的农地错配问题日益突出。

国内外对农地资源错配的现有研究主要集中在两方面。一方面是分析农地错配的影响。在劳动力市场存在缺陷时，农地资源错配会影响农户的要素投入强度，拉大边际产出差距，并减少想要离农者对土地的长期投资（姚洋，2000）。如果要素市场完备，效率较高的生产者将持续扩大经营规模直至其边际产出与边际成本相等，这也意味着效率越高的生产者经营规模越大（Alfaro et al.，2008；Adamopoulos et al.，2014）。因此，农地资源错配的一个突出表现就是农地规模难以调整。1988年菲律宾农地改革后，政府对农户的农地规模设置了上限并严格限制农地转让，造成了农地资源错配，最终使农业生产效率下降17%（Adamopoulos et al.，2014）。如果农地资源能够实现有效配置，2004～2013年中国农业部门的劳动生产率将提高1.88倍（盖庆恩等，2017）。即便只在村庄范围内消除农地资源错配，也可以让1993～2002年中国的农业总产出增加30.2%（Brandt et al.，2017）。学者对黄淮海农区708户小麦种植户数据的计量分析发现，农户难以调整农地规模造成了12.16%的小麦产量损失（刘同山，2018）。

另一方面是考察农地资源错配的应对措施。消除农地资源错配，或者说优化农地资源配置，主要有两种方式。①市场化再配置。不少发展中国家都通过农地改革，提高农地的可交易性、培育农地流转市场，优化农地资源配置进而提高农业生产效率（Deininger et al.，2013）。例如，中国借助所有权、承包权、经营权"三权分置"下的农地经营权流转在提高农地利用效率方面发挥了重要作用（冒佩华等，2015；Deininger et al.，2015）。不过，中国农地经营权流转具有明显的"短期化、非正式"特点（洪炜杰、胡新艳，2018），且存在流转市场配置"失灵"问题（朱文珏、罗必良，2018），未能充分消除农地资源错配。②行政性再配置。一些国家在农业转型期采取了行政性手段优化人地资源配置。法国曾根据1960年的《农业指导法》组建了半公益性的"土地整治与乡村建设公司"，负责收购不具发展前途的农民自愿出售的农地，将其整治之后再转卖给其他主体（周淑景，2002）；日本于1970年实施了"农业人养老金"制度，并在1980年颁布了《增进农用地利用法》，推动农地向青年农民和专业农户转移（关谷俊作，2004）。与当前农业转型的速度相比，目前中国消除农地资源错配的行政性举措较少。

总的来看，现有关于中国资源错配的研究，主要集中在非农部门，农地资源错配的文献很少且主要关注对农业生产的影响（朱喜等，2011；盖庆恩等，2017；Adamopoulos et al.，2014）。虽然现有农地资源错配的文献为本文奠定了很好的研究基础，但存在两方面的问题：一是主要借助农业的边际产出间接考察农地资源错配，导致人们对农地资源错配的认识不够直接和具体；二是主要关注农业生产效率，相对忽略了农户收益，即没有充分考虑微观主体的务农积极性。接下来，本章将通过农民的土地经营规模调整意愿（减少或增加农地）直接考察农地资源的错配情况，并利用农地亩均净收益指标测度农地资源错配的负面影响。

二 计量方法、变量界定与描述性统计

（一）计量方法

理论分析表明，如果农户在劳动力乡城流动过程中，一部分想退出土地者不能退出，则想获得者也难以获得，就会产生农地资源错配，降低农业经营收益，损害农业效率。不过，从因果关系上看，也有可能是因为农业经营收益太低，农户才不想增加农地或不介意低效率使用农地（因而不想退出农地）。也就是说，农户的土地经营规模调整意愿对农业经营收益而言可能是一个内生变量。为了解决这种内生性问题，本文采用内生转

换回归（ESR）模型，来测度农地资源错配对农业经营收益的影响。假定农户的农地经营规模调整意愿方程为：

$$W_i = Z_i \vartheta + \mu_i \tag{10}$$

对于想减少农地的农户，其亩均净收益方程为：

$$Y_0 = X_i \gamma_0 + T_i \delta_0 + \varepsilon_{0i} \tag{11a}$$

对于想增加农地的农户，其亩均净收益方程为：

$$Y_1 = X_i \gamma_1 + T_i \delta_1 + \varepsilon_{1i} \tag{11b}$$

（10）式中，W_i 是反映农户 i 是想减少农地还是想增加农地的二元选择变量，Z_i 是影响农户减少或增加农地的各种因素，ϑ 是待估计系数，μ_i 是误差项。（11a）和（11b）式中，Y_0 和 Y_1 分别表示想减少和想增加农地的两个样本农户的亩均净收益，X_i 是影响亩均净收益的农户特征、土地禀赋等变量，T_i 是反映农作物结构调整的果蔬及其他经济作物种植情况变量，γ 和 δ 是待估计系数，ε_i 是误差项。

ESR 模型对上述 3 个方程同时估计后，给出各影响因素对想减少和想增加农地两类农户的亩均净收益的差别化影响。借助 ESR 模型的估计系数，可以考察农户的农地经营规模调整意愿对亩均净收益的平均处理效应（ATE）：

$$ATE = E(Y_i \mid W_i = 1) - E(Y_i \mid W_i = 0) \tag{12}$$

（12）式中，$E(Y_i \mid W_i = 1)$ 表示假如所有农户都想增加农地，预期的亩均净收益，$E(Y_i \mid W_i = 0)$ 表示假如所有农户都想减少农地，预期的亩均净收益。借助 ATE，可以从整体样本的角度，考察农地资源错配造成的农业经营收益损失。需要指出，（10）式中 Z_i 应包含至少一个工具变量（IV）以便让模型可识别。一个有效 IV 既要与农户的农地调整意愿相关，又要与农地的亩均净收益及无法观测的因素不相关。由于人口分化是农户调整农地规模的重要原因（恰亚诺夫，1996），本文以受访者报告的家庭二轮承包农地面积除以当前家庭总人数作为 IV。检验发现，IV 具有较好的外生性且不存在弱工具变量问题。

虽然 ESR 模型同时估计两个收益方程，可以更好地分析各种因素对农地亩均净收益的影响，得出更精确的 *ATE*，但遗憾的是，它很难处理具有内生性的农地调整意愿和其他变量（比如农作物种植结构）的调节效应，且不允许对地区变量分类控制。然而，农地经营规模调整意愿可能会与农作物种植结构一起影响农地亩均净收益，而且亩均净收益亦可能因地域不同而不同。因此本文使用可以对地区变量分类控制的处理效应模型（TEM）以及可同时控制地区变量且考虑交互项的加权最小二乘法（WLS），进一步估计农地调整意愿对亩均净收益的影响，并将其作为 ESR 估计的稳健性检验。

（二）变量界定及其描述性统计

1. 被解释变量

本文的被解释变量是以农地亩均净收益反映的农业经营收益。农地亩均净收益受农业投入成本、农产品销售价格等因素影响。因农户可能同时种植粮食作物和经济作物，本文首先将所有农作物净收益加总得到农户农地经营总净收益，然后将其除以使用的农地面积，得到农户经营农地的亩均净收益。

农户经营的农地面积容易统计，但由于大多数农户在农业生产时不记账，农业投入成本以及各种农产品的总净收益难以准确获知。针对这一难题，在具体测算各类农产品的总净收益时，本文采取了以下方式：①对小麦、玉米、稻谷、大豆四种粮食作物，先用"总产量乘以销售单价再减去物质与服务成本①"的方式分别估算不同粮食的总净收益，再将四类粮食加总得到粮食作物的总净收益。产量和销售价格可以通过询问比较准确地获知，物质与服务成本则参照史清华（2005）、林本喜和邓衡山

---

① 因本文关注的是农业劳动力利用农地产生的收益（损失），故未扣除劳动力和农地投入成本。

（2012）的做法，以《全国农产品成本收益统计资料汇编》中的相应数值进行替代。与理论分析部分一样，本文假定上述四种粮食作物的亩平均成本都为常数。考虑到黄淮海农区上述四种粮食的生产经营模式、农业机械化程度都比较相似，各地同一种农作物的"物质与服务费用"相差不大，而且绝大部分样本农户都是经营土地规模较小且兼业严重的小农户（97.23%的样本农户经营土地规模在 30 亩以下），上述做法比较合理。②蔬菜、瓜果及其他各种经济作物，农业生产中投入成本较大且不同作物、不同农户可能存在很大差别。本文以农户报告的 2017 年各种经济作物销售收入减去成本作为其总净收益，也就是前文的 $(p-c)Q$。

2. 关键解释变量

为了更直观地考察农地资源错配，本文以农户报告的农地经营规模调整意愿来反映农地资源错配。只要有一些农户想减少农地，而同时另一些农户想增加农地，就认为存在农地资源错配。另外，如理论分析指出的亩均净收益受 $(p-c)Q$ 影响那样，农作物种植结构除单独对农地亩均净收益产生影响外，可能还会与农地经营规模调整意愿一起对亩均净收益产生作用。因此，本文把农户的农地经营规模调整意愿和反映农作物种植结构的经济作物种植情况都作为关键解释变量，具体通过询问户主或家里的主事人"在目前（土地租金和务农收益）条件下，其家庭是否想减少或增加农地经营规模"来直接测度。需要说明的是，考虑到中央近年来加快推进进城落户农民的土地承包权有偿退出，此处的想减少或增加农地的方式，不仅包括经营权出租，而且包括承包权转让。

3. 其他解释变量

农地亩均净收益受多种因素的影响。在控制户主或家里主事人的个人特征、土地禀赋情况后，本文借鉴现有文献，将家庭规模、家庭劳动力比例、地权稳定性等作为其他解释变量。另外，考虑到近年来快速发展的农民合作社可能在增加农产品产量、提高销售价格等方面发挥了作用，而且与不在意农地产出、不看重农业收入的深度兼业农户相比，以务农为主、以农为生的专业农户一般更愿意向农地投入，因而可能会有更高的农地亩均净收益，本文将农户是否加入农民合作社、家庭农业收入占比等情况也加以控制。

（三）描述性统计

本章使用的数据仍然来源于 2018 年 1 ~ 3 月黄淮海农区农户问卷调查。为了更准确地分析农地资源错配对亩均净收益的影响，本文首先剔除既不想减少也不想增加农地的和 2017 年没有农业经营收入的样本，然后像上一章一样，借鉴 Deininger et al.（2013）的做法，删除既想流出农地减小规模又想流入农地增加规模①的样本，以及有数据缺失的样本，最终得到 523 个有效样本。其中想减少农地的样本 286 个，想增加农地的样本 237 个。对这些样本进行描述性统计，并根据农户的农地经营规模调整意愿（减少或增加）分组比较，得到表 11 - 1 和表 11 - 2 所示的结果。

表 11 - 1　变量定义与描述统计

变量	说明	均值	标准差
农地亩均净收益	2017 年农地总净收益除以使用的农地面积（元/亩）	728.22	849.96
性别	受访者的性别：女 = 0；男 = 1	0.71	0.45
年龄	受访者报告的年龄（岁）	53.95	10.97
受教育年限	受访者报告的受教育年限（年）	6.83	4.50
健康状况	很健康 = 1；比较健康 = 2；一般 = 3；比较差 = 4；很差 = 5	2.05	1.08
近五年是否有外出务工经历	否 = 0；是 = 1	0.30	0.46
家庭规模	受访者报告的家庭人口数量（人）	5.27	2.23
家庭农业收入占比	农业经营收入占家庭总收入的比重（%）	23.96	43.82
是否加入了农民合作社	否 = 0；是 = 1	0.11	0.31

---

① 一些农户可能想把自家不好耕种、不连片的农地流转出去，而想把好耕种或能让自家农地连片的其他农户的农地流入进来。因此存在既想流出又想流入的农户是合理的。

续表

变量	说明	均值	标准差
家庭劳动力比例	劳动力(16~65岁)与家庭总人数的比例(%)	67.31	24.33
地权稳定性	二轮承包以来是否重新分过承包地:否=0;是=1	0.21	0.41
地块平均面积	2017年经营的农地面积除以地块数(亩/块)	2.95	4.14
是否种植经济作物	家里2017年是否种植果蔬等经济作物:否=0;是=1	0.29	0.46
农地经营规模调整意愿	想减少=0;想增加=1	0.45	0.50
工具变量(IV)	家庭二轮承包的农地面积除以当前家庭人口数	1.45	1.21

表11-2比较了想减少与想增加农地的两类农户的各变量均值差异。具体来看，与想减少农地者相比，想增加农地的农户，其农地亩均收益显著更高。而且，在给定的显著性水平上，想增加农地的农户户主或家里主事人更年轻、健康状况更好，而且家庭规模和地块平均面积更大，加入农民合作社的比例、家庭劳动力的比例和种植经济作物的比例都更高。在其他方面，两类农户的差别不显著。不过，简单的均值比较只是粗略描述了两类农户在农地亩均净收益及其他方面存在的差异，要更准确地考察农地资源错配的收益损失，必须进行更为严谨的计量分析。

表11-2　不同农地经营规模调整意愿农户的各变量均值差异

变量	想减少农地者(n=286)	想增加农地者(n=237)	均值差异
农地亩均净收益	608.12(37.84)	873.14(67.03)	265.022***(73.82)
性别	0.72(0.03)	0.70(0.03)	-0.016(0.04)
年龄	56.27(0.65)	51.15(0.67)	-5.118***(0.94)
受教育年限	6.78(0.21)	6.89(0.36)	0.115(0.40)
健康状况	2.14(0.07)	1.93(0.07)	-0.215**(0.09)
近五年是否有外出务工经历	0.31(0.03)	0.29(0.03)	-0.020(0.40)
家庭规模	5.12(0.13)	5.45(0.15)	0.329*(0.20)

变量	想减少农地者 （n = 286）	想增加农地者 （n = 237）	均值差异
家庭农业收入占比	22.92(1.64)	25.21(3.74)	2.285(3.85)
是否加入了农民合作社	0.08(0.02)	0.14(0.02)	0.067 ** (0.03)
家庭劳动力比例	64.53(1.58)	70.66(1.35)	6.131 *** (2.12)
地权稳定性	0.24(0.03)	0.19(0.03)	− 0.052(0.04)
地块平均面积	2.53(0.20)	3.46(0.32)	0.930 ** (0.36)
是否种植经济作物	0.25(0.03)	0.35(0.03)	0.094 ** (0.04)

注：*** 、** 、* 分别表示在0.01、0.05、0.1的水平上显著，括号内数值为标准误。

三 农地资源错配造成的亩均净收益损失测算

（一）农地亩均净收益的 ESR 估计及*ATE* 分析

表 11 - 3 给出了 ESR 模型对农地经营规模调整意愿以及想减少和想增加农地的两类农户的亩均净收益进行联合估计的结果。Wald 检验在1% 的水平上拒绝了意愿方程和收益方程相互独立的原假设，而且 ρ_0 和 ρ_1 都在 5% 的水平上显著不为零，表明不可观测因素同时影响了农户的农地经营规模调整意愿和亩均净收益。另外，多重共线性检验发现，解释变量的条件数为 27.16，小于 30 这一理想值，表明解释变量之间不存在明显的多重共线性。可见，对样本农户数据采用 ESR 模型估计是合适的。

表 11 - 3 第 2 列农户农地经营规模调整意愿的估计结果表明，在给定的显著性水平上，除户主或家里主事人的性别、年龄、近五年是否有外出务工经历外，农户是否想调整农地经营规模，还受家庭农业收入占比、家庭劳动力比例、地块平均面积和工具变量的显著影响。具体来看，兼业程度越低、劳动力比例越高、地块平均面积越大的农户，越想增加农地。工具变量对农地经营规模调整意愿的影响为负，表明自二轮承包以来，经历

二十余年人口分化后家庭人均农地面积越小，农户越不想增加农地。人均农地面积小，可能会让理性的农户认识到难以"以农为业、力农致富"，因而不想增大农地经营规模。表 11 - 3 最后两列的估计结果表明，对于想减少和想增加农地的两类农户，其农地亩均净收益的影响因素不尽相同。不过家庭农业收入占比、是否种植经济作物对两类农户的亩均净收益都有显著的正向作用。越是专业务农的农户，越看重农业收益因而越愿意增加农地投入，其亩均净收益也就越高。由于经济作物的市场价格高于粮食作物，种植经济作物的农地亩均净收益显然更高。对于想减少农地者，地块平均面积越大，其农地亩均净收益越低；对于想增加农地者，户主的健康状况越差，其农地亩均净收益越少。这表明劳动力投入会影响农业经营收益，而且耕作条件越好，影响越显著。因农业经营是劳动力与农地的结合，上述结论不难理解。

表 11 - 3　农地资源错配对亩均净收益影响的 ESR 估计

变量	农户的农地调整意愿（想减少或想增加）	农地亩均净收益	
		想减少农地者	想增加农地者
性别	0.213 * (0.125)	- 226.475 ** (97.867)	- 18.154 (137.227)
年龄	- 0.027 *** (0.005)	16.888 *** (4.470)	- 4.755 (8.553)
受教育年限	- 0.015 (0.017)	12.835 (11.739)	- 2.835 (7.367)
健康状况	- 0.029 (0.054)	- 23.593 (38.369)	- 104.300 ** (58.913)
近五年是否有外出务工经历	- 0.253 ** (0.120)	132.633 (89.893)	- 122.503 (103.754)
家庭规模	0.034 (0.030)	- 0.253 (26.349)	19.954 (32.219)
家庭农业收入占比	0.002 ** (0.001)	3.523 *** (1.294)	4.286 *** (1.436)
是否加入了农民合作社	0.246 (0.205)	126.251 (164.760)	99.335 (218.267)
家庭劳动力比例	0.007 *** (0.002)	- 1.385 (1.693)	- 3.127 (2.666)
地权稳定性	- 0.224 (0.137)	51.187 (99.759)	18.391 (125.641)
地块平均面积	0.048 ** (0.024)	- 48.463 *** (17.269)	8.815 (18.997)
是否种植经济作物	- 0.150 (0.131)	278.838 *** (103.829)	1038.751 *** (155.741)
工具变量（IV）	- 0.127 *** (0.034)	—	—
常数项	0.847 * (0.445)	- 678.687 * (371.811)	1264.369 *** (453.101)
残差协方差（σ_0）		6.623 *** (0.100)	
残差相关系数（ρ_0）	—	- 2.442 *** (0.266)	

变量	农户的农地调整意愿 （想减少或想增加）	农地亩均净收益	
		想减少农地者	想增加农地者
残差协方差（σ_1）	—	—	6.778 *** （0.130）
残差相关系数（ρ_1）	—	—	−0.457 ** （0.184）
方程独立性 Wald 检验	110.730 ***		
样本量	523		

注：*** 、** 、* 分别表示估计结果在 0.01、0.05、0.1 的水平上显著；括号内数值为稳健标准误；σ 是意愿方程与收益方程残差方差的平方根，ρ 是残差相关系数。

在 ESR 估计的基础上，可以预测样本农户全部都想减少或想增加农地时的亩均净收益，进而测算出农地经营规模调整意愿对亩均净收益的平均处理效应（ATE），得到农地经营规模调整意愿对亩均净收益的总体影响。表 11 - 4 所示的结果表明，想减少与想增加农地的两类农户，其农地亩均净收益分别为 138.07 元和 1085.98 元，农地经营规模调整意愿对农地亩均净收益的 ATE 为 947.91 元，且在 1% 的水平上显著。也就是说，如果让想减少农地者把农地交给想增加经营规模者耕种，每亩地一年的净收益预计可以增加 947.91 元。可见，与前述理论分析结果一致，农地流转意愿会显著影响农户的农地亩均净收益。

表 11 - 4　农地资源错配对亩均净收益影响的平均处理效应

农地亩均 净收益	想减少农地者	想增加农地者	ATE	t 值
	138.072（648.113）	1085.979（604.730）	947.907 *** （628.648）	34.483

注：*** 表示估计结果在 0.01 的水平上显著；括号内数字为标准差。

（二）考虑地区差异和调节效应的稳健性检验

不过，ESR 模型未分类控制地区变量，可能会损害估计结果的精确性。而且，分析农作物种植结构是否与农地经营规模调整意愿共同影响农地亩均净收益，需要将二者的交互项纳入回归方程。因此，本文采取可以分类控制地区变量、能够处理调节效应且消除异方差①的估计方法，对样本数据做进一步分析。表 11-5 所示的结果表明，无论是控制地区变量且同时考虑农地经营规模调整意愿内生性的 TEM 估计，还是控制地区变量且同时考察农作物种植结构调节效应的 WLS 估计，农户的农地经营规模调整意愿对亩均净收益的影响都非常大。从 TEM 的收益方程来看，与想减少农地者相比，想增加农地的农户亩均净收益高 571.11 元；从 WLS 估计来看，与想减少农地者相比，想增加农地的农户亩均净收益高 338.39元，想增加农地且种植了经济作物的农户亩均净收益高 1532.90（ =338.39 + 1194.51）元。上述结果都在 1% 的水平上显著，表明 ESR 模型及 ATE 估计结果具有较好的稳健性。

总之，无论采用何种计量方法，农户的农地经营规模调整意愿都会显著影响亩均净收益，与想减少农地者相比，想增加农地的农户亩均净收益明显更高。如果农户种植了果蔬等经济作物，这种影响将更加突出。

表 11-5 考虑地区差异和经济作物调节效应的 TEM 和 WLS 估计

变量	TEM 回归		WLS 回归
	农户的农地调整意愿	农地亩均净收益	农地亩均净收益
性别	0.227(0.142)	-39.015(84.263)	-8.067(50.085)
年龄	-0.032***(0.006)	-0.858(4.787)	5.114(4.157)
受教育年限	-0.022(0.020)	1.511(7.399)	6.108(7.276)
健康状况	-0.012(0.061)	-32.763(31.696)	-60.219(47.961)
近五年是否有外出务工经历	-0.288**(0.134)	-23.982(66.580)	-21.367(43.358)
家庭规模	0.085***(0.031)	16.554(24.180)	-12.256(26.715)
家庭农业收入占比	0.004**(0.002)	4.045**(1.613)	4.771**(1.952)
是否加入了农民合作社	0.647***(0.217)	171.784(136.772)	170.636***(61.353)
家庭劳动力比例	0.010***(0.003)	-1.175(1.601)	-1.817(2.597)
地权稳定性	-0.326***(0.151)	5.302(90.292)	73.232(133.874)
地块平均面积	0.040(0.033)	-6.067(9.853)	-7.337(12.375)

① 异方差检验在 1% 的水平上拒绝了没有异方差的原假设，表明对数据进行 WLS 估计是合理的。

变量	TEM 回归		WLS 回归
	农户的农地调整意愿	农地亩均净收益	农地亩均净收益
是否种植经济作物	0.207(0.132)	757.623 *** (94.110)	998.353 *** (184.539)
农地调整意愿	—	571.108 *** (175.169)	338.390 *** (121.554)
农地调整意愿 × 是否种植经济作物	—	—	1194.509 *** (398.627)
工具变量（农地调整意愿）	− 0.194 ** (0.077)	—	—
地区(省份)（参照组:江苏）			
山东	0.156(0.245)	− 413.986 *** (146.923)	− 271.441(222.666)
河南	0.283(0.244)	− 358.613 ** (145.941)	− 203.401(145.586)
河北	0.062(0.235)	− 308.969 ** (147.395)	− 235.681 ** (118.423)
安徽	− 0.334(0.303)	− 420.510 *** (138.691)	− 321.930 ** (125.909)
天津	0.075(0.400)	431.674 * (230.325)	484.829 *** (173.601)
常数项	0.505(0.504)	582.170 * (302.216)	406.340(285.170)
F 统计值	—		8.100 ***
R^2	—		0.343
残差协方差(σ)	720.943 *** (67.316)		—
残差相关系数(ρ)	− 0.400 *** (0.130)	—	
方程独立性 Wald 检验	7.550 ***	—	
样本数	523	523	

注：***、**、*分别表示在 0.01、0.05 和 0.1 的水平上显著，括号内数值为稳健标准误；σ 是意愿方程与收益方程残差方差的平方根，ρ 是残差相关系数。

四　进一步讨论：农地资源错配成因、影响及其应对

上述计量结果表明，与想减少农地的农户相比，想增加农地的农户的亩均净收益明显更高，农地资源错配会显著降低农地亩均净收益。如果样本农户都能把农地经营规模调整到理想规模，则预期的农地亩均净收益将提高 947.91 元。即便不进行作物结构调整（一般农户会根据收益情况调整农作物结构），与想减少农地者相比，想增加农地规模者亩均净收益也高 571.11 元。可见，当前的农地流转未能充分满足农户的农地经营规模调整

需求，一些农户想减少或增加农地经营规模而未能实现，形成了农地资源错配进而造成严重的农业收益损失。

（一）农地资源错配的成因：制度安排与自然因素

不同类型农户的差别化土地需求得不到满足，只是造成农地错配的一个原因。此外，制度安排、自然因素也都会造成或者加剧农地资源错配。

首先，制度安排限制了农地充分流转。农户的差别化土地需求为农地流转提供了动力，但是农地流转平台缺乏、农地抵押市场缺失，导致农地难以充分流转。加上当初承包时为了减少矛盾，大部分村组集体都采取了"肥瘦搭配"的做法，导致一户的承包地分散在不同的地块上，耕地细碎化严重，而农业规模经营一般需要集中连片。在村组集体虚化、弱化的背景下，众多异质性小农户很难达成一致行动，导致不能集中连片从而阻滞农地流转。此外，有些发展现代农业的规模经营主体，一般需要更为长期稳定的农地使用权，目前禁止土地承包权转让，实际上抑制了这类农户获得更多土地的积极性。

其次，自然因素加剧了农地流转困难与供求错配。农地不是均质的，各地的耕地质量存在明显差别。即使在同一社区内部，也可能存在多种土壤类型。因此农户的供需可能难以匹配，进而影响农地流转，造成农地资源错配。比如一些专业农户需要沙质土壤种植山药、花生等作物，但是可能因其所在地区只有黏质土壤耕地而未能获得理想的农地经营规模，与此同时一些离农或兼业农户也就无法把自家的黏质土承包地流转出去。

（二）农地资源错配何以造成收益损失：农民、农地和农作物

为什么农地资源错配会造成如此明显的收益损失？其中的原因，可以从农民、农地和农作物三个方面寻找。

农民方面，随着家庭劳动力向非农领域转移，一些兼业和离农小农户想减小经营规模而不得，只得懒散经营，这无疑会降低农地产出，造成收

益损失。当前越来越多的常年或季节性土地撂荒现象，可以视作懒散经营的极端情况。同时，一些不能外出务工的农户，想多种地且能种好地，但他们不能获得理想规模的农地供其经营，也会造成亩均收益损失。高效率的务农者和低效率务农者的边际产出不能拉平，直接影响了农地产出的提高，造成收益损失。

农地方面，与绝大部分家庭收入都来自非农领域、不在意农地产出的想减小农地经营规模的兼业或离农农户相比，[①] 想扩大农地经营规模的农户，会更愿意向农业投资、更积极地改善地力，进而提高农地产出率。姚洋（2000）对此有详细论述。此外，在一定范围内，农地经营还存在规模经济。比如，较大的农地经营规模可能会有更低的农资、农机作用采购成本和更高的农产品销售价格，因而亩均净收益更高。

农作物方面，农业劳动力非农转移的一个直接后果，就是兼业农户不再像传统农户那样种植多种农作物，而是改为种植虽然价值更低但是便于农机作业的粮食作物。然而，对于"以农为业、力农致富"的专业农户，为了追求更高务农收益，他们愿意种植市场价值高但费时费力的农作物，并会根据市场情况积极调整种植结构。本文的计量分析表明，与想减小经营规模（因而改变农作物种植结构）的农户相比，想扩大经营规模者更愿意改变农作物种植结构，进而让农地亩均净收益提高 376.80 （＝947.91 – 571.11）元。

（三）农地资源错配的应对：以退出促进优化配置

在农村人口持续向城镇非农领域转移的大背景下，为了提高农业效率、实现"人尽其才、地尽其利"，必须消除农地经营规模难以调整形成的农地资源错配问题，加快推动农地资源在农业劳动力中的再配置。

总体来看，消除农地资源错配、支持引导一部分不想种地的深度兼业

---

① 据农业农村部全国农村固定观察点的数据，2016 年非农收入占比超过八成的农户比例高达 64.0%，比 2003 年提高 30.7 个百分点。

尤其是"离农、进城"农户将农地使用权转移给其他想种地的农户，需要做好以下三方面的工作：首先，深化农村土地制度改革，赋予农民包括承包权退出、转让在内的更多土地财产权利，打破农地经营权流转的制度约束，消除农地承包权自愿有偿退出、转让的法律障碍，切实提高农村土地的可交易性；其次，建立健全农地流转和农村产权交易市场，参照天津、枣庄等地的成功做法，将农村产权交易中介平台下沉至乡镇甚至行政村，充分发挥市场机制在农地资源配置中的关键性作用；最后，针对农地流转市场配置失灵的问题，做好财政、金融及其他配套改革，推动农地整理整治，加快探索农地资源行政性再配置，让政府在人地资源优化配置中发挥更多作用。

机制探索篇

第十二章

农村承包地退出的实现机制：
重庆梁平、四川崇州的经验

进城落户农民已经离开农业农村，有退出农村土地的政策需要。现代农业发展也需要一些农户退出土地，以便让剩余的农业从业者获得更多土地，扩大经营规模。2014 年 11 月，原农业部、中央农办、中央组织部等13 个部门联合决定，将农村土地承包经营权退出作为 14 个试验项目之一，选定重庆梁平县（现梁平区）、四川成都市等地试点土地承包经营权退出工作。2016 年 9 月，原农业部、中央农办、中央组织部等部门又决定增加内蒙古阿荣旗、山东青岛市黄岛区等 9 个土地承包经营权退出试点。农村承包地退出的试点范围逐步扩大，实现机制也各有不同。为了更详细地考察农村承包地退出的背景、具体做法及其效果，本章以其中比较具有代表性的重庆梁平、四川崇州（隶属成都市）作为典型案例进行分析。

一　梁平农村承包地退出：农民自发与政府主导

作为全国最先探索农村承包地退出的改革试点之一，梁平农村承包地退出有农民自发退出、政府主导退出两种模式，并具体包括"整户退出、集中使用"和"部分退出、进退联动"两种机制，而且还出现了政策启示性较强的，为突破"土地承包经营权转让严格限制在集体经济组织成员内部"这一规定、获得更有保障的土地使用权而进行的"农村到农村"户籍迁移。

（一）梁平承包地退出的现实背景

梁平县（已于 2017 年 1 月正式撤县设区）地处重庆直辖市东北部，地貌以山区为主，并有少量平坝，素有"三山六水、两槽一坝"之说。梁平的农业资源条件较好，不仅是全国粮食生产先进县和全国农业机械化示范区，还是国家可持续发展试验区和国家生态文明先行示范区。全县农户承包耕地面积为 97.3 万亩。近年来，当地有大量农业劳动力为了追求更高收入向城镇非农领域转移。2017 年底，全县有 72 万农业人口，有近半数常年外出务工、经商。

随着大量农业人口向城镇非农领域迁移，梁平承包地流转的面积持续增加，在政府的引导支持下，专业大户、家庭农场等新型农业经营主体也开始增多，农业经营规模亦有显著扩大。至 2016 年 6 月底，全县农户承包耕地流转总面积为 49.3 万亩，占全县农户承包耕地面积的 50.7%，高出全国比例约 15 个百分点。土地流转支持了农业规模经营和新型农业经营主体的发展。至 2017 年 8 月，梁平农业规模经营面积达 39.6 万亩，有家庭农场 655 家、农民合作社 942 家、农业龙头企业 146 家，为当地现代农业发展奠定了基础。

但是近年来，农业经营的整体效益因农产品价格"天花板效应"和农业生产成本尤其是劳动力成本上升而普遍下滑。与全国其他地区以土地经营权租赁推动农业转型发展相似，梁平的现代农业发展也面临一些新问题、新挑战。

一是规模经营受阻。因为各类农产品价格稳中走低，而土地租金、劳动力等农业生产成本却节节攀升——据梁平农委农经站提供的数据，该地区 2013～2016 年承包地平均流转价格分别为每亩 680 元、700 元、710 元和 720 元。农业规模经营主体的盈利空间被不断压缩。农业规模经营主体因经营亏损而被迫"跑路"的事件也一再发生。① 由于愿意租赁土地、从

---

① 2014 年 10 月，在梁平县仁贤镇租地 500 亩（每亩租金 700 斤稻谷，折合人民币约 840 元）的重庆市良品良造农业开发公司负责人"跑路"；2016 年 9 月，梁平县礼让镇以 600 斤稻谷每亩的价格（折合人民币约 720 元）流转 1000 余亩土地的种植大户黄仁军，拖欠两年流转费后"跑路"。

事农业规模经营的人明显变少，再加上越来越多的农业人口向城镇迁移，当地抛荒的耕地逐渐增多。

二是农业投资受限。与传统农业不同，现代农业一般是资本密集型。发展优质高效的现代农业，需要较多的投资。已经离开农业农村、收入主要来自非农领域的兼业农户或离农农户，不从事农业生产、不关心土地产出，显然不会向农业投资。农业投资回收周期长、见效慢。如果是租赁土地，规模经营主体即便有意愿、有能力向农业投资，比如进行土地整治、改善农业生产的基础条件，也会担心农民中途恶意涨租甚至撕毁合同收回土地，造成投资"打水漂"而不敢投资。流转双方互不信任，导致承包地流转合同的短期化和流入土地的规模经营主体不愿或不敢向农业投资。

基于上述问题，梁平想进一步推动农业规模经营和现代农业发展，需要在土地经营权流转之外，探索一条优化农村土地资源配置的新路径。

（二）梁平承包地退出的两种模式

如何解决上述难题，让从事现代农业者获得稳定、有保障的土地使用权？自 2014 年起，梁平农民和政府在法律法规和政策允许的框架内，进行了多种积极尝试。其做法主要可以分为农民自发型和政府主导型两类。

1. 农民自发的承包地退出

2014 年 3 月，梁平县蟠龙镇义和村一组一些农民，在现有法律框架内，给出了颇具政策启迪性的答案。

一位叫首小江的农业经营大户想在梁平义和村一处有山泉的荒地建养鱼场，预计将投资几百万元。这 15 亩荒地原本由义和村一组的 20 户农户承包，因土地质量差、务农收益低，近年来随着农业人口向城镇迁移而被抛荒。考虑到项目投资大、回报周期长，该农业经营大户需要长期稳定且有保障的土地使用权，才能打消投资顾虑。

集体、有关承包户和首小江商议后决定：①有关农户将该地块承包权退给集体，每亩获得 3 万元退出补偿；②首小江向集体缴纳每亩 3.45 万元的承包费，以《农村土地承包法》第四十四、四十五条规定的"其他方式承包"该地块 50 年；③首小江把户口从本县金带镇仁和村迁至义和村一组，经成员代表大会民主表决后成为本集体成员。上述承包经营权"进退联动"的方式实现了三方共赢（刘同山、孔祥智，2016）：农户拿到每亩 3 万元的退地补偿，撂荒的土地"变废为宝"；集体经济组织获得了每亩 0.45 万元的管理收益；首小江作为义和村一组的成员，① 获得了 15 亩土地的承包经营权，且受法律政策保护。2015 年，政府部门为首小江发放了农村土地承包经营权证。

2. 政府主导的承包地退出

在 2014 年底成为全国农村改革试验区，负责开展土地承包经营权退出试点工作后，梁平结合义和村农民自发退出承包地的做法，于 2015 年初制定了《农村土地承包经营权退出试点实施办法（试行）》，选定礼让镇川西村、屏锦镇万年村为承包地退出试点村，开展试点工作。基于退出和承接利用"供需联动"的思路，梁平制定了两种各具特色、互为补充的承包地退出机制。

一是"整户退出、集中使用"。川西村的农村承包地退出主要采取了这种机制。在这种机制下，要求申请退出承包地的农民，必须以户为单位，放弃本户承包的所有土地承包经营权。农户在获得所在集体经济组织支付的退地补偿后，与自家原本承包的土地彻底分离。集体拿到农户零星退回的承包地后，按照"面积不减少、质量不变差、额外给补贴"的原则，在本集体内对地块进行调整，以实现退出土地的集中和连片经营，或者与周边未退出的承包地一起以"确权、确股、不确地"的方式实现土地集中连片，经土地整治后，在本集体经济组织成员内部重新发包或统一对外出租给规模经营主体使用。

这种机制以城镇化进程中农民的离农、退地需求为导向，既能推动农村土地的优化利用，又能促使农村人口更稳、更快地向城镇转移。

---

① 按照约定，首小江作为义和村一组的集体经济组织成员，获得的是不完整的集体经济组织成员的身份：只拥有集体土地承包经营权，而不像其他义和村一组的居民一样，享有选举、集体收益分配等政治和社会权利。

二是"部分退出、进退联动"。万年村的农村承包地退出以这种机制为主。在这种机制下，一般是需要用地的新型农业经营主体，就某村某一地块向土地所属的集体经济组织提出使用申请，经集体与承包该地块的农户协商并取得后者同意后，再由用地主体、村集体经济组织、承包农户三方议定承包地退出补偿、用地主体的土地使用费用以及各方的权利、义务等。有关农户获得承包地退出补偿后，将该地块的土地承包经营权交回所在集体经济组织；用地主体向集体支付租金或以其他方式承包的承包费用后，按照约定获得该地块的使用权。

与直接从农户手中租入土地经营权的稳定性较弱不同，承包地退出后实现的土地使用权出租，是经营主体直接与作为土地所有者的集体经济组织签署租赁协议，只是用地主体与集体经济组织两方的契约，背后没有承包户，因此有承包经营权一体化转让的特点，契约的实施更有保障，可以提高农业规模经营的稳定性，让经营主体放心向农业投资。与此同时，有兴趣从事规模经营的本集体经济组织成员，也可以在一次性缴纳承包费后，以承包的方式获得该地块完整的土地承包经营权（而不像租赁一样只能获得土地经营权）。

（三）梁平承包地退出的几点经验

梁平以发展现代农业为出发点，尊重农民意愿，提出多种承包地退出模式，积极推动相关改革，取得了较好的效果。至 2016 年 8 月底，距政府主导的承包地退出试点工作正式启动不到两个月，梁平已有 101 户农户自愿有偿退出了 297.47 亩承包地。加上义和村农民自发退出的 15 亩承包地，全县承包地退出面积超过 300 亩。概括来看，梁平承包地退出有以下几点经验。

1. 顺应农民需求，实现承包地退出

无论是退地农户获得较多补偿的自发实施型承包地退出（义和村承包地退出每亩补偿 3 万元），还是每亩地退出补偿 1.4 万元的政府主导型承包地退出，农民参与的积极性都很高。这表明相当多农民尤其是进城落户农民确实有承包地退出意愿和需求。

以承包地退出试点川西村为例，该村在政府主导下，按照"整户退出、集中使用"机制开展承包地退出。该村九组 70 余户农户中，21 户进城落户农户自愿申请退出承包地，其中 15 户符合条件得以顺利退出。以该村村民吴建平为例，他购买了 300 平方米门市房，在镇上做家具销售的生意，家人已经有 12 年没种过地，自家的 4.56 亩承包地原本是交给他人免费耕种，得知村里要承包地退出后，他第一个赶回村里申请。同村 45 岁的王元伟算了一笔账：如果将自己多年不种的 7.17 亩承包地租出去，一年都拿不到 5000 元，还比不上自己在外做木工半个月的收入，而且能不能拿到租金有时候也说不准；[①] 把承包地退了就可以一次性拿到 10 万元的退地补偿，如果拿这笔钱买年利率 6% 的理财产品，一年利息就能赚 6000 元。王元伟说："我现在做木工一个月就有一万多块钱的收入。我不会种地了，也不愿种地了，一次性退出更合适"（李松，2016）。

除整户退出外，农民对某一具体地块退出的积极性也很高。在梁平的承包地部分退出试点万年村，某新型农业经营主体想在当地种植水果、蔬菜，并配套发展乡村旅游，需要长期租赁该村四组面积为 19.7 亩的一整块地。共有 29 户农户涉及该地块，他们全部同意以每亩 1.4 万元的价格将承包地退还给集体，然后集体将该地块的使用权出租给承接方，期限为 30 年。另外，由于承包地有偿退出的机会难得，尽管万年村原本只是承包地部分退出改革试点，但该村有不少农户特别申请像川西村那样整户退出，最终两户农民成功退出了全部承包地。

借助当地政府提供的周转金，川西村在统一对外发包或出租土地之前，先"赎回"了农户的承包经营权。与川西村不同的是，由于该新型农业经营主体一次性支付给万年村 30 年的租金，万年村不需要政府的周转金，就可以给 29 户退地农户支付退地补偿。需要说明的是，为了提高

---

① 2014 年初，王元伟将家里的承包地以每亩 700 元的价格租给大户种藕，后来莲藕价格暴跌，2015 年的租金到了 2016 年 8 月仍有一半没付清。

农户承包地退出积极性，承接万年村四组 19.7 亩承包地的新型农业经营主体，除支付议定费用外，还主动给予带头退出承包地的农户每亩地 2000 元奖励。

2. 设定前置条件，消除退地风险

针对让农民退出全部承包地可能会引发社会问题的担忧，梁平除了缩小试点范围、控制退出规模外，还对退出所有承包地即整户退出，设置了严格的前置条件，只让有能力、有意愿的农户退出承包地，来消除退出全部承包地后成为"流民"的风险。具体来看，申请退出所有承包地的农户，至少应满足三个条件：一是家庭劳动力有稳定的非农业职业和收入；二是户主在村外有稳定住所，或其子女在城镇购置了住房且家庭关系和睦；三是家庭主要劳动力参加城镇职工养老保险。

符合上述条件的农户，除了尚保留一份承包地看上去像农民外，实际上已经完成了从农村居民向城市居民的转变。家庭劳动力有稳定的非农职业和收入，长期定居城镇，其工作和生活已经脱离了农业农村。而且参加城镇职工养老保险，退休后可以领取一份城市居民养老金，比农村承包地提供的保障层次更高。让这类农户自愿有偿退出承包地，比让城市居民卖房的风险小得多。比如，川西村 60 岁的冯辉路，40 岁后就没种过地，一直在外打工，两个儿子一个在厦门开公司、一个在广东中山上班，他和老伴年纪再大些就随儿子们生活。听说村里开展承包地退出试点后，冯辉路专程赶回来，退出了所有承包地，拿到 9 万元的退地补偿，他家很乐意。让这样的农户退出全部承包地，没有什么风险。

3. 兼顾多方利益，确定退地补偿标准

承包地之所以有价值，或者说退出承包地需要给予补偿，归根结底是承包地能够用于农业生产。承包地退出的补偿，最根本的来源应当是来自承包地使用收益。因此，确定承包地退出的补偿标准，关系到退地农户、村集体经济组织、退出后的用地主体、地方政府等多方面的利益。梁平按照"合法、合理、可操作"的原则，对承包地退出补偿标准做了三点规定：一是由本集体经济组织与自愿申请退出承包地的农户协商后，经本集体经济组织成员会议民主讨论确定；二是应考虑不同土地质量、不同地理区位，结合土地二轮承包期剩余年限①和本集体周边土地经营权租金，适当考虑二轮承包到期后继续延包及土地承包关系"长久不变"的因素；三是为了避免农户互相攀比，导致以后政府征地的难度增加，各村集体经济组织议定的承包地退出补偿标准，原则上不得超过试点期间当地 1.4 万元每亩的国家征地补偿标准。

4. 结合现实情况，政府安排退出资金

既然是承包地退出，那么理论上讲，农户只能将承包地退给作为发包方和所有者的集体经济组织，由集体经济组织给予一定的退出补偿。但是，由于村集体经济组织虚化、弱化严重——2018 年全国 63.64% 村集体经济组织的经营收入在 5 万元以下，② 大部分村、组集体无力支付承包地退出补偿。而且，村集体经济组织作为农村土地的所有者，最不缺的就是土地，一般没有动力花费一笔资金，收回农户的承包地。当然，集体经济组织可以让有意向承接或使用农户退出承包地的用地主体（比如去义和村建养鱼场的首小江）支付承包地退出补偿。不过，一般而言，农业经营主体的资金也不宽裕。如果退出的承包地规模较大，用地主体难以一次性支付整个合同期内的土地使用费用。

考虑到上述实际情况，为了让承包地退出工作顺利推进，梁平 2016 年 7 月制定了《农村土地承包经营权退出周转金管理办法（试行）》，为承包地退出试点安排了 160 万元周转资金。该办法规定，开展承包地退出试点时，若村集体经济组织不能一次性付清退出协议约定的款项，则农户承包地退出补偿款由周转金管理单位（试点所在乡镇）先行垫付，并通过银行转账的方式将补偿款直接支付给退出承包地的农户。退出承包地所在的集体经济组织，日后用退出承包地出租、发包收益，偿还承包地退出试点时政府利用周转资金垫付的补偿资金。

---

① 当地二轮承包 2027 年到期。

② 农业农村部农村合作经济指导司、农业农村部政策与改革司编《中国农村经营管理统计年报（2018）》，中国农业出版社，2019。

二　崇州农村承包地退出：事实退地与后续利用

与重庆梁平的承包地退出既是产权退出又是事实退出不同，崇州市农村承包地退出是典型的事实退出，农户只是把土地入股到合作社却并没有放弃土地承包权。全国各地土地入股的案例很多，我们自 2013 年以来一直跟踪研究的黑龙江克山县仁发农机合作社就是其中一个典型，其中大部分土地股份合作社主要基于土地经营权流转，无论是名义上还是事实上，农户入社、退社都非常自由。与一般的土地入股相比，崇州市"农业共营制"下的土地入股有两点突出不同：一是政府对入股后集中连片的土地进行了整治，高标准完善了农田基础设施；二是社会各界对入股后的土地做了大量投资，建了工厂化育秧中心、农业服务超市等配套服务设施。由于政府和社会主体投入了大量资金且土地利用状况改变，"农业共营制"明显比小农户分散经营更能代表农业发展的方向，崇州市这种土地整治后的土地入股，一旦实现就难以回到原本一家一户分散经营的低水平均衡状态。再加上崇州距离成都近、农民外出务工比例高，大部分农民不愿意种地，才会催生政府主导下的"农业共营制"。土地入股无须种地，每亩收益却不比自家种地少。理性的、正在向城镇迁移的农民群体，不会想改变这种土地集中连片经营的状态。个别农户如果无理要求"退股、散伙"会面临来自熟人社区的舆论压力。个别入股的农户如果真需要种地、想种地，他可以像张一丁一样成为农业职业经理人，而不必要求打破"农业共营制"，分田单干。总之，从农民与土地、农业的关系看，崇州"农业共营制"之下土地入股，是一种事实上的承包地退出。

除了是事实上的承包地退出之外，之所以选择崇州市"农业共营制"这个案例，还有另外三点考虑：一是崇州距离成都这个大都市近且农村劳动力外出务工就业的比例高，有助于理解城镇化进程中农民与农村土地的关系；二是崇州的"农业共营制"成功回答了农民进城后"谁来种地""怎么种地"的问题；三是崇州政府部门联合相关社会主体，并注重激发各社会主体参与现代农业积极性的做法，从农民到农业、从使用到管理，给人们提供了一个农村承包地优化利用的整体思路。

（一）崇州"农业共营制"缘起

崇州是成都市代管的四川省辖县级市，距离成都市 1 个小时车程。崇州市地处成都平原西部，平坝面积占到 52.9%，是成都市的农业大县和粮食主产区，被誉为"西蜀粮仓"。2017 年底，全市有农业人口 46.2 万人，占全市总人口的 68.96%。因距离成都很近，大量崇州农民在成都就业。进入 21 世纪后，崇州市农业发展面临严峻挑战：一方面，由于农村人均耕地少且严重细碎化，绝大部分农户兼业经营，农业基础设施建设滞后，现代农业发展动力不强、支撑不足；另一方面，农村外出务工人员持续增加，2012 年崇州市外出务工的农村劳动力比例已经高达 73.4%（谢琳等，2014），从事农业的大多是 60 岁以上的"高龄农民"，大多数年轻农民不愿种地也不会种地，农业"谁来经营""如何经营"等问题日益突出（课题组，2016）。针对上述问题，近年来，崇州市大力支持专业大户、农业企业租赁农户土地从事规模经营。

不过由于农业经营收益低、风险高，很多租地经营的专业大户、农业企业并没有赚到钱。与重庆梁平一样，崇州市也出现了农业企业中途弃租、拖欠租金等现象。例如，2009 年，成都市鹰马龙罐头食品有限公司因无力支付地租，中途毁约退租该市桤泉镇 3000 余亩耕地。农业企业种赔钱、农户种也不赚钱。自家耕种承包地，需要出工、出力不说，一年净赚的钱还不如出租拿到的租金多，理性的农户不想再种地。当初政府为了让该公司集中连片流转土地，做了大量工作。农民认为"当初就是听了政府的话，才愿意签订土地流转协议的"，现在企业中途毁约、"跑路"，政府必须给个说法。为了避免造成群体事件，必须找到能种地、能向农户付租金的务农者。基于这样的压力，2010 年起，崇州市开始以"农业共营制"之名，多措并举，创新农村承包地经营体制机制。

"农业共营制"是指为了解决农业不赚钱、农民不想种地的问题，集体在政府支持引导下，借助土地股份合作社的形式，将农民承包地集中连片和整治后，交给农业职业经理人耕种的一种合作共营的土地利用和农业发展方式。

（二）崇州"农业共营制"运行机制

1. 不愿种地的农户离开农业、释放土地

针对很多农户不想种地的情况，崇州政府有关部门引导农户组建土地股份合作社，然后引导合作社的土地交由农业职业经理人经营。农户根据入股的耕地面积、耕地质量，获得收益。2017 年 6 月我们在崇州调查时，据崇州市农业部门介绍，80% 合作社与成员、农业职业经理人约定采取"保底收益＋二次分红"的利益分配模式。比如，集贤乡涌泉土地股份合作社，每年向入股土地支付 720 元每亩的保底收益，扣除成本（土地承包、农资农机成本等）后的合作社盈余，50% 作为农业职业经理人的佣金，30% 用于入股成员的二次分红，20% 留作合作社的公积金、风险金等。也有合作社采取了"按约定向农业职业经理人支付佣金＋设定目标产量后超奖少罚"的方式。

尽管当地大部分农户都不想种地，但也有少数农户因各种原因不愿意离开农业。比如隆兴镇丰乐村 80% 左右的劳动力都外出务工，全村大部分农民都不想种地，60 余户中只有 7～8 户没有把承包地交给合作社。为了在尊重农民意愿的同时，实现分散承包土地的集中连片，对于仍想自己种地的农户，村集体协调将其承包地调串至集中连片的边缘。

我们对丰乐村的一个未加入土地股份合作社的农户进行了深度访谈，询问其详细的成本收益情况，特报告如下以加深对农业经营现状的了解。

郑宝强[1]，44 岁，除媳妇和 19 岁的儿子外，家里还有一位 70 岁的老人。郑本人在本村附近包括合作社打零工，每年能工作 7 个月左

---

[1]　根据社会调查传统，此处隐去受访者真实姓名，以化名代替；余同。

右，平均收入大概是 3200 元每月。媳妇常年在市里打工，工资 2000 元每月，住在家里。儿子初中毕业后在外打工，挣的钱勉强够他自己花。家里共承包了 2.5 亩地，分成了四块，稻麦轮作。水稻从种到收，2.5 亩地总成本为 1420 元，包括雇农机具整地、收获各 300 元，买种子 400 元（自己家吃，买的好种子），肥料 300 元，农药 120 元，自己育秧、插秧、打药的人工费用不计；稻谷总产量 3000 斤，每斤的市场价格为 1.3 元。扣除 1420 元生产成本，不算人工，2.5 亩水稻种植收入为 2480 元。由于小麦亩产只有 450 斤，每斤市场价格 1.1 元左右，收益与成本大致相抵，所以 2016 年其农业经营总收入是 2480 元，占家庭总收入的比例不足 5%。

当问及为什么不把土地入股到合作社时，他说，"交给合作社不如自己种合适。入社每亩地一年给 600～700 元，自己种能收 1000 元。而且，地交给合作社后，全家都要吃'商品粮'，大米要 3 元一斤，自己家的稻谷加工成米每斤成本也就 1.5 元左右，便宜还好吃。"当被问到是否愿意多种一些地时，郑回答说，"肯定不想多种，种地一年的收入，还不如打工一个月的工资"。对于"小麦没收益，为什么还要种"？他说，"不能撂荒啊，要不会被别人说"。当问到他儿子以后会不会种地时，他说："肯定不会，他从来不下地"。

2. 农业职业经理人负责专职种地

不愿种地的农民将土地交给合作社后，合作社招募农业职业经理人来具体负责农业生产管理。土地较多的合作社，可能会聘用多个农业职业经理人，每个农业职业经理人负责 300～500 亩。如隆兴镇青桥土地股份合作社，把 1636 亩耕地交给 4 个农业职业经理人分片负责。

显然，作为一种新型职业农民，农业职业经理人在"农业共营制"中处于核心地位，直接影响农作物产量、成本与收益。在培育和管理农业职业经理人方面，崇州探索了一套比较有效的做法。一是建立了初、中、高"三级贯通"农业职业经理人等级评定制度，依据经营规模、成本收益等，颁发相应等级农业职业经理人证书；二是在本级财政预算设立了农业职业经理人专项培训经费，在粮食规模种植补贴、城镇职工养老保险补贴、信用贷款贴息扶持、经营权抵押贷款补贴等方面加大扶持力度。例如，农业职业经理人缴纳城镇职工养老保险可以获得60%财政补贴；中级以上农业职业经理人享受的规模种粮补贴提高10%；初级、中级、高级农业职业经理人分别获得10万元、20万元、30万元信用贷款额度，并享受银行同期贷款基准利率50%的贴息（课题组，2016）。

由于每个农业职业经理人经营土地面积都在300～500亩，是当地普通农户的100余倍，掌握其农业经营状况，对于全面认识农业农村转型和新型职业农民培育，无疑有重要价值。我们对隆兴镇青桥村土地股份合作社的一位农业职业经理人做了访谈。

张一丁，50岁，除本人外，家里还有妻子、儿子、儿媳和孙女。家里承包了3亩地，7块，2012年，全部入股合作社。2012年之前，张曾长期在外地打工，后来又在崇州开出租车。受政策吸引，2016年成为农业职业经理人，和妻子一起管理350亩地。农忙时儿子也会帮忙。由于合作社的土地集中连片，而且有农业综合服务平台为张一丁提供服务，不算人工成本，他每亩生产成本为750元，远低于普通农户郑宝强的1420元；每亩稻谷产量1300斤左右，市场价格1.2元每斤，每亩销售收入为1560元。扣除成本，水稻每亩地纯收入为810元。小麦每亩生产成本为350元，每亩产量550斤——比普通农户高100斤，市场价格1.1元每斤，每亩销售收入为605元，小麦每亩纯收入为255元。扣掉入股土地620元/亩的保底收益，稻谷小麦轮作，350亩地一年总收入15.6万元。

如果将这些收益在张一丁、合作社、入股土地之间按照5:3:2的比例二次分配的话，张一丁夫妻二人，专职务农的年收入约为7.8万元。这一收入接近外出务工挣的收入，且不用背井离乡，五口之家其乐融融，参加城镇居民职工养老保险还可以获得补贴，显然对不少农民有一定的吸引力。

3. 其他相关方协助"农业共营制"发展

作为"以一当百"的新型职业农民，农业职业经理人直接决定了"农业共营制"或者说崇州现代农业发展的成败。近年来，崇州市大力创新、多措并举，与有关机构携手打造了主要为农业职业经理人服务的农业服务综合平台。

一是依托农业科技推广团队和"专家大院"，对农业职业经理人进行有针对性的培训。一方面，聘请高校和科研机构的专家学者，以及遴选市、乡农技人员，组建"专家大院"，形成专家学者、农技推广人员相互支撑的培训团队；另一方面，改变传统的单一技术培训的方式，组建了专门的培训教师团队，优化相关培训资源，培育生产、加工、销售复合型的农业职业经理人。为了改善培训效果，崇州市还建立了农业培训的导师制度——县、乡农技专家组建指导组，分片区对农业职业经理人一对一"保姆式"教学指导和跟踪服务。

二是搭建为农服务综合平台，保障农业职业经理人的投入质优价廉。崇州市大力整合农业公益性服务资源，引导供销合作社、农业企业等各类主体，组建了三家农业综合服务公司，借助平台统一议价的优势，筛选产品质量好、服务能力强、服务价格优的经营性服务主体作为合作伙伴，并对其提供的服务内容、服务质量进行全程监督和纠正、反馈，确保服务质量"不走样"。至2017年6月，三家农业综合服务公司整合农机合作社22个，拥有大中型农机具320套；整合农资供应商22家，每年可提供肥料8000余吨、种子100余吨；整合植保合作社17个，拥有植保机械700余台（套）；整合专业育秧公司、育秧合作社，建成工厂化育秧中心2个、水稻集中育秧基地25个，年供秧能力达10万余亩。

三是设立了"农业服务超市"，以优化价格为农业职业经理人提供农业技术咨询、农机作业、农资配送、专业育秧、病虫统治、田间运输、粮食代烘代储、粮食银行等服务。至2017年6月，崇州市三家农业综合服务公司，已经按片区在集贤、梽泉、隆兴等基层农业综合服务站设立了10个"农业服务超市"，服务全市25个乡镇231个行政村，服务面积达20余万亩。政府农业部门和基层农业综合服务站对"农业服务超市"销售的农资、提供的服务实行登记备案制度，从源头上确保农业投入品的质量安全。

（三）崇州承包地优化配置的主要成效

崇州市在农民"离农、进城"的大背景下，借助"农业共营制"这种形式，加快了农业劳动力（农业职业经理人 + 普通农户）与农村土地的优化配置，不仅很好地回答了"谁来种地""如何种地"的问题，而且推动了当地农业的转型发展，提升了农业发展质量和经营效益。

一是提高了农业经营规模，新型职业农民成为当地农业生产的主力军。至2017年6月底，崇州市建成226个土地股份合作社，入社农户达9.2万户，农户入社的承包地面积达31.6万亩，超过全市耕地总面积的60%；培育农业职业经理人1887人，其中在土地股份合作社、家庭农场等新型经营主体上岗的农业职业经理人超过800人。平均每个农业职业经理人经营土地面积400亩左右，年收入近10万元。这些人无疑是"以农为业、力农致富"的新型职业农民。

二是降低了农业生产成本，提高了农业生产的技术含量和投入品质量。崇州市通过联合与合作，整合各类为农服务资源，组建与为农服务综合平台配套的"农业服务超市"，统一为区域农户采购农资、农业机械服务等，降低了农业生产成本。以种植水稻整地为例，普通农户由于土地细碎，每亩地农机作业服务花费超过100元（农户郑宝强每亩地为120元），而农业职业经理人每亩地只需60元左右。如果考虑种子、化肥、农药等，农业职业经理人在"农业服务超市"享受订单服务，与普通农户相比，一亩地每年节约的成本超过150元。

三是提高了农产品单位产量。崇州市农业职业经理人在农业综合服务平台的支撑带动下，应用农业科技成果、科学种田，在降低成本的同时实现了产量的大幅提升。2016 年，以"农业共营制"利用的土地，水稻平均亩产达 1300 斤，比本省、本市普通农户分散经营亩产高 70 余斤；小麦亩产比普通农户分散种植高 150 斤。

此外，农业经营规模的扩大和职业农民队伍的形成，加快了区域高标准农田建设、农业科技创新应用和现代农业发展。近年来，崇州市借助规模经营，加快搭建了农业科技"产、学、研、用"链条，并实施"百千万丰产示范"建设，使测土配方施肥、水稻机插秧、绿色防控等节本增效技术在 20 余万亩土地上得到应用。

三　农村承包地退出面临的主要问题

从各地的情况看，当前农村承包地退出改革面临一些问题，主要集中在对农村承包地退出的思想认识、退出的实施方式以及土地的后续利用等三个方面。

（一）谁要退地、为何退地的认识问题

部分进城农民退出农村承包地是城镇化进程中部分农户离开农村、迁入城市的必然要求。从大的方面看，中国的农地资源高度紧张，为了提高农地利用效率，在农业劳动人口流向城镇非农领域后，应当对农地资源进行重新配置。而且，一些进城落户农民本身也想要处置农村土地及其他资源资产，以实现从农民向市民身份的彻底转化。从小的方面看，各地开展农村承包地退出试点，是在法律政策授权的范围内充分创新尝试，为其他地方乃至全国提供了先行先试的宝贵经验。但目前来看，受限于多种因素，社会各界存在对"农民失地"的忧虑，一些地方在开展农村承包地退出试点时，对"谁想退出、为何退出"认识不清，只是将其当作国家交给的一项试点工作任务来推进。这一问题与后面的退地补偿资金从何来等问题纠缠在一起，导致很多地方在推进农地退出时缩手缩脚，不敢大胆尝试，更不愿在面上铺开。

在传统农业社会，土地是农民赖以生存的基础，被称为农民的"命根子"。但应当意识到，目前中国已进入工业化后期，不再是农业社会。农业在国民经济中的占比持续下滑，国家统计局发布的《2018年国民经济和社会发展统计公报》表明，2018年第一产业增加值占国内生产总值（GDP）的比例为7.2%，而农村人口超过全国总人口的40%。40%的人口分配7.2%的财富增加值，单纯依靠农业，显然难以让农民过上体面的生活，更不要说实现小康。而且，经过几十年的改革发展，农户已经严重分层分化，相当一部分农户早已不再是传统意义上的以农为生的小农户，他们已经在城镇有稳定的职业和住房。这部分农户，显然是农村相对比较富裕的农户，是农村的能人和精英。从各地的实际情况看，自愿退出农村承包地的农户，基本上都是已经离农进城的农户。比如重庆梁平县的退地农户，他们不想也不会再回农村种地，因此有主动永久性退出农村承包地的意愿，而且让他们有偿退出农村承包地，基本不可能出现"失地农民"问题。

实际上，不少农户想减少农地规模甚至放弃承包地而难以实现，只好懒散粗放经营，无疑会造成农业效率损失。固守"农民不能失地"的传统观念，不能根据社会发展和农户的需求变化，为自愿有偿退出承包地提供制度安排，会延误城镇化进程和农业农村转型。关于农民放弃土地产生的潜在风险，可以借助其他手段加以规避。

（二）退出方式、补偿标准的合理性问题

为了开展农村承包地退出试点工作，不少承担这一试点任务的改革试验区，都采取了政府直接收储或政府资金支持下的集体收储的方式。其做法一般是政府有关部门制定一个补偿标准，设定退出的前提条件，然后选择群众基础好、参与积极性高的村组集体进行宣传发动，最终根据需要在有退地意愿的农户中筛选一部分实施承包地有偿退出。当前，农村承包地转让市场尚未形成，村集体经济组织大多空壳化，难以拿出农村承包地退出补偿资金，因此政府通过直接以财政资金充当农村承包地退出补偿或者

支持村组集体一次性支付补偿金的收储方式开展农村承包地退出，是不得已而为之。不过，以政府收储的方式推行农村承包地退出，财政压力太大，只能在小范围内实行。一些西方国家在城镇化和农业转型时的经验已经表明，政府实施农地收储工作，难以大面积地持续下去。政府需要做的，应当是发挥财政资金"四两拨千斤"的作用，对不同类型农户的差别化农地需求进行引导，支持离农、进城农户退出的承包地向愿意扩大农地经营规模的农户转移。目前来看，改革试验区在这方面的工作有待加强。

如果农村承包地退出是市场行为，交易价格由交易双方协商确定，那么价格多少都有其合理性。但当前大部分农村承包地退出补偿都是政府兜底，因此制定一个什么样的退出补偿标准，就值得思考。由于承包地转让市场尚未形成且各自的情况不同，各地确定的农村承包地退出补偿标准也有明显差别。比如，四川内江市市中区以每亩地补偿1000元/年，一次性支付30年的租金（3万元）作为农村承包地退出的补偿；安徽定远县的退出补偿标准是每亩地可以一次性获得1.8万元补偿；贵州湄潭县红坪村对农民退出土地承包经营权的补偿设定了每亩不低于1.6万元的下限，最终给予了退出的第一户每亩地3.18万元；重庆梁平区则是参照征地标准，确定每亩1.4万元；宁夏平罗县则是根据当地租金状况，划分了几个区域，每亩地补偿标准约为500元/年，每年增加5%，按二轮剩余的承包期年限计算补偿，一般每亩地的退出补偿不超1万元。

总体来看，在承包地转让市场缺失时，以下两个补偿标准可能比较合理。一是当地的农地经营权流转平均价格或最低价格（元/年）×（30年＋二轮承包剩余的年限）。之所以用"30年＋二轮承包期剩余年限"，是因为新修订的《农村土地承包法》规定，二轮到期后再延长30年。也就是说，法律规定了，农民有"30年＋二轮承包期剩余年限"的农村土地承包经营权。二是当地的征地价格。农村承包地退出补偿标准，不应超过当地的征地价格。尽管征地价格可能不尽合理，但是由于当前的农村承包地退出本质是政府收储，与政府征地的性质非常相似，只是后续的利用方式存在差异。绝大部分地区实际上没有被征地的机会，因此政府作为农村承包地退出的受让方，根据征地补偿来确定退出补偿标准有合理性。

（三）退出承包地的后续利用问题

政府直接收储或政府财政资金支持下的村集体代为收储是当前农村承包地退出的主要形式。政府收储之后的承包地如何利用、谁来利用，既关系到农地的利用效率，又关系到政府前期投入财政资金的有效回收，十分重要。从各地的做法看，大部分地区都将小农户有偿退出的承包地转交给大农户、农业公司等规模经营主体使用，并按照市场价格收取租金。但是这又涉及一个新问题，村集体欠政府垫付的收储资金，是集体经济组织成员共同负担的债务，在"委托—代理"关系下，村组干部没有管理好、利用好这一块土地，获得更多租金，偿还政府垫付资金的动力。政府又不可能亲自管理和经营农户退出的承包地。最终财政垫付的资金实际上难以收回。这也导致地方政府不愿意以政府直接收储或村集体代为收储的方式大面积推行农村承包地退出。

另外，农户退出的承包地是分散的，而规模经营主体需要集中连片的承包地。如何将农户退出的承包地集中连片，解决地块大小不匹配的问题，关系到农村承包地退出试点的成败。重庆梁平县（现梁平区）采取了在集体经济组织内部进行调换的方式解决这一问题。但这要求基层政府和村组集体有很强的组织协调能力，而且有些农民常年在外务工，调整意见难以统一，实现"小并大、零拼整"有一定难度。而且很多地方的集体经济组织虚化、弱化严重，工作没有抓手，再加上承包地确权，调整农户土地有很大难度。很多地方，可能在政府收储后找不合适的规模经营主体，最终造成收储的承包地闲置和财政资金浪费问题。

第十三章
农村宅基地退出的制度安排：
浙江义乌、福建晋江的实践

农村宅基地与承包地是两种不同类型的土地，在 2018 年 4 月国务院机构改革之前，分别归原国土资源部与农业部管理，因此二者的改革路径有明显不同。2015 年 1 月，中共中央办公厅、国务院办公厅印发《关于农村土地征收、集体经营性建设用地入市、宅基地制度改革试点工作的意见》（即"三块地"改革意见），启动了新一轮土地制度改革。为了打破法律限制、激发改革活力，2015 年 2 月，全国人大常委会决定授权国务院在北京市大兴区、浙江省义乌市、福建省晋江市等 33 个试点县（市、区），暂时调整实施《土地管理法》《城市房地产管理法》关于农村土地征收、集体经营性建设用地入市、宅基地管理制度的有关规定。2015 年 6 月，原国土资源部会同中央农办、发改委、财政部、原农业部等相关部门，逐一研究批复了 33 个试点地区实施方案。随后浙江义乌市、福建晋江市包括宅基地在内的"三块地"改革正式启动。

最初的改革方案规定，农村宅基地制度改革试点 15 个，农村集体经营性建设用地入市试点 15 个，土地征收制度改革试点 3 个，一个试点地区只开展"三块地"中的一项改革。试点严格限制在经法律授权的县（区、市）开展，非试点地区不得盲目攀比，擅自行动，确保试点封闭运行，风险可控。浙江义乌市、福建晋江市以及下一章将详细介绍的宁夏平罗县，最初仅负责农村宅基地退出改革。为发挥改革的整体性、系统性、协同性，中央先是在 2016 年 9 月决定，将土地征收制度改革和农村集体经营性建设用地入市扩大到全部 33 个试点县（市、区），然后又于 2017 年 11 月决定将宅基地制度改革拓展到全部 33 个试点县（市、区）。

按照中央的改革要求和上报的实施方案，近年来，浙江省义乌市、福建省晋江市结合自身情况，开展了各具特色的农村宅基地退出制度改革。

一　义乌农村宅基地退出：
政府主导下建设用地再配置

义乌地处浙江省中部，是金华市下辖县级市，是全球最大的小商品集散中心和联合国、世界银行等机构确认的世界第一大市场。义乌市是浙江中部区域经济发展中心，经济比较发达。2018 年，义乌市生产总值达到 1248.1 亿元，户籍人口人均生产总值达到 154242 元，接近全国人均国内生产总值（64644 元）的 2.4 倍。即便按常住人口计算，义乌市人均生产总值为 95795 元，比全国人均国内生产总值高 48.19%。

义乌城镇化率高，且是人口净流入地区。2018 年，义乌市常住人口 131.04 万人，常住人口城镇化率达到 77.6%，高出同期全国常住人口城镇化率 18 个百分点；户籍人口 818362 人，户籍人口城镇化率 57.31%，高出同期全国户籍人口城镇化率近 14 个百分点。第一、第二、第三产业结构比为 1.7∶32.8∶65.5，农林牧渔业总产值在当地经济占比很低。因经济基础好、城镇化率高，其发展改革经验可以为其他后发地区提供经验借鉴，2014 年，义乌市被列为第一批国家新型城镇化综合试点地区，2015 年又成为 33 个"三块地"改革试点之一。

义乌市市场经济活跃，商贸服务业发达，不少当地农民外出经商办厂。农民有融通资金和优化利用闲置资产的需求，因此像全国其他经济发达地区一样，义乌一直存在私下转让农村宅基地及房屋的情况。据义乌市国土资源局调查，"三块地"改革以前，义乌全市有宅基地 21.98 万宗，私下转让的有 9724 宗（占比 4.4%），其中跨集体转让 4491 宗，集体内部转让 4096 宗，城镇居民购买 1137 宗（鲍建平，2018a）。

（一）义乌宅基地退出的政策准备

启动改革之初，义乌市有关部门逐村逐户进行调查后发现，农民对于农村宅基地主要有三大诉求：作为安身之所、带来稳定财产性收入和能保障权利的不动产权证（鲍建平，2018a）。为了提高农村土地资源利用效率，保障农民居住和财产权利，加快推进农业农村现代化，让城市和乡村"各美其美、美美与共"，自 2015 年启动宅基地制度改革以来，义乌市综合考虑、统筹部署，印发了《关于推进农村宅基地制度改革试点工作的若干意见》，并出台了与之配套的《义乌市"集地券"管理暂行办法》等 7 个办法。后来，义乌市又制定了有关农村土地制度改革的 9 个实施细则。这"一个意见 + 七个办法 + 九个细则"形成了义乌农村宅基地制度改革制度体系，为农村宅基地有偿退出提供了机制配套和政策准备。

就农村宅基地退出和农村建设用地优化利用而言，义乌市"一个意见 + 七个办法 + 九个细则"的政策体系有两个突出特点。

一是将全市村庄分为两大类，分类引导和施策。一类是处于城镇规划红线范围内的村庄。按照《义乌市城乡新社区集聚建设置换权益交易办法（试行）》，城镇规划红线范围内的村庄，实施城乡新社区集聚建设，确保农民"户有所居"。对于有宅基地资格权但未拿到宅基地者，人均可以在新社区获得最高不超过 35 平方米的高层公寓住宅，按户控制面积最高不超过 140 平方米。参与城乡新社区集聚建设项目的农民，政府停止审批新的农村宅基地。合法占有农村宅基地的农户，可以按 1:5 的比例或按每人 175 平方米建筑面积的标准置换权益面积换新社区拥有完全产权的高层公寓及产业用房，其中必须有一套为高层公寓以保障"户有所居"，其余部分可以是商铺、厂房等。

另一类是城镇规划红线范围外的村庄。按照义乌市的部署，大部分这类村庄实施农村更新改造，推行"美丽乡村"建设，落实"一户一宅"。

对于有宅基地资格权但未拿到宅基地者，须坚持"按人分配、按户控制"的原则分配宅基地，更新改造时按人分配最高不超过 30 平方米、按户控制最高不超过 140 平方米。在农村更新改造时，政府鼓励村集体经济组织回购本村居民自愿退出的宅基地。参照政府制定的农村宅基地基准价格，[①] 回购价格由集体经济组织和宅基地使用权人协商确定。回购宅基地用于在集体内部再分配的，政府给予村集体经济组织一定补助。

此外，一些村庄由于发展底子薄、潜力小，义乌市政府鼓励它们整体退出，迁入城乡新社区，"易地奔小康"。

二是管控宅基地使用面积，超标部分累进收费。为提高农村宅基地节约集约利用水平、引导农民自愿有偿退出宅基地，《义乌市农村宅基地有偿使用暂行办法》规定，村集体经济组织对分配取得的宅基地实行有偿调剂、有偿选位；对本村集体经济组织成员超过标准占用以及非本村集体经济组织成员占有和使用宅基地实行有偿使用。简言之，就是对超标宅基地或者宅基地调剂、选位进行收费。"宅基地面积超出村庄建设规划确定的户型面积，在落地前可由村集体经济组织统一回购，有偿调剂给本村集体经济组织成员。""村集体经济组织成员因历史等原因形成超标准占用宅基地的，超出部分实行有偿使用，加大持有成本，逐步退出超占的宅基地。"

《义乌市农村宅基地超标准占用有偿使用细则（试行）》进一步明确，"本村集体经济组织成员合法取得的宅基地，按户控制面积内的，不收取宅基地有偿使用费；超过按户控制面积的，每年每平方米按农村宅基地基准地价的 0.15% 为基础价格，以 36 平方米为一档，超占面积在 36 平方米及以内的按基础价格收取，每增加 36 平方米，收费标准按基础价格提高 20% 累进计收，但收费标准提高不超过基础价格的 60%。"

---

① 因前期交易少，农村宅基地缺乏公允的市场价格。为了给不同片区农村宅基地交易提供价格指导，保护农村宅基地财产权利落实，义乌市建立了全国首个农村宅基地基准地价体系，区片价格分九档，最高 25870 元/平方米，最低 2870 元/平方米。对于农民自愿退出的宅基地找不到受让人的，政府按照最低保护价收购。

（二）义乌宅基地退出的三种方式

农村宅基地的退出者主要是农户，但是可以有不同的承接主体。依据承接主体不同，可以把义乌市农村宅基地退出方式分为转给个人、退给集体、交给政府三种。各种方式的具体安排如下。

1. 转给个人

根据受让人是否为本集体经济组织成员，可以把义乌市以个人之间转让方式实现的农村宅基地退出分为两类。

一是将宅基地使用权转让给其他村集体经济组织成员。《义乌市农村宅基地使用权流转暂行办法》第七条规定，对于已经完成农村更新改造的村庄，允许集体经济组织成员将自家的宅基地使用权（连同房屋）转让给本市行政区域范围内的村级集体经济组织成员，即允许农村宅基地使用权"跨集体转让"。根据具体约定，受让人最高可以获得其他集体经济组织宅基地 70 年的使用权，使用期届满后受让人可优先续期。受让人在同一行政村只能有一处宅基地使用权且面积不得超过最高限制，以防范土地投机风险。为了落实宅基地的集体所有权、发展壮大农村集体经济，《义乌市农村宅基地使用权转让细则（试行）》规定，以跨集体转让方式退出农村宅基地，受让人需要按不低于农村宅基地基准地价的 20% 一次性（向宅基地所在的村集体经济组织）缴纳土地所有权收益。

二是将宅基地使用权在本集体经济组织内部转让。未实施或正在实施农村更新改造的村庄，农村宅基地使用权可以在本村集体经济组织内部流转。这与国家规定完全一致。国家层面的法律法规和政策一直支持本集体经济组织内部的宅基地使用权转让。不过，除了受让人必须是本集体经济组织成员外，《义乌市农村宅基地使用权流转暂行办法》第八条还规定，"受让后面积不超过农村更新改造政策规定的按户控制面积"。除直接内部转让外，根据上述暂行办法，农民还可以通过在本集体经济组织成员之间"互换"的方式，通过"大换小"的方式，退出一部分宅基地。

在具体的流转方式上，上述暂行办法规定："宅基地使用权流转可在政府指定的交易平台公开挂牌流转，也可自行协商流转。"不过，无论哪种流转方式，为了防止农民流离失所，暂行办法明确要求，"宅基地使用权流转转让方必须保证流转后仍拥有人均建筑面积不低于 15 平方米的合法住宅"。

截至 2018 年 5 月，义乌市有关部门已办理农村宅基地使用权转让登记 311 宗，其中跨集体经济组织转让 37 宗，集体经济组织内部转让 274 宗。

2. 退给集体

根据退出的宅基地后续利用是否在本集体，可以把农村宅基地退给集体经济组织分为两种形式。

一是退出的宅基地用于集体经济组织内部的再分配，即义乌市的"有偿调剂、有偿选位"。"有偿调剂、有偿选位"是为了解决某些集体经济组织成员有宅基地资格权却没有分到宅基地的问题，或者在不超过标准面积的前提下，供本集体经济组织成员有偿增加宅基地面积、选择宅基地位置。之所以在同一集体经济组织内部成员之间可以自由转让宅基地使用权的情况下，推行"有偿调剂、有偿选位"，主要是因为村庄发展状况不同——有的村是城镇规划红线范围内的村，有的则在红线外；即便是同属红线外的村，也不尽相同，有的村庄正在更新改造，也有村庄在推行"易地奔小康"，多措并举可以更好地优化农村宅基地利用。

《义乌市农村宅基地有偿使用暂行办法》规定，"宅基地面积超出村庄建设规划确定的户型面积，在落地前可由村集体经济组织统一回购，有偿调剂给本村集体经济组织成员"。《义乌市农村更新改造实施细则（试行）》第二十九条则进一步明确，"鼓励村级组织回购本村农户和非集体经济组织成员自愿退出的宅基地，回购价格参照宅基地基准价格由村级组织和宅基地使用权人协商确定。宅基地使用权人自愿退出全部宅基地并放弃按本细则安置的，对退出宅基地合法占地面积给予村级组织每平方米 1000 元的资金补助"。《义乌市农村宅基地有偿调剂细则（试行）》也规定："农村更新改造取得的宅基地分配权在落地前，权利人自愿放弃落地权退出宅基地的，在确保户有所居的前提下，遵循自愿有偿的原则，可由村级组织统一回购，再通过市场公开配置方式有偿调剂给本村集体经济组织成员。""有两个以上调剂需求意向者的，有偿调剂应采用公开拍卖的方式。"

2017 年 11 月，义乌市佛堂镇坑口村以公开拍卖的方式，对本村农户退出的宅基地进行有偿调剂，成交面积共 573.56 平方米，每平方米成交均价为 1.37 万元。

二是退出的宅基地用于集体经济组织复垦，换取可以在市场上交易的"集地券"。所谓"集地券"，是义乌市基于城乡建设用地"增减挂钩"政策，将全市范围内农村地区零星的建设用地（比如农户退出的宅基地）复垦为耕地等农用地，经验收合格后折算成的建设用地指标。通过"集地券"管理制度，义乌市将废弃闲置的农村低效建设用地进行复垦，腾退的建设用地指标和耕地指标在全市统筹使用，推进城乡统筹发展。

作为"地票"制度的创新版，在实际使用中，农户或村集体经济组织退出宅基地或其他建设用地获得的"集地券"可上市交易。若市场上无人收购，政府以指导价回购（2017 年设定的保底回购指导价为 40 万元/亩），以确保农户有保底收益。虽然义乌市允许各镇街将一定比例的"集地券"用于满足本辖区农民建房需要，但是"集地券"主要是在整理、复垦集体经济组织以外流通，以获得更高的收益。为了增加社会对"集地券"的需求，借鉴重庆市使用城镇建设用地必须搭配一定比例"地票"（农村宅基地复垦形成的指标）的做法，《义乌市"集地券"管理细则（试行）》规定，国有经营性建设用地使用权首次挂牌出让时，出让方可以约定竞买人成交确认后 45 日内须上缴不少于拟竞买宗地面积一定比例的"集地券"。

至 2017 年底，义乌市已建立了"集地券"项目储备库，涉及"集地券"项目 149 个、农村建设用地面积 2180 亩，涉及退出建设用地农村 133 个，平均每个项目 14.63 亩。政府已回购"集地券"994.2 亩，为农民和村级集体经济组织累计增加收入 3.98 亿元（鲍建平，2018b）。

3. 交给政府

农户的宅基地，除有偿退给所在村集体经济组织外，农民还可以交给政府，并获得相应补偿。依据初次获得的补偿是实物还是货币，农户以交给政府的方式退出农村宅基地，也有两种不同形式。

一是用退出的宅基地置换新社区的高层公寓或产业用房，参加城乡新社区集聚建设。也就是以农村宅基地置换城乡新社区的房产，简称"换房"。《义乌市农村宅基地取得置换暂行办法》规定，宅基地使用权人自愿退出宅基地，以及享有宅基地分配权的农户主动放弃宅基地的，可按土地级差，有序参加城乡新社区集聚建设。在换房后，农民拥有完全产权，符合"户有所居"条件的，可以将新社区"换房"指标出售，也可以在获得实物后出售。2017 年全市实现了 29479 户农户的"住有所居"，其中新社区集聚完成协议签订 5316 户，已安置高层公寓 8208 套；解决住房困难户 3010 户，治理危房户 21153 户。据测算，7 个城乡新社区集聚建设项目比传统四层半改造模式节约土地约 51%，比村庄现状用地节约 36%。

二是将退出的宅基地整理成"集地券"，进入平台交易或者以指导价交给政府。《义乌市"集地券"管理细则（试行）》规定："宅基地使用权人自愿退出宅基地并复垦为耕地等农用地折成的建设用地指标，产生的'集地券'归农户所有；农户持有的'集地券'首次交易所获得的收益，在扣除土地整治成本和村集体经济组织计提纯收益的 10% 之外归农户所有"。"集地券"交易机构设置在义乌市资源要素交易平台，主要采取挂牌方式公开交易。而且，该细则还指出，"集地券"交易包括初次交易和再次流转，交易双方为具备独立民事行为能力的自然人、法人及其他组织，当申购总面积大于可交易"集地券"总面积时，可采取拍卖、竞价等方式交易；当申购总面积小于或等于交易"集地券"总面积时，可采用协议等方式交易；初次挂牌后无人申购或有效期内未使用的"集地券"，由政府按照当年指导价收购。

（三）义乌宅基地退出的几点经验

一是规则规划先行，注重综合配套推进。2015 年 3 月被正式列为"三块地"改革试点后，义乌市并没有急于启动改革，而是"谋定而后动"，先根据提交的试点改革方案，多次试点调研、多部门联合研讨。在分析农业农村现状和研判城乡发展趋势的基础上，直到 2016 年 4 月，义乌市发布"一个意见 + 七个办法"，农村宅基地制度改革正式启动。事后来看，义乌市农村宅基地改革的机制设计，与当地 2013 年开始执行的《义乌市城乡新社区集聚建设实施办法》、"美丽乡村"政策等，都有很好的匹配性和衔接性。

二是分区分类处理，坚持人地空间匹配。虽然同属义乌市农村，村和村之间的情况也存在明显不同。即便是在一个村庄内，农户分化严重，农村宅基地占有情况也有明显差别，政策难以整齐划一。考虑到村和村的不同、户与户的差异，义乌市坚持"地随人走"的理念，采取了分区分类处理的方式。在村庄层面，义乌市一方面是"换房"引导部分农户向城乡新社区集聚，另一方面是通过农村更新改造，提高农村宅基地使用集中度，人地空间匹配得以优化。在农户层面，对于完成农村更新改造的村庄，允许宅基地使用权（连同房屋）在个人之间"跨集体转让"。没完成更新改造的村庄，个人之间的农村宅基地使用权流转则仅限于集体经济组织内部。

为了让人口与建设用地面积大致匹配，义乌市以经济手段引导农户退出超标农村承包地。比如，在承认历史、尊重现实的情况下，对于超出规定面积的宅基地，可以有偿退给集体、交给政府，或者按照累进规则缴纳有偿使用费。按照《义乌市农村宅基地有偿使用暂行办法》规定，宅基地面积超标缴纳的有偿使用费，"主要用于村内基础设施、公益事业、农田水利建设等"。如此一来，少数"多吃、多占"的农户如果继续超标使用宅基地，需要承担较大的经济成本，否则要面对各种限制——比如不能获得不动产权证、不能参与集体经济收益分配，以及来自社区熟人的舆论压力。因此，宅基地有偿使用和退出改革的阻力大幅消减。

三是城乡供需打通，做好用地需求管控。针对农村建设用地低效率、城镇建设用地紧张的问题，如何打通城乡建设用地一直是改革的一个热点难点。义乌市借助"集地券"，激发农户和农村集体经济组织的积极性，将农村闲散的宅基地集中起来，在城乡范围内统筹使用，大幅提高了建设用地利用效率，促进了城乡经济社会发展。对于农村居民的宅基地需求，义乌市既设定了"上限"，也规定了"下限"。例如，义乌市规定，农村宅基地面积，按人控制最高不超过 30 平方米，按户控制最高不超过 140 平方米。不仅规定了农村宅基地，而且规定了宅基地使用下限——"宅基地使用权流转转让方必须保证流转后仍拥有人均建筑面积不低于 15 平方米的合法住宅"。如此一来，义乌市打消了农村宅基地退出可能会造成农民流离失所的社会担忧。

四是强化政府作用，保障财产权益流动。在农村人口持续向城镇迁移的大趋势下，总体来讲，农村宅基地供过于求。义乌市通过创设"集地券"制度，为农户退出的宅基地提供保底收购价，将部分农村建设用地指标转移至城镇，打通城乡建设用地市场，解决了在很多地方存在的即便农户想有偿退出农村宅基地，也会面临承接人缺乏、交易价格低等问题。除保底价收购农村建设用地指标外，政府还为"集地券"搭建公共交易平台，推动"集地券"市场化交易，并引导金融机构将"集地券"作为有效抵押物。此外，义乌市还支持村集体经济组织在集体内部宅基地转让以及农户自己整理的"集地券"交易等方面发挥更多组织中介作用。政府的上述做法，极大地保障了农村宅基地使用权以及基于宅基地使用权形成的"集地券"的流动。

二　晋江农村宅基地退出：以提升利用效率为目标

晋江地处福建东南沿海，因西晋永嘉年间，中原百姓避战乱南迁，据江居住而得名。陆域面积 649 平方公里，海域面积 957 平方公里，海岸线长 121 公里。1992 年撤县设市，辖 13 个镇、6 个街道，391 个行政村（社区），有户籍人口 110.8 万人，外来人口 130 万人。2014 年，地区生产总值完成 1492.8 亿元，增长 9.8%；财政总收入达 198.02 亿元，增长 8.33%，县域经济基本竞争力居全国第 5 位。

晋江"人稠山谷瘠",自古有"造舟通异域"的创业冲动,促使晋江人逐渐走向海外,"十户人家九户侨"是晋江最大的特色之一。祖籍晋江的华侨、华人和港澳台同胞达 200 余万人,素有"海内外 300 万晋江人"之言。这一点对宅基地制度改革有一定影响。

2015 年 2 月,与义乌市一样,晋江市被列为"三块地"改革试点,承担农村宅基地制度改革工作。为考察晋江农村宅基地制度改革尤其是部分农村宅基地的自愿有偿退出情况,我们 2016 年、2018 年先后两次赴晋江进行专题调研。按照《福建省晋江市农村宅基地制度改革试点实施方案》,晋江市农村宅基地制度改革内容包括五方面的内容:完善农村宅基地权益保障和取得方式、探索宅基地有偿使用制度、探索宅基地自愿有偿退出机制、完善宅基地管理制度和同步推进其他配套改革。基于研究主题,此处以"探索宅基地自愿有偿退出机制"为主线梳理相关做法和经验。

(一)晋江宅基地退出的政策准备

为了保证宅基地自愿有偿退出能顺利实现,晋江市扎实推进了如下基础性工作。

1. 确地

产权清晰是农村宅基地退出的前提条件。为此,晋江市开展了以宅基地确权、登记、颁证为核心的系列厘清农村宅基地产权的工作。

一是启动农村地籍和房屋调查。制定了《晋江市宅基地和集体建设用地使用权确权登记发证方案》,作业队伍进村入户。投入 1680 万元,进行全市 1:500 地形图修测更新,摸清土地利用状况。

二是推进不动产登记工作。2016 年初,晋江市成立"一局一中心"——不动产登记局和不动产登记中心,完成职责整合和不动产登记系统研发,2017 年成为全国 3 个农村不动产确权登记示范点之一。截至 2018 年 7 月底,全市已完成 147 个村的地籍和房屋调查,其中 115 个村正在建数据库。

三是开展确权登记。至 2016 年初,晋江市登记发证的农村宅基地有

104747 宗，占符合发证条件宅基地总量（113363 宗）的 92.40%，占农村宅基地总量（178938 宗）的 58.54%。2017 年成为全国农村不动产确权登记示范点后，晋江市在加强村级组织建设、健全村级管理机制的基础上，加快农村宅基地确权登记步伐。2017 年至 2018 年 8 月，晋江市办理宅基地确权登记 1432 宗。

此外，为了支持农村宅基地退出和流转，晋江市建立了集体土地（宅基地）价值评价体系，编制集体土地基准价格，在市场尚未充分发展的情况下，为宅基地退出和流转提供基准价格。

2. 定人

农村集体经济组织成员资格界定是推进农村集体产权，特别是股份权能改革的重要基础。晋江市率先在泉州市出台农村集体经济组织成员资格认定指导意见。该意见对成员的资格取得、资格丧失、特殊人员认定等做了较详细的说明。意见明确了尊重历史、照顾现实、程序规范、群众认可四大基本原则，对本意见之外的其他情形，由村集体经济组织召开会议民主决策通过。意见强调要准确把握政策界限，结合户籍关系、居住状况、土地承包及义务履行等情况，在具体认定过程中要兼顾各类群体的利益，特别注重保护外嫁女、入赘婿、移居海外人员、服刑人员、丧偶和离婚妇女等特殊群体利益。意见在资格认定方面，强调要防止违背现有法律法规，既要坚持少数服从多数原则，又要防止借村规民约非法剥夺或损害少数人的合法权益。

3. 建信息系统

为了规范和加强农村宅基地管理，合理利用土地资源，切实保护耕地，晋江市还做出以下努力。①"一张图"工程。晋江市国土资源局推进"一张图"工程。开发国土资源一体化应用平台，集成批、供、用、补、查全业务，整合了 15 类基础数据、400 余万页电子档案，实现"以图管地"。在年度变更调查基础上，将历年地籍档案扫描入库，共整理 12.4 万余宗。②宅基地管理审批系统。进一步地，在"一张图"基础上建立了农村宅基地管理信息系统，其中包括农村宅基地信息审批和无权属来源证明危旧房屋就地改建的土地权属认定两大业务。通过系统可以快速检索，实现对每一宗土地利用现状、土地利用总体规划情况、违法用地情况、是否处于地质灾害易发区、是否符合"一户一宅"政策等的并联审查，再汇总上报市政府审批。全流程电子备案，有案可查，各环节进度一目了然，大大提高了审批效率及透明度。③不动产登记系统已经完成调试，可以直接调用房、地数据库，今后将会和宅基地审批系统结合起来，对人均建筑面积超规定的，严禁以分户名义申请宅基地。④产权交易平台。整合资源，把农村产权、资产纳入统一交易平台，目前主要做的是宅基地转让这块，今后可以跟农业部门的系统对接。

（二）晋江宅基地退出的实现机制

无论是从晋江的实际出发，还是从国家的现实考虑，农村宅基地退出是严守耕地红线、防止农村居民点无序建设、提升城镇化水平、推进市民化的重要举措。晋江主要从两方面开展退出工作。一是探索农村宅基地零增长甚至负增长的机制。这是晋江宅基地退出的一个总基调。二是对于已拥有宅基地又自愿退出的，或者放弃宅基地申请权的，在尊重农民意愿基础上，赋予其申请城镇保障房的权利，或补贴购买城镇商品房。

1. 建立宅基地退出与流转机制

晋江市建立的宅基地退出与流转机制主要包括以下几点内容。首先，明确内部转让、出租、入股等三种流转方式，严格设定流转条件和程序，严禁囤积炒作农村宅基地、小产权房，防范流转风险。其次，"以内为主、适当放开"。按照中央要求，宅基地受让对象主要限于集体经济组织内部。不过，考虑到晋江是著名侨乡，"十户人家九户侨"，对台优势明显，血缘相连。华侨、港澳台同胞爱国爱乡，为晋江乃至福建发展做出了很多贡献，部分华侨有强烈的落叶归根情结，而且原集体经济组织也非常愿意让华侨回归故乡。考虑地方的特殊性，晋江市将原集体经济组织的华侨、港澳台同胞列入受让对象范围。

2. 建立"一中心一平台"

为了支持农村宅基地制度改革，晋江市建立了农村产权交易中心和产权交易系统。产权交易中心挂靠不动产登记中心进行挂牌流转。交易中心主要负责收集、发布农房流转、抵押登记及各类相关信息，提供政策咨询等服务。同时，晋江市还建设了农村集体资产产权流转交易信息管理系统，探索将宅基地使用权退出和流转，与农户承包土地经营权、集体林地经营权、农村经营性集体资产等产权流转，纳入统一的交易平台，实现了农村产权流转的公平、公正、公开、规范运行。

3. 探索多种形式宅基地退出

晋江市主要探索出两方面的多种形式的宅基地退出。

一方面，对规划区内的18个城中村片区进行统一改造，以"6个换"的方式有偿退出农村宅基地。一是"宅基地换货币"：实行土地、房屋分别计算，合并结算。二是"宅基地换安置房"：持有房屋所有权证，按照载明的住宅建筑面积1∶1置换；未持有房屋所有权证的，三层以下部分按1∶1置换，三层至六层按1∶0.7置换，置换不足面积给予货币补偿，7层及以上部分不予置换面积，仅给予货币补偿。三是"宅基地换股权"：按照土地补偿款份额参股。四是"宅基地换店面"：房屋换一层店面一般按照1∶0.3置换，换二层店面一般按照1∶0.7置换，换三层店面按照1∶0.8置换，或者可安置住宅折算成货币后照顾购买。五是"宅基地换商场"：房屋换一层商场一般按照1∶0.3置换，换二层商场一般按照1∶0.7置换，换三层商场按照1∶0.8置换，或者可安置住宅折算成货币后照顾购买。六是"宅基地换SOHO或写字楼"：一般按照1∶0.9至1∶1置换。

另一方面，在自愿有偿前提下，通过优先申请保障性住房和在城镇购房时给予补贴两种方式，引导非城中村改造片区的普通村农民退出或放弃申请农村宅基地。放弃农村宅地基后，农民的集体经济组织成员身份，以及在本集体所享受的其他政策待遇保持不变。另外，对退出宅基地、放弃申请宅基地的农民，晋江市结合农村集体产权制度改革，鼓励所在集体经济组织，以适当增加股份份额的方式予以补偿。

4.探索集体土地收储机制，形成常态化的退出模式

针对农村宅基地自愿申请有偿退出遇到报批烦琐、零散退出无法产生规模效益、村财情况不一等问题，在保留土地集体性质、保障村集体优先回购权、实行市场指导价原则下，晋江市借鉴重庆"地票"实践，建立农村集体土地储备中心，对有意愿退出的，予以收储，零星补充耕地再捆绑立项，进行增减挂，然后再将建设用地指标集中利用。

政府收储这种模式主要有四方面优势：一是在筹资渠道上，政府可以通过利用储备中心向上级申请专项资金，向银行申请贷款，引入社会资金等来筹集资金，同时可以对资金来源进行把关，防止工商资本长时间大规模不合理使用农村土地；二是在土地管理上，可将退出的宅基地收入储备，进行总量上的把控，降低管理成本，还可实行市场保护价，保障农民的权益；三是在土地利用上，可将零散宅基地聚集到一定规模，通过对农村居民点整理、闲置宅基地整治，化零为整，实行规模化利用；四是在土地运营方面，可由储备中心、集体组织、金融机构等合作开发，中心可为农村住房等农村产权抵押融资提供担保服务，村级组织也可组建担保组织，建立以自有住宅反担保的社区互助性融资模式，形成"利益共享、压力共担"的合作机制。

（三）改革试点首推村：内坑镇砌坑村实践

1.基本情况

砌坑村位于福建省泉州晋江市西北部思母山下，距镇区 5 公里，距城区 20 公里，西接国道 324 线并与南安官桥镇接壤；西北有御临山（也叫思母山）；北与后坑村相连；东与磁灶镇前尾村相接；南与潭头村相接。政府驻地内坑镇御里路 1 号。截至目前，全村人口达 3979 人，共 951 余户，旅居菲律宾、印度尼西亚、马来西亚等地 300 余人，定居中国香港、澳门的有 100 余人。耕地面积达 1447 亩（其中水田 697 亩、旱田 750亩）。村里姓氏为尤。砌坑村被评为"晋江市最美乡村"。

为了改善村容村貌、提高建设用地利用效率，砌坑村自 2006 年起就

开始施行宅基地有偿退出，并进行统一规划、建设和村民集中安置。至2010年10月，砌坑村的一期项目顺利完成，收回村民宅基地196处、房屋面积69919平方米；建成安置楼67栋、公寓式安置房56套。2013年2月，砌坑村统一规划和二期建设工程正式启动。村集体经济组织拟回购村民宅基地30余处，建设商住楼2栋、联体安置楼20栋，安置农户83户。至2015年底，村集体经济组织已回购村民宅基地22宗，建好集中安置楼8栋，部分楼房已经交付安置户。由于群众基础好、改革思路清晰，2015年砌坑村被晋江市选为农村宅基地制度改革试点首推村。

2.改革准备

成为农村宅基地制度改革试点首推村后，砌坑村进一步完善了农村宅基地退出与集中利用的组织机构和实施办法。

一是成立村民理事会。为妥善解决改革试点中的相关问题，砌坑村成立了村民理事会。理事会的成立标志着砌坑村作为全市农村宅基地制度改革试点首推村的改革进入正式实施阶段。全体村民代表表决通过了内坑镇砌坑村村民事务理事会成员名单，推选理事会成员共计36人。村民事务理事会具体负责配合编制村庄规划、审核宅基地申请、监督村民建房、调处矛盾纠纷等十项工作。"理事会在政府和村民之间形成了桥梁和纽带，把政府的号召变成自觉行动，形成了改革的强大动力"。

二是出台相关改革办法。2016年3月，村民理事会召开第三次村民事务理事会暨农村地籍和房屋调查动员会，会议表决通过了《内坑镇砌坑村农村集体经济组织成员资格认定办法》《内坑镇砌坑村宅基地有偿使用办法》《内坑镇砌坑村宅基地退出、流转办法》三个办法。根据这些办法开展地籍和房屋调查工作。

3."村内腾挪"实现宅基地退出和建设用地高效利用

按照上述三个办法，砌坑村以改善村容村貌、提高土地利用效率为目的，以统一规划和建设为手段，启动了具有鲜明村内"腾挪"特点的农村宅基地退出及相关改革工作。

在农村宅基地以及宅基地上的房屋的退出补偿方面，砌坑村确定的办法如下：退出的宅基地，依据所处位置差异，以 100～300 元每平方米的标准发放退出补偿；对于能够提供另有住房证明的村民而言，宅基地全部退出，则上述补偿标准将上浮 20%；房屋退出，应考虑建筑结构和使用程度，针对土木结构、石结构、钢混结构分别设立每平方米 80～110 元、200～400 元和 250～500 元不等的资金补贴标准；若在本村购买安置房且退出宅基地面积超过 50 平方米的，即可以优惠价格购房，具体标准为500 元（套房）、600 元（别墅）每平方米（魏后凯、刘同山，2016）。

至 2018 年 6 月，砌坑村共退出宅基地 196 宗、面积 105 亩，集中建设单体及多层、小高层安置楼用于村民安置。资产置换方面，采取宅基地退出置换安置房等方式，盘活和整治了零散宅基地，实现了村民资产增值。

（四）晋江宅基地退出的几点挑战

虽然晋江市结合自身特色，积极推进农村宅基地有偿退出试点改革，探索出多种方式的宅基地退出实现机制，但在改革过程中，也发现了几点有待化解的挑战。

一是退出难问题依然存在。宅基地自愿有偿退出问题，面临不少困难。除了农村情况复杂，比如风水、祖宅、群众意愿不高等问题外，还在于缺乏利益驱动，缺乏激励机制。宅基地退出需要考虑两个问题——钱从哪里来，收回宅基地的后续如何利用。从旧房拆迁到土地平整、环境整治、基础设施建设，都需要巨大的资金投入，农民的积极性也需要大量的土地补偿资金来调动。如果没有充分的资金支持或者一套资金自求平衡的机制，宅基地退出工作将会困难重重。

二是"一户一宅"问题复杂。国家法律法律和政策都要求，农村宅基地实行"一户一宅"。然而，"一户一宅"在实际操作过程中难以把握。一个是对"户"的认定，没有明确的规定，经常会出现分拆、合并、继承等情况，衍生出"一户两宅""一户多宅"等情况。正是为了破解这一难题，义乌市在改革时，强调宅基地使用面积采取"按人控制"和"按户控制"并行。"一宅"也不单指一座房子，也有可能是一座房子中的一部分（比如以前农村兄弟较多，只有一座房子，在析产时，经常有一人分得其中几个房间的情况），"户"和"宅"的多样性，导致在历史遗留问题的处置和审批中的条件设定尚需进一步的考虑。

三是各类规划合一难度大。现有的村级土地规划和村庄发展规划各成体系，各有依据，前者是管控型的，后者是发展型的。规划是宅基地高效利用的重要保证，多个规划不利于农村宅基地高效利用。理论上看，一个村不能编制两个规划，只能编制一个规划。但是，目前来看，村级土地规划和村庄发展规划要融合，在技术层面、法律层面都有一定障碍，部门之间、干群之间，也很难达成共识。对晋江而言，如何加快改革，推动村级规划"多规合一"，是农村宅基地退出甚至是乡村振兴中必须应对的一个挑战。

三　农村宅基地退出面临的主要问题

全国各地的实践表明，为部分农户尤其是进城农户自愿有偿退出农村宅基地及房屋提供制度安排，具有必要性和可行性。但是，受多方面因素的制约，中国农村宅基地退出改革仍面临不少问题，主要体现在以下四个方面。

（一）法律法规及观念上的障碍

农村房屋无疑是大部分农民最重要的财产，国家从未否认农村房屋的私有产权属性。理论上，农户拥有农村房屋的收益权、处置权。而且，从历次修订的《土地管理法》都保留"土地使用权可以依法转让""农村村民出卖、出租住房后，……"等规定可以看出，国家是允许农村住房转让的。由于农村住房和宅基地的不可分离性，也可以据此认为法律并没有禁止宅基地转让，但是宅基地使用权要依法转让。可惜的是，截至目前，尚未有关于宅基地使用权转让的法律规定。《物权法》也只是技术性地规定宅基地使用权的转让，"适用土地管理法等法律和国家有关规定"。一方面是关于宅基地转让的规定一直未能出台，另一方面是对"小产权房"

的管控日益严格，国家在禁止城郊农村住房交易的同时，实际上也限制了传统农区的住房及宅基地转让。而《物权法》《担保法》关于宅基地使用权不得抵押的规定，则进一步限制了农村住房的可交易性。同时，最近关于宅基地退出或转让、农民住房财产权抵押贷款等的改革试点意见，将受让人限制在本集体经济组织内部的意见，也强化了农户和地方政府的农村住房和宅基地不可跨集体转让的认识。

此外，还应认识到，除了法律法规的限制，社会观念也是影响宅基地退出和土地节约集约利用的一个重要障碍。很多农民认为宅基地是祖宗留下来的、应当继续传承给后代的遗产，"只有败家子才卖房卖地"，很多进城农户认为宅基地和房屋是"根"和乡愁的具象化，因此"进城、离农而不退地"，加剧了农村空心化。温铁军等学者认为，宅基地是保障农民居住权的根本，如果允许农村住房和宅基地转让，在经济遭受冲击时，可能会产生大量"居无定所"的游民，从而威胁社会稳定（温铁军等，2013）。这种担忧也成为宅基地退出的一种阻力。

（二）受让人、退出方式与补偿价格难确定

现有法规倾向于将宅基地使用权转让限制在本集体经济组织内部。在农村人口持续向城镇迁移、集体经济组织成员人数不断萎缩的背景下，将交易限制在集体经济组织这么狭小的范围内，会导致宅基地退出受让人的政策性缺乏，或者从另外的角度看，会造成闲置宅基地（建设用地）的区域性过剩，最终大量农户欲"离农、退地、进城"而不得。同时，政府对宅基地退出受让人的限制，还阻滞了宅基地转让市场的形成，进而限制了市场机制的价格发现功能，使闲置宅基地"如何退出""以什么价格退出""资金从哪里来"等成为改革的难点。正因如此，前述大部分宅基地退出改革实践，无论是"宅基地换房"，还是"宅基地收储"等，当地政府实际上都充当了农户宅基地退出的直接受让人的角色。政府行为成为市场机制缺失的一种替代。

除退出方式的不同外，各个地方政府确定的退出补偿价格也有明显差

别，其合理性也存在很大疑问。比如，同属西部传统农区，宁夏平罗以"政府收储"方式确定的退出补偿标准为：[①] 270 平方米宅基地退出补偿最高价格不超过 1 万元，而重庆农村整理出的"地票"，相同面积的交易价格高达 8.1 万元，即使需要一定的复垦成本，后者的退出补偿也远高于前者。即便如此，考虑到平罗县仅需"插花安置" 1174 户生态移民，却有 3000 户申请退出宅基地和住房，其收储价格显然有降低的空间。降低补偿标准节约的资金，可以用来增加对生态移民的补偿——毕竟与"退地进城"的农户相比，他们才是相对贫困的群体。而且，即使是东部村集体经济实力和村民收入水平较高的晋江砌坑村，相同面积宅基地的退出补贴最高也只有 8.1 万元。考虑到东西部的地理区位和经济发展水平，重庆非城郊的传统农区宅基地退出补偿高于东部地区试点村庄。这既表明宅基地退出补偿存在明显的地区差异，也反映出在更大范围内统筹利用城乡建设用地的经济价值。

（三）相关的综合配套改革滞后

综合配套改革的滞后，主要表现在城乡两个方面。一方面是宅基退出后的城市融入问题。在城乡建设用地不合理"双增长"的情况下，一些地方政府开展宅基地退出试点，主要是为了推动城镇化或产业园区建设用地的问题，较少考虑人的问题，即城镇化、工业化的"化地不化人"。但是除财产属性外，宅基地及住房还具有一定的生产和社会保障功能，对农民而言，让其退出宅基地必须统筹考虑其就业、医疗、教育等问题，否则农户即使退出农村住房和宅基地，也无法真正融入城市、成为市民。另一方面是农村其他资源资产与宅基地的共同退出问题。当前的宅基地退出，主要集中在住房和宅基地方面，较少考虑承包地以及其他农村资产、资源等，一些进城落户农民在放弃宅基地的同时，仍然保有承包地和集体经济

[①]　关于重庆"地票"的研究文献较多，本书不做专门论述；宁夏平罗试验区农村土地退出的具体情况，参见本书第十四章。

组织成员身份，无法彻底退出土地、离开农村。当然，这与各退出试点获得授权改革范围有一定关系。很多试点地区反映，按照试点改革"封闭运行""不得抢跑"的要求，它们只能在宅基地方面尝试突破，而不能同时涉及承包地等。不过，针对这些问题，重庆"地票"制度配合的户籍制度改革、宁夏平罗县的土地财产权利与成员身份"一揽子"退出等，已经做出了有益探索。此外，宅基地退出和转让涉及集体经济组织成员的认定，但国家层面尚、未出台关于集体经济组织成员的界定办法，也在一定程度上影响了宅基地退出工作的开展。

（四）如何保护不合作农户的财产权

少数不同意农村住房和宅基地退出者的财产权保护问题，在政府主导的城郊农村的宅基地换房模式中最为凸显。一般而言，基于土地整理和产业园区规划而实施的宅基地换房，要求整村拆迁、连片退出。但是，农民早已分层、分化，不同类型的农户退出意愿、市民化能力甚至生活习惯等都有明显差异，政府主导下的宅基地和房屋退出方式、补偿价格可能难以让片区的每个农户都满意。为了避免行政强迫，大部分试点地区在宅基地连同住房连片退出时，主要采取了"少数服从（绝对）多数"的策略，比如天津华明镇"宅基地换房"要求试点各村必须95%的人拥护、另外5%不反对；浙江吴兴区实施"房票"也要求相应村，愿意拆迁比例和安置协议签订率必须达到90%以上。如此一来，一部分原本不愿意退出的农户可能基于"从众心理"或者碍于亲朋邻里的"游说"而同意拆迁。但是，也必须认识到，个别农户可能出于各种原因不愿参与。从调研情况来看，各地在宅基地和住房连片退出时，很少为个别不愿退出宅基地的农户制定具体办法，有的地方甚至诉诸暴力，引发了诸多问题。比如，吴兴区采取的策略是等"钉子户"慢慢转变，而郫县红光镇个别村则采取了暴力拆迁的方式。后者一度成为东方卫视、《华西都市报》等媒体报道的热点事件，不仅影响了社会的和谐稳定，而且损害了公众对宅基地退出改革的评价。

第十四章
农村承包地、宅基地一体退出：
宁夏平罗、山东青州的探索

城镇化是部分农业农村人口退出农业、离开农村向城镇非农部门迁移的过程，是部分农民生产、生活空间位置转换的过程。这一过程，一方面会推动城市的扩张，即实现"人的市民化"和"地的城镇化"，另一方面会促进农村土地资源在剩余农村人口中的再配置，实现农业现代化和农村转型发展。两个方面都要求根据人口变动，对城乡土地资源尤其农村土地资源进行优化调整。重庆梁平农村承包地退出中"退用结合"，浙江义乌农村宅基地退出中的"城乡联动"，都是为了加快城镇化进程中人地资源优化配置而采取的改革措施。

虽然从土地类型上看，农村承包地、宅基地一个用于农业生产，一个用于农民生活，两者有明显的差别，但是对于正在向城镇迁移的农民而言，他们不在意土地类型和产权属性，只知道农村承包地、宅基地以及附着其上的房屋，是他们在农村最重要的资源、资产。资产能够流动是人口迁移的内在要求。从支持农民城镇迁移的角度看，应当允许进城农民"一揽子"退出农村承包地、宅基地及其他权益。实际上，农村承包地、宅基地是能够打通使用的。比如，农村宅基地可以基于和城乡建设用地"增减挂钩"政策复垦为耕地（义乌的"集地券"正是如此），再由村集体或农户承包使用。

因此，除继续分头推进农村承包地、宅基地改革，允许农民分别退出承包地、宅基地外，为了提高改革的整体性、系统性、协同性，发挥改革合力，还应当基于农村人口向城镇转移的需求和农业农村转型发展的需要，为进城落户农民整体退出农村承包地、宅基地及其他农村权益提供制度安排，同时考虑在农村宅基地需求因人口向城镇迁移而持续减少的情况下，如何打通农村承包地、宅基地综合整治与利用，助推农业农村现代化。幸运的是，近年来有一些改革试点已经尝试了农村承包地、宅基地及其他农村权益的"一揽子"退出和综合整治利用。本章将选择其中较有代表性的宁夏平罗县和山东青州市，进行详细分析。

一　平罗农村承包地、宅基地一体退出：移民安置与"三农"发展

平罗县地处宁夏回族自治区北部平原地区，隶属石嘴山市，北望内蒙古乌海，距离宁夏省会银川50公里，位于国家丝绸之路经济带、宁夏沿黄（河）城市带上，是西北的鱼米之乡，有"塞上小江南"之称。2018年，全年实现地区生产总值182.36亿元，常住人口人均生产总值约为62797元，略低于全国人均国内生产总值（64644元），但高出宁夏全区人均生产总值（54094元）16.09%。2018年末，平罗县有常住人口290396人，常住人口城镇化率达到53.39%，城镇居民人均可支配收入达到26647元，农民人均可支配收入为14491元。

近年来，随着大量农村人口向城镇转移，当地农村土地流转比例持续增大，农村空心化情况也日益突显，在2015年之前，全县农村有35%左右的房屋长期闲置。[①] 为了进一步激发农业农村经济社会活力，自2010年以来，平罗县先后明晰了集体土地的承包经营权、宅基地使用权和农民房屋所有权等多项权属，走在全国前列。

---

① 2016年我们在平罗调研时平罗县农改办主任顾自军介绍。

2012 年，宁夏回族自治区要求平罗等经济社会较发达的县，"插花安置"① 西吉县、海原县、固原县（简称"西海固"）等宁夏南部贫困山区的生态移民，并为每户生态移民配备了 12 万元的财政资金。2014 年 11 月，平罗县被原农业部、中央农办等 13 部委确定为农村改革试验区，承担农村土地承包经营权退出工作。2015 年初，平罗县成为经全国人大常委会授权的 33 个农村土地制度改革试点。2015 年 11 月，平罗县被列为第二批国家新型城镇化综合试点地区。在这样的背景下，近年来，平罗县结合本县实际情况和区域经济发展，对农村土地承包经营权、宅基地使用权、农民住房等"一揽子"转让进行了多方面的积极探索。

（一）平罗承包地、宅基地一体退出的政策准备

为了推进农村承包地、宅基地及房屋退出工作，顺利完成西海固生态移民的"插花安置"工作，平罗县主要做了以下两个方面的政策准备。

一方面，因地制宜，做好确权颁证工作。产权清晰界定是可以交易的基础。因农村承包地、宅基地和房屋在很长一段时间内几乎不能交易，因此像全国大部分地区一样，平罗县在 2010 年以前，一直未对农村承包地、宅基地和房屋等确定产权、颁发证书。随着城镇化的加快和城乡发展一体化观念深入人心，为了促进城乡土地资源匹配，激发农业农村发展动力，从 2010 年起，平罗县加快推进农村承包地、宅基地及房屋等资源资产的确权颁证工作。至 2015 年 9 月，全县农村集体耕地承包经营权、集体荒地承包经营权的确权、颁证率分别达到 97.2% 和 100%；农村宅基地使用权、农村房屋确权登记率分别达 96.0% 和 100%，为平罗县农村承包地、宅基地退出提供了条件。

值得注意的是，由于全县 51.1% 的耕地是二轮承包后开垦的集体荒地，在承包地确权时，平罗普遍在二轮承包的基础上给农户增加 20% 的

---

① 所谓"插花安置"，是与集中安置相对的一种移民搬迁方式，是指向某一区域安置一定数量的移民，不再将移民集中安置，而且把移民分散到多个地区或村庄。政府认为，与集中安置相比，"插花安置"能够防止贫困集中，并避免产生一些群体性问题。

承包面积，并将这部分承包地在土地承包经营权证上登记为 A 类，同时根据实际情况和村集体经济组织意见，将二轮承包后开垦的荒地采取两种方式处理：一是确认给开垦该地块的农户，在土地承包经营权证上标记为 B 类，二是以每年每亩 5 元的价格，交给开垦该地块农户有偿使用至二轮承包结束。

另一方面，规则先行，谋划"三权"整体退出。为了在城乡发展一体化的大趋势下创新农村土地经营管理制度，结合宁夏回族自治区的生态移民"插花安置"工作，平罗县于 2012 年 12 月印发了《平罗县农村土地经营管理制度改革实施方案》，明确了改革时间表和责任分工方案。2013 年初，平罗县先后制定并印发了《平罗县农民宅基地、房屋、承包地收储参考价格暂行办法》《平罗县农民集体土地和房屋产权自愿永久退出收储暂行办法》《平罗县农村土地承包经营权自愿退出补偿和重新承包保障（暂行）办法》等文件，明确了农村土地承包经营权、宅基地使用权、农村房屋所有权等的退出程序、补偿办法、保障机制等。根据上述文件，平罗县由政府出资，设立了土地收储资金，开始探索农村土地承包经营权、宅基地使用权、农民房屋产权"三权"自愿有偿退出的"政府收储"机制。

为了提高退出农村土地承包经营权、宅基地使用权和农村房屋的门槛，避免不符合条件的农户退出农村土地和房屋，产生居无定所的无业流民，同时为了不给日后改革留下麻烦，争取"毕其功于一役"，平罗县 2013 年 7 月印发的《推进农民向市民转变暂行办法（修订）》，要求永久退出农村土地承包经营权、宅基地使用权、农民房屋产权的进城落户农民，须"同时退出村集体经济组织成员身份"。2013 年底，平罗县又制定了《平罗县农村产权交易管理暂行办法》和《平罗县农村产权交易规则（试行）》，明确了农村承包地、宅基地和农村房屋等退出或交易的具体程序。

（二）平罗承包地、宅基地一体退出的实现机制

近年来，依据政府推动"一揽子"退出改革的动力，主要是来自

"插花安置"生态移民的外部驱动，还是主要来自促进本地"三农"事业发展的内部驱动，可以把平罗的农村承包地、宅基地、房屋等一体退出机制具体分为两种。

1. "插花安置"驱动的承包地、宅基地退出

按照当前的法律政策，农村土地承包权（不是经营权）、宅基地使用权以及房屋所有权在私人之间转让受到严格限制。因此，虽然农村存在大量的闲置宅基地和房屋，且不少农户愿意有偿退出承包地，但是如果想用其满足生态移民的农村承包地、宅基地以及房屋需求，完成"插花安置"，需要政府发挥作用，引导供需的对接。为了实现农村承包地、宅基地和房屋的供需对接，2013年初，平罗县政府出资500万元人民币，设立了专门用于收储农村承包地、宅基地及房屋的收储资金。资金一方面用于前期启动"政府收储"，另一方面用于补充"插花安置"生态移民超过12万元自治区财政专项配套资金的支出。在收储资金的支持下，平罗县启动了以"一揽子退出＋政府收储"为典型特征的农村承包地、宅基地、房屋以及其他集体权益退出改革。

在确定补偿标准和实施收储时，平罗县的主要做法有以下几方面。

一是根据距离县城远近和区位好坏，将全县13个乡镇分为三个区域，其中城关镇为第一区域，黄渠桥镇等6个乡镇为第二区域，高仁乡等6个乡镇为第三区域。然后参照宁夏回族自治区2010年的政府土地征收补偿标准，结合所在乡镇近三年土地出租平均价格，根据地块所在的空间区位和耕地质量好坏，设定一个类似于地租的承包地收储基准价格。

具体来看，平罗县将同一区域每亩承包地政府收储的基准价格分为三个等级。对于一类区域，第一、第二、第三等级的承包地收储基准价格分别为600元/亩、500元/亩和400元/亩；对于二类区域，收储基准价格适当下调，分别为550元/亩、450元/亩和400元/亩；对于三类区域，收储基准价格再下调，分别为450元/亩、350元/亩和300元/亩。每亩承包地退出的总补贴＝以每年5%的增加幅度调整后的收储基准价格×到第二轮承包期结束（约为15年）剩余的年限。

另有，考虑到51.1%的耕地是二轮承包后农户自行垦荒得来，平罗县按照"尊重历史、承认现实、区别对待"的原则，规定：农户二轮承包以来，通过垦荒获得的集体土地使用权（在土地承包经营权证上标注为B类的），在退出时，不享受每年5%的增加幅度。

二是将上述第一、第二、第三个区域（乡镇）标准面积（270平方米约为0.4亩）的农村宅基地收储价格分别确定为1万元、9000元和8000元三个等级。农户宅基地超出270平方米的部分，以庭院经济用地收储，价格相对便宜，为1万元/亩，且最高不超过标准面积内宅基地价格的40%。对未取得使用证的宅基地及超标部分，收储价格打折下调。

三是根据建造年限和建筑结构的差别，制定农村房屋收储价，规定：2010年以后新建造的砖木结构房屋，外墙贴瓷砖的，收储价格每平方米最高700元；2010年以前建造的或因各种原因暂未取得产权证书的农村房屋，收储价格打折下调。房屋收储价格打折下调的比例，与未取得使用证的宅基地、超标部分宅基地收储价格打折下调一样，由拥有农村房屋所有权或宅基地使用权的农户、所在村集体经济组织和县乡政府有关部门协商确定。

四是退出农村承包地、宅基地和房屋的农户，需同时放弃村集体经济组织成员身份，以及所有其他资源、资产、资金的收益分配权。村集体经济组织给予放弃本集体经济组织成员身份和退出集体收益分配权的农民一次性补偿。补偿金额＝当年本集体经济组织人均分配额×二轮承包期剩余的年限（15年左右）。

总之，在"政府收储"以实现生态移民"插花安置"时，由于不仅需要为迁入某个村庄的生态移民提供承包地、宅基地以及住房，还需要为其提供集体经济组织成员身份，否则他们难以真正融入村集体经济组织。因此，平罗县试点之初曾要求，退出农村承包地、宅基地必须以户为单位，同时退出农村承包地、宅基地、房屋和集体股份收益权，并彻底放弃集体组织成员身份，即永久性彻底退出。不过，由于一方面生态移民需要的承包地、宅基地不多（我们调查访谈的几户生态移民基本上每人承接了 1~2 亩地，远低于当地人均 3 亩多的承包地水平），而另一方面一些农户也不愿意完全退出承包地，为了鼓励农户退出闲置承包地、宅基地，在试点后期，平罗县放松了必须放弃全部承包地、宅基地的要求，而是允许农户在满足生态移民最低要求的同时，退出一部分农村承包地、宅基地和集体股份收益权，并在家庭成员中放弃与之相应的集体经济组织成员身份。

需要指出，为了避免出现流离失所的无业人员，平罗县对于农民退出承包地、宅基地和房屋都设置了严格的前提条件。例如，《平罗县农村土地承包经营权自愿退出补偿和重新承包保障（暂行）办法》规定，农村土地承包经营权的退出条件为"迁入城镇并有稳定职业和固定住所或者长期外出有稳定的收入来源"，对于"单纯依靠土地生存，没有其他收入来源的"不允许退出。

平罗县在实施农村承包地、宅基地和房屋退出时，设置了严格的退出条件，而且设定的退出补偿或者说政府确定的收储价格不高。[①] 以典型农户退出 270 平方米宅基地、2010 年以后建造的砖木结构 100 平方米房屋、8 亩承包地和 4 口人的集体成员身份为例，退出补偿合计约为 15 万元。不过，农民参与承包地、宅基地和房屋退出的积极性很高。改革试点启动不久，全县就有 3000 余户农户提交了农村承包地、宅基地和房屋退出申请。最终受需要"插花安置"的生态移民数量限制，至 2015 年 9 月"政府收储"式农村承包地、宅基地和房屋等"一揽子"退出改革试点结束，平罗县累计收购 1718 户农户的宅基地和房屋，收购农村承包地 8650 亩，"插花安置"生态移民 1174 户。

2. "三农"发展驱动的承包地、宅基地退出

宁夏回族自治区部署推进"插花安置"生态移民的同时，平罗县也在思考如何以深化农村土地制度改革促进农业农村发展，改善农民尤其是老年农民的生活条件和福利状况。考虑到一方面新型农业经营主体不断增

---

① 重庆市农户以"地票"的方式退出农村宅基地并复垦，每亩可得 20 万元。同属西部地区，宁夏平罗的土地退出补偿远低于重庆，因此其收储价格并不算高。

加，需要一些建设用地建农机库棚、晾晒场等，另一方面农村人口老龄化、农村空心化和老年农民的社会化养老服务滞后，平罗县决定创新农村承包地、宅基地和房屋自愿有偿退出安排，探索"以地养老"，并于2014年6月印发了《平罗县老年农民自愿退出转让集体土地和房屋产权及社会保障暂行办法》。

上述办法规定，平罗县老年农民自愿退出农村承包地、宅基地和房屋时，可以按照"插花安置"时的标准获得补偿。不过，在老年农民申请退出农村承包地、宅基地和房屋时，平罗县也针对老年人的实际情况，做了一些特殊规定，比如，①与子女拥有同一宅基地使用权和房屋所有权的老年农民，可以只退出承包经营权而保留宅基地使用权和房屋所有权。②老年农民是户主身份的，必须经家庭二轮承包时所有共有人和村集体经济组织同意，方可退出所有农村产权；是共有人身份的，土地承包经营权的退出面积按照共有人人均占有面积折算。③老年农民自愿退出耕地可以一次性拿到所有退出补偿，也可以视同长期出租，然后用出租收益缴纳养老服务费用；老年农民自愿退出的宅基地可以通过复垦或转变为集体经营性建设用地，其获得相应的补偿资金，进而换取养老服务。

作为试点，平罗县把灵沙乡胜利村、头闸镇邵家桥村两个闲置的小学改造为农村养老院，为退出农村土地和房屋的老年农民提供养老服务。改革启动后，很快就有十几位老年农民报名参加。65岁的胜利村村民马占福，子女都已经在县城安家落户，与老伴合计一番后，决定将自家的承包地、宅基地、房屋、集体股份收益以及集体成员身份等全部有偿退出，从村里"净身出户"，和老伴一起搬到了村里新建的养老院。"净身出村"后，马占福获得了总计18万元的补偿款——退出宅基地和砖房补偿8万元、承包地9万元（每亩9000元，共10亩）、集体成员权益预期收益1万元，然后在政府优惠政策的支持下，他花费2.2万元给马上要到退休年龄的老伴买了养老保险。

至2017年9月底，灵沙乡胜利村养老院已经入住74位老人，其中购买了养老保险的马占福妻子，已经开始领每个月1200元的养老金。

总的来看，与"插花安置"生态移民配套的农村承包地、宅基地和房屋"政府收储"主要影响的是在城镇有稳定职业和固定住所的农户，那么以农村承包地、宅基地和房屋等换取社会养老服务，则主要针对难以或不愿向城镇迁移的老年农民。

此外，考虑到农村承包地、宅基地和房屋退出的"政府收储"主要是为配合"插花安置"生态移民，政策可持续性较差，而老年农民"以地养老"短期内难以大面积实施等问题，[①] 2015 年 2 月成为"三块地"改革试点后，平罗县于当年 4 月启动的新一轮农村改革试验工作方案，提出了探索农村土地承包经营权、宅基地使用权、房屋所有权"三权"在集体经济组织内部自愿转让和村集体经济组织收储。比如，头闸镇西永惠村的家庭农场主王进孝从本村农户手中购买了两处闲置的宅基地作为制种梅豆的晒场。一些财务状况较好的村集体经济组织，在县委县政府的号召下，尝试回购农民的承包地和闲置宅基地。对村集体经济组织回购后全村整体退出得到的土地，复垦后按照城乡建设用地增减挂钩政策，置换城镇建设用地指标，在县域范围内统筹使用。

（三）平罗土地退出改革的经验及挑战

作为国家农村改革的前沿阵地之一，平罗县依托先行先试的有利政策，结合自治区的生态移民工作，就农村土地退出进行了多种尝试，积累了丰富的改革经验，也面临着一些有待应对的挑战。

1. 取得的经验

一是注重分层分类有序推进。如本书第一章所述，农户分化是当前农村社会的重要特征，分化形成的不同类型农户有不同的农村土地需求，一些进城离农农户有较强的农村土地退出意愿。政府在设计农村土地退出的制度通道时，需要考虑到这种情况，分层分类实施。平罗县的农村承包

---

① 受"养儿防老"传统观念的影响，以及考虑子女"面子"问题，有子女的老年农民一般不愿"以地养老"。

地、宅基地和房屋自愿有偿退出，无论是前提条件、退出路径还是补偿方式，都注重农户的差别化需求，体现了分层分类有序推进的改革理念。

具体来看，平罗县农村承包地、宅基地和房屋自愿有偿退出主要涉及三类群体。第一类是已经融入城镇，基本完成从农民向市民转变的群体。《平罗县农村土地承包经营权自愿退出补偿和重新承包保障（暂行）办法》明确规定，农村土地承包经营权退出的前提条件是："迁入城镇并有稳定职业和固定住所或者长期外出有稳定的收入来源"，"单纯依靠土地生存，没有其他收入来源的"农户不允许退出。第二类是即将失去劳动能力且没有子女或不愿让子女赡养的老年农民群体。《平罗县老年农民自愿退出转让集体土地和房屋产权及社会保障暂行办法》规定，只有达到退休年龄（男60岁、女55岁）的农村户籍人口，才可以申请依照本办法退出农村承包地、宅基地和房屋。第三类是不想种地的或拥有闲置农村宅基地和房屋的农民群体。鼓励村集体经济组织收储成员农户想退出的农村承包地、宅基地和房屋等。不过，如前文所述，绝大部分村集体经济组织实际上没有动力和能力开展此项工作。

二是强调相关政府部门的协同实施。按照中央要求，深化农村改革，必须注重系统性、整体性和协同性，必须更好地发挥政府作用。农村土地及其上的房屋，长期以来都是农民"安身立命之所在"，承担着生产生活等经济社会职能。农村土地退出改革涉及户籍、住房、养老、教育、财政等方方面面，牵一发而动全身，不能仅靠农业部门，必须强调各有关政府部门的紧密协作。

平罗县在农村承包地、宅基地等有偿退出试验中，通过完善组织架构、强化部门职责分工，逐渐形成了县委县政府总体部署，各有关职能部门协同实施、整体推进的改革理念和改革模式。为强化农村土地经营管理制度改革试验区建设的组织领导，2012年平罗县成立了由县委书记、县长任小组长的领导小组，成员覆盖县直部门、下辖乡镇以及县域的主要金融部门；为保障《平罗县农村土地经营管理制度改革实施方案》顺利实施，《平罗县农村土地经营管理制度改革责任分工方案》详细规定了县直部门、各乡镇的职责分工及完成时限；为落实《平罗县推进农民向市民转变暂行办法（修订）》中的有关要求，县委、县政府明确要求由住建局牵头，财政局、国土局等部门密切配合，对退地进城的农民购房予以补贴；要求各相关部门对退地农民的就业、创业、教育、养老保险、计划生育等给予支持。在 2014 年开展的老年农民退地与养老联动的改革试验中，平罗县更是强调县财政、农改办、县人社局等负责将农村承包地、宅基地和房屋永久退出与城镇购房补贴、农村集中养老等结合起来，整体推进。在 2015 年新的农村改革试验工作方案中，平罗县同样明确了县直机关、各乡镇的改革职责及其落实时限。

以相关政府部门的整体推进和协同服务，来减小退地农户融入城市的经济压力和身份转换成本，已成为平罗县推进改革试验工作的一个重要经验。

三是充分发挥村集体经济组织的作用。农村土地的集体所有，决定了农村集体经济组织是实行各项农村土地制度改革的基础平台和重要抓手。农户退出土地，本质上是农村集体重新获得各项土地权利的镜像。实施农村土地退出，必须充分借助村集体经济组织的作用。平罗县的经验表明，无论是"政府收储"回购，农民以承包地、宅基地和房屋置换养老服务，还是最近开展的集体组织内部交易机制，村集体经济组织都可以在其中发挥重要作用。

具体来看，集体经济组织的作用主要体现三个方面。一是审核筛选作用。集体经济组织，最熟悉本集体成员的经济社会状况，可以根据政府文件审核退地农户的退出资质。只有符合条件的农户，集体经济组织才准予其退出农村集体土地。二是退地改革的防火墙作用。村集体允许退地农户再次承包，是农户土地退出"反悔机制"的关键环节，可以消减退地者市民化失败可能出现的风险。三是市场中介作用。集体经济组织成员内部的土地使用权交易，主要由所在村集体经济组织负责实施。

2. 面临的挑战

任何改革尤其是农村土地制度改革不可能一蹴而就，需要在改革过程中解决各种困难。平罗县的土地退出试验面临的挑战主要体现在四个方面。

一是政府收储的不可持续性。前述平罗县的做法表明，最初开展农村土地退出和政府收储工作，其主要目的是解决生态移民的"插花安置"问题。可以想象，如果没有自治区政府为每户移民提供的 12 万元安置资金，平罗县显然没有能力安排近 1.5 亿元资金搞农村土地退出收储。当后期移民计划接近完成时，县里便只收购农户的部分承包地也佐证了上述观点。那么，随着 2015 年生态移民工作的结束，平罗县这种"借船出海"的收储式农村承包地、宅基地退出，将难以为继。

二是政府行为与市场机制的衔接性。正是认识到政府收储式退出的不可持续性和不能普遍推广性，平罗县在 2014 年尝试引入了市场机制，形成了"政府补贴＋企业运营"的老年农民以地养老的农村土地（及住房）退出模式。但老年农民的参与积极性不高，至 2017 年 9 月底，只有几十人入住养老院，表明政府、市场双轮驱动的以地养老式农村承包地、宅基地退出改革仍然存在问题。如何更好地衔接政府和市场两种资源配置机制，为部分有意愿、有能力的农户退出农村土地提供制度激励，是政府推动相关改革必须破解的难题。

三是退地价格的确定及其合理性。农村土地和房屋是农民最重要的资产，如何确定退出价格涉及农民的切身利益，进而决定了改革的群众基础。在政府主导的土地收储或以地养老模式下，退出承包经营权的补贴（收益）由第二轮承包期剩余的年限和当地近三年的土地流转均价（地租）共同决定。且不考虑以地租作为对价标准是否合理，以第二轮承包剩余的年限为收益期间，就明显存在一些问题——随着第二轮承包期的临近（2027 年左右），追求最大化收益的农民可能会等第三轮承包后再退出，而这会抑制农民的土地退出意愿。允许集体组织成员内部进行"三权"交易，将交易仅限于本集体组织成员内部，卖方不能在更大范围内寻找更高报价者，不利于保障退地者的利益，从而打消其退出农村承包地、宅基地的积极性。

四是兼顾改革的平稳性与彻底性。为避免出现无家无业又没有社会保障的城市"流民"，平罗县为彻底退地的农民制定了重新承包保障办法——村集体预留收储土地的 20% 作为机动地，对确实无法在城市生活而想回村务农的原村民，经批准按照协议退回补偿款后，可再次承包不大于原面积的土地。这种"反悔机制"，可以减少改革的风险，有很强的政策创新意义。不过，这一做法也留有隐患——随着地租的上涨和第三轮承包期开始（收益期间变长），农村土地退出的预期收益将明显增加，原先"弃地进城"的农户就有可能绕过政策的前置条件，拿起"弱者的武器"，利用反悔机制，要求重新承包农村土地。可见，如何处理好平稳性与彻底性的关系，需要在推进农村土地退出改革时深入思考。

二　青州承包地、宅基地一体整治：
农业转型和乡村振兴

青州市是潍坊市代管的山东省省辖县级市，全国工业百强县。近年来，农村人口向城镇迁移和区域经济发展促使青州城市建设面积持续扩大。2012 年末青州全市建成区面积为 46.5 平方公里，2014 年、2016 年为 49.5 和 51.5 平方公里，2018 年末全市建成区面积进一步增加至 52 平方公里。城镇化的快速发展让青州建设用地指标紧张。为了满足城镇建设用地需求和推进美丽乡村建设，青州市仅 2018 年就多次向山东省国土资源厅争取"增减挂钩"指标。因此，农村土地整治和复垦，也成为青州市国土资源局的一项重要工作。

南小王村地处青州市东北部平原地区，距离寿光市约 25 公里，是青州市开展"增减挂钩"工作的典型村。全村有 105 户农户，共有 309 口人，人均耕地 1.7 亩。因县道穿村而过，前些年村里跑运输生意的人很多，村民比较富裕，几乎家家有小轿车。2016 年全村人均收入达到 28000 元，接近青州市城镇居民人均可支配收入，比全市农村居民人均可支配收入（16180元）高出 1 万多元。因经济基础好，发展理念先进，2006 年南小王村被评为潍坊市新农村建设示范村。为了进一步改善村民居住环境、提高村民收入，2013 年以来，南小王村充分利用政府和市场两个优势，同时对宅基地和承包地进行集中连片整治，在推进农村社区发展和区域农业转型方面取得了良好的效果，积累了丰富的经验，其做法具有较强的政策含义和推广价值，值得关注。

（一）以土地整治实现土地集约利用和社区重建

在 2013 年开展土地整治之前，南小王村与全国大部分传统农村社区一样，村里建设用地的利用效率和集约化程度不高。全村 105 户 309 个村民使用农村建设用地近 80 亩，人均建设用地面积达 170 多平方米。而且，随着越来越多的农户举家迁入城镇，村里超过 1/3 的房屋和宅基地长期闲置。作为潍坊市新农村建设示范村，南小王村本来的村庄建设比较好。但是，村里各家的生活污水分别排放，导致村里到处是污水，夏天村内臭味严重、生态环境差，再加上村民比较富裕，有较强的社区重建诉求。

2013 年，在村支书孙国贞的带领下，南小王村结合青州市城乡建设用地"增减挂钩"和"美丽乡村"建设试点项目，启动了宅基地复垦和村民"上楼"和"入寓"工程。其主要做法有如下几点。

一是全体村民协商确定宅基地及房屋退出补偿办法。社区重建是涉及全体村民的重大事件，为避免引发矛盾，需要让全体村民民主协商。南小王村在启动土地整治前，先后召开了 5 次全体村民大会，每户至少有一个成员参加。最后，村民集体决定，宅基地凡是达到一定面积（200 平方米）的，村民退出宅基地都可以获得 4 万元的退出补偿。由于村里的宅基地面积都超过这一面积，这实际上相当于按"处"对村民退出的宅基地进行补偿。各家被拆除的房屋则按照评估价格进行补偿。

二是借助政府"增减挂钩"项目资金进行社区重建。按照青州市国土资源部门的规定，南小王村宅基地复垦、建设用地指标挪至城市后，可以获得每亩 20 万元的复垦补贴。最终，村里有 103 户农户退出了宅基地，全村复垦宅基地面积 75 亩，其中 14 亩建设用地指标用于社区重建，净增的 61 亩耕地交由村集体统一经营，同时作为城市建设用地指标。南小王村共获得 1220 万元宅基地复垦补偿。在拆除农民房屋、复垦宅基地的同时，村里利用村民（抵补原房屋评估价格后）的购楼资金和部门"增减挂钩"项目给予的每亩 20 万元的宅基地复垦资金，采取滚动建设的方式，先后累计投资 3200 万元，建成了 6 栋、180 套楼房和 28 套老年公寓。

三是对不同类型村民进行楼房、公寓等差别化安置。各农户的家庭情况不尽相同，有家庭想要两套或者面积比较大的楼房，有的家庭有高龄老人不适合上楼，有的家庭已经在城里定居不想要村里的楼房。南小王村充分考虑不同类型的需求，特意多盖了一些楼房和老年公寓平房。每个退出宅基地的农户，可以选择直接获得宅基地和房屋补偿资金，不再购置村里的楼房；也可以以成本价获得一套 80 平方米带装修的楼房，并根据楼层不同调整价格：二层、三层的价格是 1550 元/平方米；四层的价格为 1150 元/平方米；顶层（5 层）带阁楼的价格为 1250 元/平方米（一层为车库）。超过 80 平方米的部分或第二套房子，按照 2000 元/平方米的价格购买。本村达到一定年龄的老人，如果不愿意上楼的，可以免费入住村里的老年公寓。老年公寓占地 4.3 亩，房屋建筑面积为 50 平方米，有厨房和卫生间，房前是个小院，水电费由村集体代缴。老人去世后，老年公寓再交回村里，村里再让其他符合条件的老人入住。

此外，南小王村还配合潍坊市"美丽乡村"建设试点项目，在政府财政资金的支持下，由集体补充一部分资金，在村里建好了卫生所、乡村道路、污水处理站等公共服务配套设施。

从效果上来看，除了两户靠马路的村民没有参与之外，其他 103 户都参与了村里的社区重建。最后，101 户农户购置了村里的楼房，其中一些农户还要了多套楼房。有 2 户已经在青州市定居多年的农户，每户拿到 8 万多元房屋和宅基地退出补偿后，没有再在村里购置楼房。全村达到 65 岁且想入住老年公寓的，都入住了老年公寓。南小王村从传统的农村村庄，变成了雨污分流的现代化新型农村社区。村民都住进了统一排水、取暖的楼房和老年公寓。

（二）承包地、宅基地联动：以土地入股和信托投资推动农业转型发展

南小王村的土地整治，不仅包括宅基地，而且包括农户承包的耕地。2008年，村里结合本村种地的农户不到1/3、土地流转比例非常高的情况，成立了南小王晟丰土地股份合作社，全村的土地都交由村里统一往外出租，每亩地的租金为926斤小麦（折价）。在2013年以前，村里的大部分土地都用来种植粮食作物，个别经营主体流转土地后从事蔬菜种植。相对而言，农业主要是传统经营模式，规模化、组织化、现代化程度不够。

为了吸引外部资金进而提高土地的价值，2013年12月13日，晟丰土地股份合作社与中信信托签下了山东第一单"土地流转信托"协议，将南小王村民入股合作社的508亩耕地，连同宅基地复垦后净增的61亩集体的耕地，都统一交给中信信托和晟丰土地股份合作社联合成立的青州天禄农业发展股份有限公司（以下简称"天禄农业公司"）投资经营。南小王村农户以土地入股，除了可以获得926斤小麦（折价）外，还可以在年底参与分红。2016年南小王村农户每亩地收益约为3000元。天禄农业公司借助中信信托的资金和技术支持，对南小王村及周边耕地进行连片整治，对路网水网进行科学规划，将耕地改良后，建设成了高标准蔬菜大棚，并统一配备了5个沼气池为蔬菜种植户提供有机肥。同时，天禄农业公司还在中信信托的直接帮助下，引入农资商、农药商、农机商、技术服务商、农产品加工商、农产品销售商、保险公司和银行，将其打造为资源整合平台，为南小王村及周边的农户提供多样化的社会化服务。

至2018年1月，天禄农业公司已经在信托资金的支持下，累计投资近1亿元人民币，以每个大棚占地3亩、投资近10万元的标准（100米大棚），在南小王村及周边建设成了1000多个高标准蔬菜大棚和其他农业项目。村里及周边想从事蔬菜种植的农户，可以以每年2.5万元/棚的价格承租天禄农业公司的大棚。一般情况下，村民夫妻两人可以经营管理两

个大棚，每个大棚年收入为 7 万~8 万元，扣除租金后两人经营大棚的年纯收入达 10 万元。课题组入户询问了南小王村住在楼房的牟姓农民及其妻子，他们把自己家的 4 亩多分散的承包地入股到晟丰土地股份合作社后，承租了一个百米新棚和两个较小的旧棚，每年共支付租金不到 4 万元。由于南小王村靠近寿光，且在天禄农业公司的带动下，周边蔬菜种植已经具有规模，因此不愁销路。夫妻二人经营管理大棚，年收入在 8 万~9 万元。再加上土地入股的 1 万多元的分红，这个家庭每年收入在 10 万元左右。

通过土地流转信托的品牌效应、规模效应以及引入高水平服务商带来的经营性社会化服务，南小王村村民有效降低了农业生产成本，提升了农产品附加值，获得了更好的农业经营效益，最终推动了传统农业向现代高资本投入、高附加值特色农业的转型，并促进了新型农村集体经济的发展。

（三）承包地、宅基地一体整治的经验与启示

南小王村通过宅基地整治复垦和耕地股份化经营，直接推动了农村社区重建和区域农业转型升级。其做法对其他地区推进相关工作和政府有关部门深化农村改革具有一定借鉴意义。

一是土地整治要注重"三性"，即村民参与的积极性和有关制度安排的灵活性、包容性。南小王村在宅基地退出和社区重建前，收集了村民反映最多的污水排放、夏天村内太臭等问题，充分了解村民的意愿，多次组织村民代表去寿光、诸城等地参观考察，并召开了 5 次全体村民大会，最终绝大部分村民都同意一步到位——直接建设有地暖、有卫生间的现代化楼房。在具体确定宅基地退出补偿、房屋拆迁安置标准时，充分发挥村民的集体智慧，具有很强的灵活性和包容性。灵活性则表现在：为爬楼不便的老年村民提供免费的老年公寓；对于家里没有男孩且女孩外嫁的，只要签署赡养老人的承诺书，也可以在南小王社区购置楼房；允许家里有两个男孩想要两套房子的村民购置两套楼房。包容性则体现在：对于不想参与

宅基地退出和社区重建的村民，村里允许其保留自己宅基地和房屋；对于退出宅基地后不想在村里社区购置楼房的进城村民，给予其宅基地和房屋补偿资金。由于充分调动村民的积极性，且制度安排足够灵活、包容，南小王村没有一个村民因宅基地整治和土地入股信托上访。

二是土地整治要实现宅基地（连同房屋）和承包地"两块地"联动。贯彻落实党的十九大报告提出的"乡村振兴"战略，既要考虑农村的"业"，也要考虑农村的"态"。南小王村的经验表明，对承包地整治可以提高农业规模经营程度、推动社会资金向农业投资，从而有助于农业增效、农民增收；宅基地整治是改善农村居住环境、提升农民获得感的重要手段。而且，宅基地复垦后成为新增耕地，也需要考虑相应收益的再分配问题。南小王村用宅基地复垦后新增的 61 亩耕地收益（每亩 3000 元），支付了老年公寓的水电费。如果没有承包地整治，承包地流转收益只有不足 1000 元，村集体为村民提供公共服务的能力无疑将大打折扣。

三是外部资金进入是土地整治和乡村振兴的重要支撑。加快让资金回流农村是实现乡村振兴的内在要求。无论是宅基地整治，还是农田连片改造，都需要大量的资金。如果没有政府的"增减挂钩"政策支持的 1220 万元经费和中信信托撬动的上亿元社会资本，即便南小王村 2016 年的人均可支配收入比较高，是全国农村居民人均可支配收入的 2 倍多，也很难实现社区重建和耕地价值的迅速提升。遗憾的是，现有的涉农政策，对各种资本尤其是社会资本进入农业农村一直保持高度的警惕，担心工商资本长时间大面积使用农村土地会产生非粮化、非农化的问题。实际上，当前人们的食物消费结构已经转变，对粮食的消费量减少而对菜蛋奶肉等食物的消费增加，而且从农业产业竞争力的角度来看，让一些地方种植更有竞争优势的蔬菜、水果等，也更符合农民利益和国家农业供给侧结构性改革精神。

总之，青州南小王村的做法表明，一些较富裕的村庄有进行宅基地整理和耕地优化利用的内在需求。充分发挥政府和市场两方面的优势，进行宅基地整治和高标准农田建设，能够改变农村面貌，提高农业竞争力，增加农民务农收益，是贯彻党的十九大部署，实现乡村振兴的有效途径。

第十五章
农村土地"进退联动"支持农业转型：
法国、日本的政策

城镇化的本质是人口、土地等资源要素在地理空间的配置和整合。由于土地的不可移动性，城镇化必然伴随着进城农民与土地的"人地分离"，并引起农村土地资源在剩余农业农村人口中的再配置。如果在这一过程中，不能实现农村土地优化配置，就会产生"人地"资源错配，损害农业经营效率。消除资源错配的过程，也是提高要素生产率、推动经济增长的过程。很多发达国家在农业转型期，都非常重视农村土地优化配置。例如，法国、日本为了支持农业转型和现代农业发展，都曾出台以"进退联动"为典型特征的农村土地政策，引导一部分离农农民退出农村土地，并支持合意的农业经营主体承接土地、扩大经营规模。

一 法国转型期农地优化利用：
政府主导的"收买—整理—转卖"

（一）历史背景

法国曾是一个农业长期落后的国家。1789 年爆发的法国大革命彻底推翻了旧的封建土地制度，建立了农民小块私有的小农经济，几十万农民变成了小块土地的所有者。这种广泛的小块土地私有制度在法国持续了

100 多年。到 1939 年，农民还占法国总人口的 48%，大量小农户占有小块土地，法国农业经营有显著的"小而散"特征。1955 年，全国 228.57 万个农场中，约有 127.72 万个（占比 55.9%）农场土地面积在 10 公顷以下，农场经营规模小；全国 3400 万公顷土地总面积，被分割成 7600 万地块，平均每个地块仅 0.45 公顷（6.75 亩），地块分散化严重。

二战后，法国经历了"光辉三十年"，城镇化与现代化快速推进，而农村则陷入人口骤减、功能单一等危机，甚至一度被预言会走向"终结"。同时，土地私有也带来了严重的农户两极分化，高利贷活动趁机迅速发展，导致很多农民破产。法国没有严格的户籍制度，人口流动的阻力相对较小，少数资金充裕的土地所有者开始吞并小农场，发展资本主义式的大型农场。这种不受管控的土地占有导致了过度兼并，但兼并后的一些土地没能很好地被利用，而是出现了弃耕、劣耕行为。法国政府逐渐意识到，小农户分散所有的土地制度不利于农业技术进步，阻碍了农业现代化的发展，还容易激发社会矛盾，因此于 20 世纪 20 年代开始出台相关政策，来促进土地流转和适度集中，实现农业的规模化和现代化。

（二）基于土地整治公司的农村土地优化配置

法国的农地市场建立于 20 世纪 60 年代，当时法国的农场存在数量众多、分散严重、规模偏小等问题，而现代农业的发展又迫切需要农场经营规模化。为了优化土地利用，1960 年法国出台了《农业指导法》(*Agricultural Orientation Laws*)。这部法律催生了一批土地治理和乡村建设组织。

1. 土地整治公司的成立及其组织结构

为了更好地为有志于发展农业的年轻农户提供土地和经营设备，《农业指导法》要求各省成立半国有的土地整治公司（SAFER），用来买卖农业用地，重新组织土地划分，解决因为农场规模小限制农业发展能力的问题。SAFER 由 28 个土地管理和农业设施机构组成，是一个非营利、非政府性质的组织，其业务运行受政府有关部门监督。据统计，1963 年至 1982 年，由 SAFER 收购的土地面积达 145 万公顷，占法国这一时期土地市场交易量的 20% 。

从组织结构来看，SAFER 首先在全国层面成立联合会并设立总公司，由总公司来购买下属 30 个分公司的股份，法国农业部和财政部派专员对总公司的业务进行监督。各地分公司的主要股东包括农业银行、地方性农业局集体投资公司、地方政府、工会、专业农业协会等。其中 40% 的股份来自地方财政，10% 来自总公司，8% 来自全国农场结构整理中心，15% 来自各地的农业信贷银行，8% ~ 10% 来自互助会形式的商业保险联盟公司，剩余股份来自各类农业协会（于建嵘，2015）。具体业务由各地的分公司理事会、技术委员会负责实施，理事会有 12 ~ 24 名成员，且要求 1/3 以上是地方政府的代表。技术委员会主要负责土地分配方案的决定。当地农业局和财政局会设专员对分公司的交易运作进行监督。

2. 土地整治公司的业务范围及其权力边界

土地整治公司对收买进来的土地，通过合并、整治、改良然后转卖的方式，达到扩大农场经营面积和提高土地质量的目的，进而促进土地规模和现代农业发展需要之间的平衡。具体业务范围表现在以下三个方面。

（1）任何土地交易都必须获得 SAFER 的批准才可进行。也就是说，农民不具备自由买卖土地的权利。具体来看，在进行土地交易前，负责审订合同的律师必须将待交易土地的地点、类型、售卖价格和买卖双方的信息告知土地整治公司，土地整治公司代表国家对土地流转协议进行审核。若发现合同存在问题，土地整治公司有权宣布签订的合同无效。可见，法国在保障农民的土地所有权的同时，也强调了国家对农村土地的限制干预权，并不是每个人都可以买到土地。

土地整治公司有权对农场（包括土地、建筑物、设备、牲畜）、开发森林进行购买、交换和转让，且收购的土地等资产一般应当在 5 年内售出。若出现土地重组、植树造林等情况可以酌情延期至 15 年。一般而言，土地整治公司在 6 个月之内便可以处理掉持有的土地，延期持有的情况极为罕见。

（2）土地整治公司具有收购土地的优先权。《农业指导法》规定，SAFER 在农业企业、农地和农村地区的非建筑财产交易领域具有优先购买权。如果 SAFER 通过评估后发现，土地交易价格远高于市场正常价格，并没有做到对土地的最高效利用，则公司有优先权购买土地。因此，SAFER 每次优先购买的结果都应该是优于自由市场竞争的。

具体的实施过程如下，如果 SAFER 打算使用优先购买权，其将取代原来的购买者，采用公开通知的价格对农村土地进行收购，土地出让方有义务将土地卖给 SAFER。若 SAFER 认为公开通知中的协定价格高于市场均价太多，则有权利对其进行修改后再购买。也就是说，SAFER 有权利向土地出让方建议降低价格，而土地出让方有权利选择接受该价格或者拒绝该价格（即取消销售土地或资产）。不过，SAFER 每次优先购买土地的决议，必须通过政府代表处（包括农业部和财政部）的备案。政府代表处作为政府委托方，有否决 SAFER 决议的权力。如此一来，政府代表处对土地整治公司有监督和制约作用。

需要指出的是，SAFER 的优先购买权不是在任何情况下皆可实施。一方面，优先购买需要合理的理由。《农村法令》（Rural Code）L 条 143－2 款列举了优先购买的几个合理目的，其中包括：帮助农民建立和维护农场；对现有农场地块进行扩大和改良；当公益项目或者公共设施侵占农民土地时，用以保持农场土地数量的平衡；保护家庭型的农场；防止地产投机；当土地和地上建筑物以房地产和其他生产经营为目的被拆分开出售时，保存现有的、发展状况良好的农场；依据森林法原则的森林保护行为，及森林产业结构优化行为；经国家和地方政府批准后的改善、保护环境的项目等（武剑，2009）。另一方面，优先购买权对收购对象有所限制。不能对以下三类群体行使优先购买权：一是共同继承人、农场共同所有人；二是在一个农场工作达三年以上且以实物作为租金的农民或者佃户；三是被征地的农民。现实中 SAFER 较少行使优先购买权，通过这一方式购买的土地仅占其交易总量的 1/10。为保证较高的成功率，SAFER 使用优先购买权一般非常谨慎。

（3）土地整治公司还发挥了一定的中介功能。法国的土地市场结构繁杂、法律众多，SAFER 作为中介机构为买卖双方提供各种服务，最主要的便是土地托管。作为专业且唯一的土地交易平台，SAFER 汇聚了完善的市场信息，为交易双方提供了相关的法律保护和真实的买卖信息。若农民有售卖土地、退出农业的愿望，可以直接与 SAFER 签订交易协议，在土地售卖之前都可以享受 SAFER 提供的托管服务，有效地避免了买卖方信息不对称导致的土地流转不畅的问题。

（4）对农民进行知识技术培训。法国相关政策规定，农业生产补贴具有较高的准入门槛，只有通过专业的课程培训且具有农民资格的人才能获得政府给予的农业生产补贴，而对于那些早已不再以农为业的人，即使自己有土地也无法获得农业生产补贴。因此专业的知识培训对于法国农民来说十分重要。SAFER 便是对农民进行专业知识培训的机构，负责对有意向成为农民或农场主的人进行专业的农业知识技能培训。同时，在对农民进行培训的过程中，SAFER 也掌握了大量相关信息，为后续土地交易、金融信贷业务的发展打下了基础。

3. 土地整理公司"收买—整理—转卖"的交易流程

通过 SAFER 完成土地买卖需经过以下几个步骤。首先是获取信息——SAFER 通过报纸、律师等各种公开的媒介方式对土地出售信息有大体了解；然后是卖方商榷——SAFER 通过已掌握的信息和卖方进行商榷，了解售出土地的基本情况；接下来是搜寻买方——SAFER 要尽可能多地搜寻买家信息，通过审阅他们的土地使用规划书，对其进行评估。内部评估工作完成之后，SAFER 还要接受地方农业技术委员会的建议，以保证对买方的情况有更为全面的了解。评估工作完成以后，需要送往农业部和财政部两个政府部门的委员会审批，获得批准后，SAFER 的理事会才可进一步做出决定。根据获取的买方和卖方的信息，SAFER 会最终决定购买或者放弃该土地。若决定购买该土地，并将其出售给潜在买主，那么需要将最终决议信息公示在当地市政府公告栏。

需要说明的是，SAFER 在做出买卖决策的时候，会根据多方获取的信息，判断土地转出方的土地条件及转入方的农业经营能力，综合决策是否买入土地并将其转让给潜在买家。值得注意的是，基于 SAFER 交易后的土地在用途方面有着严格的规定——若流转后的土地不是用来农业耕种，那么 SAFER 便不会批准最初的土地交易合同。SAFER 对于买卖双方的主要评判指标如表 15 - 1 所示。

表 15 - 1 土地整治公司（SAFER）对于买卖双方的评估因素

对转出申请方的评估因素	对转入申请方的评估因素
年龄	农场主的年龄
持有的资产（土地）规模	经营时间长短
负债与融资情况	全职/兼职农业生产
农作物种植情况	家庭情况
当地农业人口密度	居住情况
劳动力流动情况	能在买入土地劳作的家庭成员数量
是否有备用房产	国籍
当地旅游资源情况	土地交易或征地情况
灌溉条件	是否曾在 SAFER 交易土地
农业资本密集度	现有土地的生产类型

资料来源：根据现有文献和资料整理所得。

（三）农村土地"收买—整理—转卖"的相关配套政策

为了推动农村土地高效利用，除发挥 SAFER 的作用外，法国政府还制定了多种相关配套政策来促进土地的交易买卖，主要包括以下三个方面。

一是发展农地金融，支持买方购入土地。为了刺激农地流转，《农业指导法》规定根据土地流转的性质、面积差异来对农民给予不同的补助金额，实行层级补助。除了对流出土地的农民进行一定的财政补贴之外，对于达到一定规模的土地流入者则提供免费登记、低息贷款的信贷优惠政策。法国于 1880 年初建立了农业信贷银行（王东宾，2018），以农业互助和融资、促进农业现代化为宗旨，目的在于降低买方购入土地的难度，向农民提供长期稳定的信贷资源。农业信贷银行会向农民提供较为长期的贷款和低息贷款，还会向当地农民提供农业教育和培训，并积极参与当地的农产品销售、加工。法国政府会对农业信贷银行给予优惠补贴，以弥补在此过程中的利息损失。

二是政策严格控制，限制违法买卖。根据《农业指导法》，各县政府部门、专业农业机构和农业技术人员等组成县农业方向委员会（Country Agricultural Orientation Commission，CAOC），具体负责土地退出和买卖方面的政策，防止土地细碎化，扩大农场规模。比如农民获取新的农业用地需要农业生产许可证，只有获得专业技术职称且新地块距离其已有地块 5 千米以内的人，才可以获取新的地块。该政策在促进农场经营土地面积扩大的同时，扼制了土地分散化。再比如，政府规定农场主的土地只能由一人继承或出让给一个人，为保证经营规模，避免过度分散经营，继承或出让后农场的面积不得少于 25 公顷。而且，私有土地必须用于农业生产经营，不允许弃耕、劣耕、在耕地上私建房屋等，农村土地转让不允许私自分割，只允许整体继承、出让（王雪云，2016）。

三是提供"离农补贴"，鼓励老年人退出土地。为保证老年农民在退出农村土地之后的基本生活水平，提高老年群体出售农村土地的积极性，1962 年法国通过的《农业指导法补充法案》要求，各个省建立"调整农业结构社会行动基金"，对于放弃农村土地的 65 岁以上老人，给予一定的生活补贴。到 20 世纪 70 年代初期，法国又针对 55 岁以上的农民，设立了"非退休金的补助金"，为离开农业、转让土地一次性发放"离农终身补贴"，鼓励已经到退休年龄的农场主退出土地，将其转让给适应现代农业发展的青年农民经营。

此外，法国还通过相关的财政和经济措施，支持和帮助农民创办各类互助合作组织，促进多样化流转和规模经营，解决土地过于分散、农业经营规模过小的问题。

（四）相关做法的成效

《农业指导法》《农业指导法补充法案》以及基于这些法律建立和发挥作用的半国有性质的 SAFER 和相关配套制度，为法国在农业转型期解决农村土地细化、提高土地交易效率、促进农民年轻化和推动乡村经济社会发展等方面，发挥了重要作用。其成效主要包括以下几点。

首先，推动了农场合理扩大土地规模。1970 年法国的农场总数为 142 万个，其中拥有 50 公顷以上土地的农场比重为 8%。在 SAFER 的助推下，全国农场总数量明显减少，但是 50 公顷以上土地规模的农场则持续增加。至 1975 年，50 公顷以上土地规模的农场比重达到 10%，经营的土地面积达到法国土地面积的 40%。至 1980 年，全国农场总数减少到了 113 万个，50 公顷以上土地规模的农场比重上升到了 13%。SAFER 作为法国土地交易的独特工具，有效地避免了垄断和投机，在抑制超小规模农户、合理扩大农场土地规模中发挥了关键作用。其次，提高了土地交易效率。由于 SAFER 掌握了土地交易市场上的完备信息，可以在交易过程中对土地进行合理估价，并提供相应的法律依据，从而让买卖双方在交易过程中合理规避风险。再次，促进了公共服务发展。通过完备的交易信息，可以较好地预见土地流转和征用的情况，在一定程度上成为政府管理公共开发事务的得力助手。通过参与农地的开发整治，能合理将土地、建筑等分配给非农业领域，有利于公路、铁路运河等基础设施的发展，也能促进林业、国家公园等公益、环保事业的发展。最后，提高了农民的职业素养。通过相应的职业技能培训，SAFER 和"离农补贴"等制度一起，促进了农民的年轻化和务农者综合素养的提升，进而提高了农业生产效率，最终促进了农民收入的提高和农业的现代化发展。

二　日本转型期农地优化利用：
政府支持、管控下的"进退联动"

（一）历史背景

自 20 世纪 60 年代以来，日本加快推动农村土地优化利用，主要有两方面的背景。一方面，日本一直试图改变本国"小而散"的农业经营格局，促进超小农生产向小农生产转变是日本长期执行的农业政策（宫崎猛，1998）。1910 年，日本明确将扩大经营规模作为农业发展的方向，并规定能够实现以家庭成员经营为主，无余力兼职，可获得社会平均收入的小农生产面积是 1 公顷（15 亩）以上的农户。到 1960 年，日本仍然有70.03% 的农户经营农地面积在 1 公顷以下（见表 15 - 2）。为了进一步推动农业经营规模，1961 年日本实施的《农业基本法》将"能够获得与其它职业相等收入的农业家庭经营者"称为"自立经营者"，并且将土地集约型农业经营面积标准设定为 2 公顷。[①]

表 15 - 2　日本农地面积、农户数量、户均农地面积的变化

年份	农地面积（万公顷）	农户数量（万户）					户均农地面积（公顷）
		合计	1 公顷以下	1 ~ 3 公顷	3 ~ 5 公顷	5 公顷以上	
1930	586.7	560.0	385.6	154.4	12.9	7.1	1.05
1938	—	551.9	367.7	164.3	12.3	7.6	—
1941	—	549.9	350.3	180.7	11.8	7.0	—
1947	524.2	590.9	428.7	150.0	7.4	4.9	0.89
1950	520.1	617.6	450.4	154.7	7.7	4.8	0.84
1960	607.1	605.7	424.2	166.3	9.1	6.0	1.00
1970	579.6	540.2	368.5	155.4	9.2	7.2	1.07
1980	546.1	497.7	356.4	123.9	10.2	7.2	1.10
1990	524.3	461.0	340.1	101.7	11.2	8.0	1.14
2000	483.0	421.8	324.5	78.1	10.6	8.6	1.15
2010	459.0	390.2	317.1	55.1	8.9	9.0	1.18

注："1 公顷以下"农户包含持有农地的非农户（农地经营面积不足 0.1 公顷或年销售额不足 15 万日元的农户）和自给农户（农地经营面积不足 0.3 公顷或年销售额不足 50 万日元的农户）。

资料来源：根据日本农林水产省资料（http://www.maff.go.jp/j/tokei）整理所得。

另一方面，工业化、城镇化快速发展，导致日本农户兼业化、农地细碎化趋势明显。二战之后，日本开始推动农地改革。1952 年日本颁布的《农地法》提出严格农地管理，初步建立起了现代农地管理制度。此后，日本按照"耕者有其田"的原则，制定了农地地权流转的许可制

[①]　随着劳动力成本以及城镇居民收入水平的变化，这一标准也有所变化，比如 1970 年、1980 年分别增加到 3.5 公顷和 5.5 公顷。

度，主要包括以下两个要求：坚持农地农用，强制离农农户出售其持有的农地；防止农地兼并，规定了农地持有面积的上限。这个时期，虽然日本经济有所恢复，但是非农就业人口增加，农户兼业化、农地细碎化的特征明显。

1950 年日本兼业农户 309.0 万户，占总农户数量的 50.0%。其中，农业经营收入不足家庭收入 50% 的"二兼农户"占农户总数的 21.7%。之后，兼业农户占农户总数的比例逐年上升——尽管兼业农户数量和总农户数量都在减少，至 1960 年，兼业农户的比例却增加到 65.68%，其中"二兼农户"占农户总数的比例增加到 32.06%（见表 15-3）。如果考虑到同期日本还有总计 200 万户左右的 0.1~0.3 公顷的"自给农户"和经营规模小于 0.1 公顷的"持有农地非农户"，也主要依靠非农收入维持生计，同期日本的农户兼业和农地细碎化情况实际更加严重。

表 15-3　日本专业农户与兼业农户的数量变化

单位：万户

年份	农户数量	专业农户	兼业农户		
			小计	第一类 兼业农户	第二类 兼业农户
1950	617.6	308.6	309.0	175.3	133.7
1960	605.7	207.8	397.9	203.6	194.2
1970	540.2	84.5	455.7	181.4	274.3
1980	466.1	62.3	403.8	100.2	303.6
1990	255.4	47.3	208.1	52.1	156.1
2000	233.7	42.6	191.1	35.0	156.1
2010	163.1	45.1	118.0	22.5	95.5
2015	133.0	44.3	88.7	16.5	72.2
2016	126.2	39.5	86.7	18.5	68.2
2017	120.1	38.1	82.0	18.2	63.8
2018	116.5	37.5	79.0	18.2	60.8

注：专业农户是指家庭成员中无兼业人员的农户；兼业农户是指家庭成员中有 1 名以上，年累计在外从事非农工作 30 日以上的农户；第一类兼业农户指总收入 50% 以上来自农业经营的农户；第二类兼业农户是指以农业经营为副业，农业经营收入不足 50% 的农户；1990 年之后数据仅包含经营面积超过 0.3 公顷或年农产品销售额超过 50 万日元的农户。

资料来源：根据日本农林水产省资料（http://www.maff.go.jp/j/tokei）整理所得。

（二）政府支持、管控下的"进退联动"

日本政府认识到随着城镇化快速发展，农地功能发生了变化，农业生产资料的作用日趋弱化，资产属性日益突出。农户对于农业经营收入的依赖性日益减弱，资产保值和增值意识日渐提升。为了支持农业发展，激发农民务农的积极性，自 20 世纪 60 年代以来，日本政府通过降低农地流转的门槛和交易成本、提升撂荒农地的持有成本等方式，一方面支持"离农"退出农村土地，另一方面支持规模农户、青年农民扩大经营规模，从而推动农村土地优化配置，如表 15 – 4 所示。

表 15 – 4　日本农地资源优化配置的相关措施

项目	措施	具体内容
退地	农民养老金制度	未满 60 岁且每年从事农业生产超过 60 天的农民可以自愿加入该保险，主要包括具有社会保障性质的农民老龄年金，以及旨在推动土地流转和规模扩大的农地收购转让金、离农给付金、经营权转让年金以及农地购买贷款金
	"集落营农"组织	鼓励本村不具备继续经营条件的老年农户退出农业经营，统一农地经营权对外发包，推动农地向青年农民和专业农户转移
接地	土地保有合理化法人	将购买或租赁来的离农农户、小农户的土地，转而出租或出售给专业农户
	农地信托业务	提升了农户持有农地的规模上限，同时允许农业协同组合作为中介机构开展农地信托业务。退地农户可以采取土地信托的方式，将土地通过土地保有合理化法人转让给自己认定的专业经营户
用地	认定农业者制度	通过地方政府审核的申请者将成为农业认定者，享受土地规模扩大、农业技术培训、资金税收优惠等方面的政府支持
	农业委员会制度	负责土地权属关系的调整审批工作，促进离农农户和小农户的土地向认定农业者流转集中

资料来源：根据相关材料整理所得。

1. 实施农民养老金制度，引导老年农民退地

为了促进农地流转、扩大务农者的经营规模，日本鼓励老年农民

放弃农业生产、退出农村土地，并给予相应的补贴。农民养老金制度由基础养老制度和农民养老制度构成。基础养老制度是全民强制参加的社会保障制度，夫妇俩连续缴纳 40 年以上保金，退休后每月可获得 13 万日元退休金，相当于应届大学本科毕业生月收入的 2/3 左右。农民养老制度是日本政府根据 1971 年颁布《农民年金基金法》确定的。农民养老金主要包括：具有社会保障性质的农民老龄年金、旨在推动土地流转和规模扩大的农地收购转让金、离农给付金、经营权转让年金以及农地购买贷款金（高强、孔祥智，2013）。未满 60 岁且每年从事农业生产超过 60 天的农民可以自愿加入该保险，在 2 万 ~ 6.7 万日元选择适合的保费，其中政府补贴 20% ~ 50%，到 65 岁之后直至去世，每月可领取一定金额的养老金。另外，农民养老金分为"移交经营权养老金"和"未移交经营权养老金"，前者是指在 65 岁之前已经把农业经营权移交给后继者的农民，后者是指 65 岁之后继续从事农业经营的农民。前者因为放弃农业生产，没有收入，可领取的养老金金额是后者的 3 倍左右。通过农民养老金差别，日本政府引导老年农民退出农业经营、让渡农地。

1980 年，日本颁布的《增进农用地利用法》，提出以村落为基础，组建以提高农地使用效率为目的的"集落营农"组织，通过地缘亲缘关系，鼓励本村不具备继续经营条件的老年农民退出农业经营，交给"集落营农"组织统一对外发包，促进农地流转效率的提高，推动农地向青年农民和专业农户转移。

2. 支持农地交易，完善农地流转机制

为了支持农地交易，促进农地产权转移和适度集中，日本加快健全农地流转机制。

一方面，提高农地规模上限，建立农地信托流转机制。为了避免离农、进城农户或老年农民退出的农地无人承接，1962 年日本对《农地法》做了相应的修订，放宽了地权的流动性，提升了农户持有农地的规模上限，同时允许农业协同组合作为中介机构开展农地信托业务，并且要求各地政府按照当地情况制定地租标准，供租赁双方参考。退地农户可以采取土地信托的方式，将土地通过农业协同组合（1970 年以后成为土地保有合理化法人）转让给自己认定的专业经营户。找到使用农地的转移经营户之前，土地保有合理化法人需要在扣除工作经费后，向流出农地的农户支付租金。在土地信托流转模式下，农户可以保有农地所有权，仅流转农地经营权。

另一方面，设立土地保有合理化法人制度。为保证土地流转和高效利用，日本 1970 年修订的《农地法》规定，经都、道、府、县认可的公益性法人可以直接介入农地及荒地的买卖和租赁业务，从而设立了土地保有合理化法人制度。1980 年日本《增进农地利用法》将政策补贴支持的农地受委托范围进一步放宽。土地保有合理化法人制度成为促进整个地区农地买卖、租赁和有效使用的综合性制度。

作为土地出售、出租的中介平台，土地保有合理化法人的主要业务是将从离农农户、小农户购买或租赁来的土地，转而出租或出售给专业农户。其业务具体包括：土地租赁信托项目、土地买卖信托项目、土地买卖项目以及农业生产法人的资金支持项目、对农户进行的技术培训项目等。其主要职能是对农地权利的暂时保有和再分配，通过转移土地经营权，来实现土地利用的集约化和经营规模的扩大。土地保有合理化法人的主体分为都道府县农业公社、市町村农业公社、农协和市町村政府四类（高强、孔祥智，2013）。

3. 农业委员会制度，强化农地利用管控

退地、接地等一系列土地优化利用的流程中，需要有相应的机构进行整体把控、监督和指导。日本于 1951 年建立了农业委员会制度，该制度在《有关农业委员会的法律》中有详细规定。农业委员会是地方政府下的一个机构，但不从属于行政体系内，即独立于政府体系。法律规定除了辖区内没有农地的地区之外，每个地方单位必须设立至少一个农业委员会，作为基本的管理单位，若所属辖区内土地面积较大，可以划分不同的区域设立多个农业委员会。据统计，到 2012 年，日本约有 97.4% 的市町村设置了农业委员会，数量达 1713 个，农业委员 36034 名。①

农业委员会作为农民自主协商的民主组织，是一个全国性质的组织体系，可以促进土地政策制定、实施的有效性和客观性。其作用主要包括以下三方面：一是负责土地权属关系的调整审批工作；二是促进离农农户和小农户的土地向认定农业者流转集中，并对弃耕、撂荒等行为进行政策管控，保护优良耕地；三是解决土地优化调整过程中的矛盾和纠纷，并监督此过程中的政府行为。

（三）相关政策的成效及后续进展

通过一系列的土地优化利用政策，日本促进了农地规模化经营。1960年以后，日本的农地经营规模稳步增加，至 1990 年，户均农地经营面积已经达到 1.14 公顷，其中经营农地面积在 3 公顷（45 亩）以上的农户从1960 年的 15.1 万户，增加至 19.2 万户。而且，农民养老金制度及相关制度还促进了农村土地向青年农民的转移。

1992 年之后，随着国际经济一体化进程加快，日本农产品面临的竞争压力加大，然而日本农业人口高龄少子化、撂荒问题日益突出，日本农地政策由以放宽管制为主转向培育新型经营主体，促进地权向新农人、大户等农业经营主体集中。1993 年，日本颁布《农业经营基础强化促进法》，制定了"认定农业者制度"，鼓励农地流转向规模农户倾斜，并修订《农地法》放宽农业生产法人的成员条件，允许工商资本参与农业生产。2000 年放宽工商资本以参股农业生产法人的方式租地务农的条件。2003 年颁布《结构改革特别区域法》进一步开放农地管理，允许工商资本控股务农。并且将农地流转与农民规模等条件挂钩，加快促进农地向新型经营主体流转。

然而，即便如此，日本仍然有大量的"离农、进城"农户持有农村土地，而且仍然有增加的趋势。日本农业普查数据显示，2015 年底，全

---

① 日本农林水产省官网，https：//www.maff.go.jp/j/keiei/koukai/pdf/noui_gaiyo.pdf。

国有 141.4 万户持有农地的非农户，占农户总量的 39.62%。与 1990 年的 77.5 万户（比重为 16.81%）相比，不仅数量大幅增加，比重也明显增加。38.9 万公顷农地（占耕地面积总量的 11.3%）① 由这些"不在地主"占有，一定程度上限制了日本现代农业的发展。

---

① 《2015 年農林業センサス》－第 2 卷農林業経営体調査報告書－総括編－，https：//www. e－stat. go. jp/stat－search/files? page＝1&layout＝datalist&toukei＝00500209&tstat＝000001032920&cycle＝7&year＝20150&month＝0&tclass1＝000001077437&tclass2＝000001077396&tclass3＝000001085297。

结　论
农村土地再配置促进农民进城、农业增效

一　调整政策目标：从注重农民福利
向强调农业发展转变

1978 年中国农村改革之初，绝大部分农户都挣扎在贫困线上（贫困发生率为 97.5%），土地既是最重要的农业生产资料，也是农民的生存保障。因此，"按人均分 + 家庭承包"无疑是最合理且有效的方式。然而，经过 40 余年的高速发展，历史的场景发生了根本性的转换。在超过 2/5 的农户农业收入占家庭收入比不到 5% 的今天，农村土地福利分配的历史使命已经完成。基于农户分化、农民市民化的社会现实，如果不能厘清"谁是农民"、继续笼统地认为"农民不能失地"，进一步固化"按人均分"后的农村土地权利，不加快引导"离农、进城"农民退出农村土地，将会贻误改革时机，阻滞农业农村现代化（详见第一章）。

土地不再是农民的"命根子"，却依然是最重要的农业生产资料。中国的耕地资源高度紧张。当前，中国面临"洋粮入市、国粮入库"的尴尬局面和农业经营效益持续消耗的现实挑战。保障国家粮食安全，亟须推动农村土地制度改革的政策目标，从注重农民福利向强调现代农业发展转变，为"离农、进城"农户退出农村土地提供制度安排。之所以如此，主要有以下三方面原因。

首先，土地保障不了农民的基本生活，一些进城"农民"也不再需要以土地为保障。一方面，不算家庭用工折价和自营地折租，2017年稻谷、小麦、玉米三种粮食的平均每亩收益为558.54元。"种粮比较效益越来越低，种一亩粮的收入还比不上打几天工"，再加上生活费用持续上涨，单靠"户均不过十亩"的承包地，难以保障农民的基本生活，更不要说建房（买楼）、结婚、生子实现家庭发展。另一方面，二轮承包以来20多年间，大量农村人口迁移至城市成为市民，其中不少人已经获得了城镇职工养老保险，虽然在"增人不增地、减人不减地"的政策安排下，他们依旧拥有农村承包地，但是实际上他们已经与城镇居民无异，不再需要以农村土地作为生活保障（详见第一章、第五章）。

即便真的发生较大的经济波动，想继续发挥农村土地的"劳动力蓄水池"作用，也已经不太可能。因为年轻农民早已习惯城镇生活方式，基本没有参加过农业生产，不会种地也不愿种地，他们很多人甚至不知道自家的承包地在哪里。让他们回到农村，只是将失业矛盾从城镇转移至农村。与其让大量的闲散人员返回农村，还不如将其留在城市便于管理。

如果想为农民提供生活保障，可以提高农村居民基本养老保险金，或者像日本一样，在农村居民基本养老保险之外，制定农民养老金和离农津贴制度。

其次，异质性农户有不同的土地需求，"退出不畅"会扭曲土地配置，损害粮食产量和农业经营收益。农户分化是当前农村社会的一个突出特点（王春光等，2018）。分化形成的不同类型农户，有差异化的农村土地需求。对"离农、进城"农户而言，他们不关心土地产出和农业收入，主要在意让渡土地使用权能够给他们带来多少收益，因此农村土地主要具有资产资本功能；对于"以农为业、力农致富"的新型职业农民而言，他们不仅要在土地上从事农业生产，可能还需要在遭受农业自然风险和市场风险时，将土地进行抵押获得融资以渡过难关，因此农村土地主要具有生产要素和资产资本功能（如图1所示，详见第一章）。

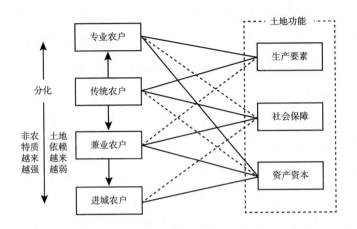

图1 农户分化与不同类型农户的差别化土地功能需求

注：实线表示该类农户对土地的某一类功能非常看重；虚线表示该类农户对土地某一功能的需求较弱。

对2018年黄淮海农区1026户农户一手调查数据分析发现，如果一次性给予40年的当地最高租金，有超过1/3的农户愿意退出部分承包地，有接近1/5的农户愿意退出全部承包地（详见第五章）。不过，也有超过1/4的农户，想扩大土地经营面积。

如果农民想退出农村土地而不得，就会惰耕、劣耕，甚至弃耕撂荒。"退出不畅"造成农地资源错配，损失了12.16%的粮食（小麦）亩产和571.11元的亩均收益（详见第十章、第十一章）。2019年苏鲁皖三省935户农户调查发现，由于缺乏退出通道，近1/4的样本农户家里有耕地撂荒。这显然是"退出不畅"影响粮食产量和农业经营收益的极端情况。因此，为了粮食安全和农业发展，需要加快优化农村土地配置。

最后，"离农、进城"农民不退出农村土地，会拉大城乡发展差距，损害农业经营效率。在农业转移人口完全融入城镇、成为市民之前，农村土地租赁，既能让其获得一份租金收益，又可以为其保留一条市民化失败的退路，无疑是比较好的制度安排。但是进城农民已经完全转变为市民，却不退出农村土地，会造成两方面的影响。

一方面会造成农村财富流失。与仍在农村从事农业的农民相比，能够转变为市民的农民，一般能力更强、收入更高。① 如果他们继续保有农村土地，将成为新时期的"不在地主"。这些"不在地主"收取的土地租金，实质是农村财富向城镇的转移（费孝通，2007）。在"城市像欧洲、农村像非洲"（习近平，2015）的隐喻下，以相对落后的农村地区、相对弱势的农民的财富补贴城镇居民，既不符合国家的大政方针，也有失社会公平公正。

另一方面会造成农业效率损失。由于"不在的一方不能获得充分信息，往往就不能有效地作出处理这些细节，尤其是利用应用知识进步的决策"，所以"不在所有"（absentee ownership）会造成农业效率损失（Schultz，1964）。因此，西方发达国家，"总的倾向仍然是有利于所有者兼经营者的农业单位"。美国农业经营者中完全所有者兼经营者②的比例，在 1935 年是 47.10%，到 1997 年这一比例已经增加至 60.00%（详见第八章）。

二　优化土地配置：消除人地资源的"供求错配、空间错位"

结合中国的国情农情，借鉴农村改革试验区的创新探索和法国、日本的经验做法，可以从以下几方面着手，加快消除人地资源的供求错配、空间错位。

一是加快土地利用促进法、农业发展促进法的立法。为了促进农业现代化，中国在 2004 年实施并于 2018 年修正了《农业机械化促进法》。然而，中国现有涉及农业发展和农村土地的法律，主要是《宪法》《物权法》《土地管理法》《农村土地承包法》《农业法》，以管理法为主，缺少农业促进法或土地利用促进法。土地是农业生产最重要的要素，如何利用

① 对 2018 年黄淮海农区调查所得的 1026 户农户样本分析发现，109 户离农农户（农业收入为 0）的平均收入为 95724.1 元，而 111 户纯农户（非农收入为 0）的平均收入为 24018.8 元，可见真正以农为业的农民在收入上是弱势群体。

② 完全所有者兼经营者，也就是只经营自己所有的土地的农业经营者，类似于中国的自耕农概念。

土地，直接影响农业现代化进程。然而，中国到目前为止，尚没有关于促进土地利用尤其是农村土地利用的法律（这无疑是农村土地低效率利用的一个原因）。

法国、日本在 20 世纪 60 年代开始推动农业转型和现代农业发展时，都制定了土地利用促进法。比如，法国 1960 年制定了《农业指导法》（*Agricultural Orientation Laws*），1962 年又制定了《农业指导法补充法案》，农地利用是这两部法律的关键内容。基于《农业指导法》形成的 SAFER 在法国农地整治、买卖和农场适度规模化方面，发挥了重要作用。日本 1970 年修订了《农地法》，规定公益性法人可以直接介入农地买卖业务，设立了土地保有合理化法人制度。1980 年日本《增进农地利用法》将政策补贴支持的农地受委托范围进一步放宽。土地保有合理化法人制度成为促进整个地区农地买卖、租赁和有效使用的综合性制度（详见第十五章）。

中国是农业大国但不是农业强国。与法国、日本相比，我们也需要优化利用农村土地、推动现代农业发展。针对当前农村土地低效率利用和农业发展面临诸多挑战的情况，为优化农村土地配置、推动现代农业发展，中国接下来应当制定《农村土地利用促进法》，或者将农村土地利用作为核心内容，出台《农业发展促进法》或《乡村振兴促进法》。

二是成立专门从事农村土地流转、整治和优化利用的机构。一些农户"离农、进城"想减少或有偿退出农村土地，也有些农户想增加土地面积、扩大农业经营规模。但是，受制度因素、市场因素、自然因素等方面的限制，两类农户都没能获得理想规模和产权形式的农村土地。农村土地资源存在严重"供求错配"，并由此造成严重的粮食产量、农业经营收益损失。如果能够实现土地要素的充分流动，将会从当前较低水平的均衡，达到一个更优的均衡。但是，四川崇州、重庆梁平等全国农村改革试验区以及山东青州南小王村的经验都表明，如果没有政府的主导，想在"按人均分、产权固化"的基础上，让农村土地供需双方自发跳出"低水平均衡陷阱"，基本不可能（详见第十二章、第十四章）。

为了提高农村土地利用效率，借鉴宁夏平罗和法国转型期的经验做法，政府主导成立国家、省、县、乡等层面的公益性农村土地整理公司、农村土地使用权交易平台，收储农民自愿退出的农村土地。具体思路如下：第一，土地整理公司以农村土地转让或出租收益（本质是农地的预期产出收益）作为抵押，获得政府贴息的金融机构贷款，用于收储农民自愿退出的农村承包地、宅基地；第二，土地整理公司确定收储价格时，承包地收储价格主要参照所在县乡土地平均租金，宅基地收储价格主要参照当地征地补偿标准；第三，土地整理公司借助集体经济组织的作用，先通过"互换并块""地块调串"等方式，努力将收储的土地集中连片，单个地块达到一定规模标准后，再借助国家土地整理整治资金、高标准农田建设资金等进行整理整治；第四，土地整理公司借助公开的农村产权交易所等土地使用权交易平台，将集中连片和整理整治后的土地，转让或出租给有经营意愿和能力的专业大户、家庭农场等新型农业经营主体，金融机构贷款亦可以随之转出。

凡是因年龄大、无力经营、"离农、进城"等原因不愿继续经营农业者，都可以向农村土地整理公司申请有偿退出农村土地，获得一次性退出补偿和"退地券"。"退地券"可以作为日后再次优先获得农村土地，或者作为享受免税使用一定面积农村土地的凭证（配合下面的农村土地使用"管需求"）。同时，凡想经营现代农业且符合一定条件（比如年龄、农地经营规模、培训经历、诚信记录等）都可以申购农村土地整理公司挂牌转让或出租的农村土地（包括宅基地）。成功从农村土地整理公司获取一定土地的农业经营者，获得"职业农民证"。针对职业农民的需求，健全农业社会化服务机制和配套支持政策。比如，借鉴四川崇州发展"农业职业经理人"和日本"认定农业者制度"的思路，拥有"职业农民证"者在办理城镇职工养老保险时，政府可以给予20%～50%的补贴。

另外，为了防止单个农业经营主体的土地规模过大和土地细碎化，中国的农村土地整理公司可以像法国的SAFER一样，对超过一定面积的受让方进行限制，并设定最小土地转让与出租面积。农村土地整理公司对收储的农村土地整理后，在转让或出租之前，公司负责对农民的土地进行托管，并给予农民一定的托管费。

三是从"管供给"转向"管需求"，打通城乡建设用地市场和农、宅两类地。农村建设用地既不能进入城镇建设用地市场，也没有支持复垦退出的手段，是造成城镇建设用地市场紧张和农村宅基地大量闲置的制度原因。在城市房地产开发已经基本饱和的情况下，应当认识到，"以地生财、以财养地"的土地财政老路难以为继。为了化解地方政府的债务风险，筹集城镇运行所需的巨额资金，需要寻找税源、稳定税基。当前，房地产税出台预期明朗，且城镇住房和农村住房都统一颁发不动产权证书。这为进一步改革土地制度奠定了良好的基础。

一方面，打通城乡建设用地市场，建设用地利用从当前的"管供给"调整为"管需求"，实现需求管理下的"地随人走"。为了消除农村人口城镇迁移、城乡建设用地市场割裂造成的建设用地"空间错位"，城乡建设用地管理制度，可以从政府垄断土地一级开发市场、城乡土地市场割裂下的"管供给"，向国家、集体经济组织都可以供应建设用地但是政府对使用超过一定面积的建设用地征税的"管需求"转变。具体而言，政府可以为每个公民设定一个免税的建设用地使用面积（城市和乡村免税面积可以不同，但能够互换使用），超标部分累进征税，持有"退地券"者可以免税一定额度。通过这种方式打通城乡建设用地市场，实现建设用地需求管理下的"地随人走"。

另一方面，打通农村宅基地和承包地两类地，推动农村居住区适当集中，做好农村土地的"退用结合"。随着农村人口持续向城镇迁移，农村建设用地"供大于求"情况将日益严重，一些宅基地最终将被复垦为耕地。为了提高农村建设用地利用效率，做到"退用结合"，可以借鉴浙江义乌、山东青州的做法，在农村居住区和建设用地方面，支持引导农民将闲置宅基地复垦成耕地，引导农村宅基地和房屋向规划区集中，并预留一部分农村建设用地支持农村产业发展，比如让家庭农场建设农机库棚、晾晒场、保鲜库或者让涉农企业建设农村养老服务中心等（详见第十三章、

第十四章）。当然，这需要做好城乡发展空间规划尤其是乡村发展规划，实现"多规合一"，并且"一张蓝图绘到底"。

三　创新退出机制："收储—整理—转让"实现农村土地退出

在调整农村土地改革政策目标、成立农村土地整理公司并完善相关配套政策的基础上，政府可以借助"收储—整理—转让"机制，实现农村土地退出与农业转型发展的"进退联动"。以农村承包地退出为例，其实现流程大致如下。

（1）想减小农业经营规模、退出农村承包地者，持农村土地承包经营权证，以及家庭成员和所在集体经济组织同意声明，向土地整理公司提出农村土地退出申请。

（2）土地整理公司根据耕地质量、周边农地租赁价格等，为申请者确定一个收储价，以及土地整治和成功转让前的托管期（比如3年）以及托管期间向申请者支付的费用（考虑到公司运营成本，托管期间的费用应低于市场流转价格，比如市场租金价格的70%），签订收储合同。

（3）收储合同签订生效的同时，农村土地管理部门收回申请者的农村土地承包经营权证，将土地产权主体变更为土地整理公司。

（4）托管期满后，土地整理公司按合同约定支付收储费用，并向申请者发放"退地证"。持有"退地证"的农民，可以增加一定面积的农村建设用地免税额，并可以优先承接全国土地整理公司挂牌转让的土地。

（5）土地整理公司可以对连片退出达到一定规模的，给予收储价格上浮，以引导集体经济组织多个成员一起退出，以降低土地集中连片和整理整治的成本。

（6）土地整理公司在集体经济组织的支持下，争取将众多申请者退出的土地调串连片（并相应变更土地权利归属），然后在国家高标准农田建设等相关政策资金的支持下进行土地整理整治。土地整理整治应当以公开招标的方式进行。

（7）将整理整治后集中连片的土地，挂牌转让。土地整理公司是非营利性法人，转让价格应当以"保底收储价＋加上除国家配套资金之外的整治成本＋公司的运营成本"为上限（防止哄抬地价）；出租价格由市场供需决定。当有意向的承接者多于一人时，由第三方机构根据年龄、培训经历、诚信记录等，筛选合适的承租者。土地整理公司以受让人支付的资金，向托管期满的申请者支付收储费用。

（8）受让人以挂牌价格获得农村土地后，从土地整理公司获得"职业农民"证书，从农村土地管理部门获得土地产权证书。受让人凭借"职业农民"证书办理城镇职工养老保险可以获得20%～50%的优惠价格；可以用土地产权证书到金融机构办理享受政府贴息的抵押贷款。

（9）土地整理公司与农业农村经营管理部门或其他涉农部门合作，为承接规模土地的"职业农民"提供技术培训和其他方面的支持。

以上流程是限定土地最高转让价格的农村承包地"进退联动"的实现机制。限定价格是为了防止社会资本炒作农村土地。实际上，如果能够严格管控农村土地用途，社会资本不会热衷于追逐农村土地。因此，整治后集中连片土地的挂牌转让价格，也可以具有适当的弹性，以更好地利用市场的价格发现机制，让农村土地流向经营效率更高的使用者。另外，政府可以考虑在收储后，把农村土地产权属性调整为国有（像国有农场的土地性质一样），然后将土地使用权转让给受让者，实现一部分农村土地的"国有永佃"。这虽然会让土地产权变更手续烦琐一些，但不会对上述农村土地退出流程有太大影响。

关于农村宅基地退出的"收储—整理—转让"的实现机制，可以参照浙江义乌市的"集地券"做法（详见第十三章）。如果建设用地使用采取"需求管控"，农村宅基地有偿退出可以很好地与上面的农村承包地退出机制结合起来。限于篇幅，此处不再展开论述。

当然，农村土地退出尤其是以优化农村土地利用、推动现代农业发展为目标的农村土地退出，涉及方方面面，需要全盘考虑、统筹谋划。笔者在这里抛砖引玉，以期引起社会各界对农村土地退出实现机制的进一步思考与讨论。

附录1
《关于农村土地退出的调查与建议》[*]

进入 21 世纪之后，随着城乡壁垒的消除和农村土地权能的增加，中国农业农村发展呈现出新态势。一方面农户的兼业程度不断提高，他们的土地依赖发生了变化，农村土地不再是其生产生活的基本保障。农民与农村土地分离的趋势日益加强，很多举家迁移的农民把承包地流转出去，成为新时期的"不在地主"。另一方面农民的土地财产权利不断强化，但农村土地交易仍存在诸多限制，承包地、宅基地及住房无法资本化。这既束缚了农村经济活力，也阻碍了农民进城的步伐。工业化、城镇化必然造成农民与农村土地的"人地分离"。无论是英国工业革命初期的圈地运动、美国二战前后的农场兼并还是日本目前仍大量存在的兼业农户，都印证了这一点。近年来，农村土地有偿退出越来越受到学界、政界的高度关注。与农民被迫失去土地成为"失地农民"不同，农村土地退出是指城镇化进程中农民自愿彻底地放弃土地承包经营权、宅基地使用权、集体土地股份收益权等。

一 农村土地退出的调查分析

为了全面了解农民的土地退出意愿，课题组于 2014 年 8 ~ 9 月开展了农民土地退出意愿问卷调查。考虑到调查的工作量和土地资源禀赋、

---

  * 本文收录于中宣部社科规划办2016年2月15日印发《成果要报》第5期（总第1143期）。

农业耕作方式的相似性，课题组采取了两阶段随机抽样方法。第一阶段在小麦主产区河北、山东、河南三省每个省选择 3 个县，河北省为清河县、南宫县、巨鹿县；山东省为牡丹区、郓城县、鄄城县；河南省为新密市、沁阳市、正阳县。第二阶段在每个样本县选择 3 ~ 7 个村，然后根据村庄大小每个村随机选择 10 ~ 30 个农民。为保证问卷质量，调查团队由中国人民大学、华南农业大学的 2 名博士生、2 名硕士生组成，调查员经培训后入村与农民"一对一"访谈并记录农民的回答。河南的调查得到了河南农业大学经管学院师生的帮助。调查共访谈 812 个农民，剔除中途放弃回答和前后信息不一致的，得到有效问卷 779 份，其中河北 217 份、山东 253 份、河南 309 份。同时，为了考察农村土地退出的现实可行性，2014 年以来，课题组还对宁夏平罗县的农村土地退出试验进行了持续跟踪。

对三省农民的问卷调查发现，81.7% 的农民认为"应该给农民耕地的长久使用权"，即不再调整，但也有 18.3% 的农民认为"耕地还是调整的好"，这样"新生的小孩、新娶的媳妇都可以获得一份"。对于是否应该允许农民自由买卖承包地或宅基地，农民的态度也不尽相同。25.8% 的受访者主张承包地自由买卖，而主张宅基地自由买卖的比例高达 51.0%。不过，在支持宅基地自由买卖者中，有 34.3% 的受访者认为这种"自由"应该限于村组集体成员内部。

在进城农民的承包地和宅基地处置上，受访农民的主张也有明显差异。76.5% 的农民认为，已在城里落户且有稳定工作的外出人员，其承包地不应该保留，否则就是"吃双份"；另外 23.5% 的农民则认为，虽然这些人已经不在村里了，但既然承包期还没到，就应该给他们留着，"万一在城里混不下去了，还可以回来"。但是，对于宅基地，76.1% 的农民认为，即便已在城里安家落户，农村的宅基地也应该给他们留着，毕竟"这是他祖辈传下来的，是他个人的"。

即使法律政策允许，愿意把承包地卖掉的农民也只有 21.7%。大部分农民之所以不愿意出售承包地，主要有三方面的考虑：一是土地是吃饭的保障，换成钱之后不稳妥；二是要把土地留给子孙后代，"不能把子孙的饭都吃了"；三是卖了再也没有了，不想永远失去土地。考虑到询问时特意强调可以"卖掉一部分"，回答"愿意"的农民比例仍然如此低，意味着即使进行更激进的农村土地制度改革，实行土地私有化，绝大部分农民也不会把土地卖掉。不过，农民的宅基地出售意愿更强烈。如果法律政策允许，45.8%的受访农民愿意把闲置宅基地卖掉。4.5%的农民曾有过宅基地和房屋交易经历，而几乎没有农民买卖过承包地。无论如何，与承包地相比，农民的宅基地私有产权意识和市场交易意愿都更强烈。

在受访农民中，有67.9%的愿意"用承包地换养老保险等工资性收入"；有59.1%的愿意"用宅基地换城镇住房"；约有80%的农民同意整村搬迁和集中居住；有64.2%的农民愿意接受政府征地。大部分农民认为自己村不存在未分配的集体资产、资源。只有33.9%（264户）的受访者认为其所在村组还有未分配的集体耕地、荒地、坑塘等，其中153人愿意有偿放弃自家应得的份额。

可见，农民对土地的依赖已经显著降低，对部分进城农民而言，承包地、宅基地不再是其"安身立命之所"。如果条件允许或对价合适，农民愿意放弃土地，而且与市场化方式（出售）相比，他们更乐于接受政府主导的退出方式。

对平罗土地退出试验跟踪发现，作为国家农村改革试验区之一的平罗县，2013年初就结合宁夏回族自治区的西海固生态移民"插花安置"①工作，制定了《农民宅基地、房屋、承包地收储参考价格暂行办法》《农民集体土地和房屋产权自愿永久退出收储暂行办法》，并出资500万元设立农村土地和房屋退出收储基金，在农村土地及房屋确权基本完成的基础上，启动了土地退出试验。

其做法为：首先，参照自治区征地补偿标准，结合当地近三年土地流

---

① 所谓"插花安置"，是指不对生态移民集中安置，而是采取"大分散、小集中"的策略，利用多个目标村庄现有的闲置房屋（大分散），配套一部分耕地后，将移民分散填充进去，并尽量让移民在某个村庄集中（小集中）的移民方式。

转均价，根据地理区位和土地肥瘦，将全县 13 个乡镇的每亩土地收储价格确定为从 300 元到 600 元不等的 7 个档次。承包地退出总补贴 = 每年的补贴标准×第二轮承包期的剩余年限。其次，按区位将标准面积为 270 平方米（0.4 亩）的宅基地收储价格确定为 1 万元、9000 元和 8000 元三个等级。超标部分，以 1 万元/亩的庭院经济用地予以补偿，补偿额最高不得超过宅基地价格的 40％。最后，按照建造年限和建筑结构，确定房屋收储价格每平方米不高于 700 元。

尽管平罗县的土地收储价格不高，平均每户的承包地、宅基地和房屋的退出补偿合计约为 12 万元，又设置了严格的退出条件，规定"迁入城镇并有稳定职业和固定住所或者长期外出有稳定的收入来源的"才可以申请，"单纯依靠土地生存，没有其他收入来源的"不允许退出，而且要求退出者以户为单位，同时放弃集体组织成员身份，既永久性彻底退出。① 但是不到一年的时间，有关部门就收到了 3000 多份退出申请。最终，受插花安置移民数量的限制，只有 1718 户农户顺利退出。此后，平罗县不断深化农村土地退出改革：2014 年 6 月，制定了《老年农民自愿退出转让集体土地和房屋产权及社会保障暂行办法》，尝试为老年农民提供"以地养老"服务；2015 年 4 月，启动了农村土地的集体成员内部转让和村集体组织收储。

平罗的经验再次表明，相当一部分进城农户有强烈的土地退出需求，而且政府主导的土地退出具有可行性。

二 农村土地退出的政策建议

为了促进农民的乡城迁移，提高农村土地利用效率，激发农村经济社会活力，结合农民的土地退出意愿和有关改革试点的经验，我们认为，需要做好以下两个方面的七项工作。

---

① 后期受收储资金的限制，平罗县允许农户按比例退出农村土地和家庭人口。

一方面，强化农民的土地财产权，奠定土地退出的制度基础。一是推进农村土地的确权颁证工作。产权清晰界定和有力保护，是政府的重要职责和市场经济的基本要求，也是市场机制有效运作的基本前提。但我们调查发现，大部分农民没有土地承包经营权证书，只有 42.1% 的受访者拿到了承包证。宅基地使用权证的持有比例高一些，为 64.5%。农村土地确权登记颁证是全面深化农村改革的基础性工作，产权界定不清会限制农村土地和住房的可交易性，从而阻碍"人地分离"。国家需要加快推进农村土地的确权颁证工作。二是激活土地承包经营权的转让权能。《农村土地承包法》《物权法》都规定土地承包经营权可以采用转包、互换、转让等方式流转，但流转期限不得超过承包期的剩余期限。因此在承包期内，农村土地的承包经营权是可以一次性转让的，转让价格相当于剩余承包期各期土地流转费用（租金）的现值。这也是平罗县承包地收储时确定补偿标准的法律依据。但目前来看，农村土地承包经营权的转让权受多种因素的束缚，需要进一步激活。三是落实宅基地使用权的转让权能。明确宅基地使用权是一种用益物权的《物权法》，并没有对宅基地的用益物权做详细说明，而是指出"宅基地使用权的取得、行使和转让，适用土地管理法等法律和国家有关规定"。但是，国家并没有给出宅基地转让的"有关规定"，《土地管理法》则在第六十三条规定"农民集体所有的土地的使用权不得出让、转让或者出租用于非农业建设"，实际上禁止了宅基地的转让。农民宅基地的用益物权存在严重缺陷。因此，要按照十八届三中全会的精神，出台有关规定、修改相关法律，尽快完善并切实"保障农户宅基地用益物权"。

另一方面，顺应农民的实际需求，创新土地退出的机制与政策。一是从社会保障着手解决农民退地的后顾之忧。目前，农民包括进城农民的社会保障水平较低。农村土地和住房仍然有很强的社会保障功能，是农民进城失败的退路，也是很多老年农民的生活保障。为了更好地实现"人地分离"，在城市，需要为进城农民提供更完善的社会保障；在农村，可以借鉴法国、日本等国曾实行的"农民退休制度"，减少老年农民的土地依赖。二是探索多种农村土地退出方式。可以借鉴平罗试验区的经验，加快推进集体成员之间的农村土地及房屋交易；可以尝试以"政策性银行贷款＋国家财政贴息＋村集体组织收储"的方式实现人地分离。承包地收储价格由当地的土地流转价格和确权后的承包年限（比如30年）共同确定，收储土地的流转收益用来分期支付银行贷款。宅基地收储价格由征地补偿标准和当地国有土地出让单价共同确定。三是适当打破农村集体组织边界。随着大量农村人口"弃地进城"，原集体组织成员人数将不断萎缩，农户退出的承包地、宅基地和住房，谁来承接、如何承接、以什么价格承接都将直接影响"人地分离"的政策效果。可以有条件地（比如一定的居住年限和经营规模等）打破原有集体组织的边界，像婚嫁一样，让进入者成为集体组织成员。这既有助于发现土地退出的真实价格，保障退出者的收益，也有助于新型经营主体发展和乡村社会治理。四是建立农村土地退出的"反悔机制"。为避免农村土地退出造成无家、无业、无社会保障的"流民"，可以为退出农户设置"退出保险"和"部分回购权"。凡退出农村土地者，在一定年限内，若其家庭成员确实无法在城镇生活，可以在保险金和政府回购补贴的帮助下，从原住村（或其他村）购置其退出面积一定比例（比如20%）的土地，并重新成为集体组织成员。

　　总之，需要加快农村土地制度尤其是宅基地制度改革，为有意愿、有能力的农户自愿放弃农村土地提供制度出口。

附录2
农村改革发源地——安徽凤阳县
种粮大户情况调查

一　种粮大户的分布和主要经营模式

凤阳县的种粮大户主要分布在东部沿花园湖的围湖地（以陈兴汉为代表）、中南部临山的荒山荒坡地（以殷涧镇卢道青、总铺镇张祖前为代表）和西部较平坦的流转土地（以刘府镇张文同、赵明重为代表）。

东部种粮大户获得土地的方式为承包和租赁，费用从十几元/（亩·年）至150元/（亩·年）不等。中南部种粮大户获得土地的方式也是承包和租赁，费用从50元/（亩·年）至150元/（亩·年）不等。

西部种粮大户获得土地的方式全部为流转，费用在500~600元/（亩·年）。

东部土地耐旱怕涝，采取的是麦—稻连作模式；中南部荒坡地耐涝怕旱，采取麦—水稻、玉米或杂粮连作；西部水利条件较好，旱涝保收，采取麦—稻连作等。

二　种粮大户生产经营的收入成本情况

由于土地位置和生产条件、耕作手段不同，种粮大户们的生产成本和效益情况各不相同。以2016年为例，各处的成本情况如下。

（一）东部湖地

小麦：每亩亩产 700～800 斤，收入 686～784 元，成本 330～523 元。

投入：

1. 耕地：自己有旋耕机的，打两遍成本 30 元。请人耕地的打一遍 45 元，自己再耙一遍 15 元，共计 60 元；

2. 播种：40～60 斤/亩，48～72 元；

3. 肥料：复合肥 35 斤～70 斤/亩，尿素 40～60 斤/亩，102～181 元；

4. 除草、打药：30～60 元；

5. 收割：自有收割机 20 元/亩；请人收割 50 元/亩；

6. 人工费用：亩均 100 元。

水稻：平均亩产撒播 700 斤、栽插 1000 斤。亩收入：撒播 875 元、栽插 1250 元。其亩成本为：撒播 550～730 元、栽插为 705～882 元。

投入：

1. 耕地：30～60 元；

2. 种子：撒播 60～100 元/亩；栽插 90～114 元/亩；

3. 种植费：撒播合 15 元/亩；栽插合 140 元/亩；

4. 肥料：复合肥 50～70 斤/亩，尿素 60 斤/亩，160～198 元/亩；

5. 水电费：15～30 元；柴油机提水合 70 元/亩；

6. 除草、打药：合 50～80 元/亩；

7. 收割：自己收割机 20 元/亩；请收割机 50～80 元/亩。

8. 其他人工：200 元。

（二）中南部荒坡地

小麦：亩产 500～600 斤，收入 490～588 元，成本 458～532 元。

投入：

1. 耕地：自己有旋耕机的，打两遍成本 30 元。请人耕地的打一遍 45 元，自己再耙一遍 15 元，共计 60 元；

2. 播种：60~70斤/亩，84~98元；

3. 肥料：复合肥100斤/亩，尿素40斤/亩，174元/亩；

4. 除草、打药：50元；

5. 收割：自有收割机20元/亩；请人收割50元/亩；

6. 人工费用：亩均100元。

水稻：亩产1000斤，收入1250元，成本900~1079元。

投入：

1. 耕地：自有旋耕机20元/亩，雇旋耕机50元/亩；

2. 种子：96~114元/亩；

3. 化肥：复合肥100斤，尿素50斤，合185元/亩；

4. 栽插：合150~180元/亩；

5. 水费：150~200元/亩（全靠柴油机提水）；

6. 除草、打药：四遍以上合100元/亩；

7. 收割：50元/亩；

8. 其他人工：合150~200元/亩。

（三）西部流转承包地

小麦：亩产650~800斤，收入690~856元，成本480~533元。

投入：

1. 耕地：请人耕地一遍45元，自己再耙一遍15元，共计60元；

2. 播种：45~60斤/亩，90~120元；

3. 肥料：复合肥60~100斤/亩，尿素50斤/亩，130~150元/亩；

4. 除草、打药：50元；

5. 收割：请人收割50元/亩；

6. 人工费用：亩均100元。

水稻：亩产800斤，收入1000元，成本：机插570元，撒播695元。

投入：

1. 耕地：60元/亩；

2. 种子：机插 25 元/亩；撒播 100 元/亩；

3. 化肥 155 元/亩；

4. 种植费：机插合 50 元/亩；撒播合 20 元/亩；

5. 水费：机插 20 元/亩；撒播是自流灌溉，无费用；

6. 除草、打药：合 60～110 元/亩；

7. 收割 50 元/亩；

8. 其他人工费：150～200 元/亩。

三　种粮大户经营效益分析

（一）东部湖地

1. 收入：小麦收入 686～784 元/亩；水稻收入撒播 875 元/亩；栽插收入 1250 元/亩；粮补、综补：120 元/亩，合计收入 1681～2154 元/亩。

2. 成本：承包费 50～150 元/亩；小麦成本 330～523 元/亩；水稻成本撒播 550～730 元/亩；栽插 705～882 元/亩。合计成本费用撒播为 930～1303 元/亩；栽插 1085～1555 元/亩。

纯收入：378～599 元/亩。

（二）中南部荒坡地

1. 收入：小麦收入 490～588 元/亩；水稻收入 1250 元/亩；粮补、综补 120 元/亩；合计 1860～1958 元/亩。

2. 成本：承包费 50～150 元/亩；小麦成本 458～532 元/亩；水稻成本 900～1079 元/亩；成本费用合计 1408～1761 元/亩。

3. 纯收入：100～550 元/亩。

（三）西部流转承包地

1. 收入：小麦收入 690～856 元/亩；水稻收入 1000 元/亩；粮补归

原承包农户，收入合计为 1690～1856 元/亩。

2. 成本：流转费 500～600 元/亩；小麦成本 480～533 元/亩；水稻成本 570～695 元/亩；合计 1550～1828 元/亩。

3. 纯收入：-138～306 元/亩。

通过对种粮大户经营效益分析可以看出：东部湖地和中南部荒坡地的亩均纯收入在 100～600 元/亩，主要是他们承包或流转的是价格低廉的土地，影响他们收入的主要因素是生产经营成本，制约他们收益的最大问题是自然灾害。而西部流转土地的经营效益堪忧，虽然土地平坦，旱涝保收，但流转价款较高，而且没有国家补贴，稍有不慎，就会亏损。

四　存在的问题

1. 规模偏小：我县种粮大户大都在 80～200 亩，规模偏小，不能发挥规模效益，也不能充分发挥农业机械的作用，种粮大户的投入积极性受到影响。

2. 中低产田、低洼围湖田、山场较多：水利灌排条件、交通等基础条件差、难以发挥农业机械的作用，抵御自然灾害能力有限，粮食丰产稳产能力差。

3. 生产管理运营成本高：由于农业机械运用不足，农业劳动力成本不断上升，如水稻人工插秧，每亩成本达 150 元左右等。

4. 促进粮食生产的政策性措施有待提高：如粮补、直补、农资直补等。

5. 普遍缺少仓储、烘干条件：由于粮食收获季节集中，所收获的粮食又必须及时晒干、储藏，收获期遇阴雨天气，困难更多。

五　思考与建议

1. 研究对种粮大户的奖补扶持办法：从政策上、经济上使种粮大户正常运转，愿意投入，扩大规模，规避风险，并且能够产生效益。才能促进种粮大户健康发展，确保粮食安全。

2. 建议结合土地整理，开展中低产田的改造：特别是沿湖和丘陵地区的种粮大户，只有开展土地治理，才能确保丰产丰收。

3. 推广农业机械，降低生产成本：如自有旋耕机整地，机播、机插、施肥、打药、机收等，减少用工，降低生产成本。建议政府增加对种粮大户购买大中型农机具的补贴等。

4. 引进粮食烘干设备和建设仓库：解决收获时的粮食烘干与储藏问题。

5. 解决种粮大户融资问题：种粮的投入大，风险高，希望金融部门在生产投入高峰期能增加融资额度。

6. 解决抗旱排涝的机改电问题：柴油机抗旱排涝成本是电机抗旱排涝成本的五至十倍，政府协调督促供电部门解决种粮大户的机改电问题。

7. 建议实行种粮大户能够直接享受农资直补：种粮大户购种子、化肥、农药的量大，建议能采取像政府采购的方式，给予优惠和补贴。

凤阳县农业委员会

2017 年 11 月 17 日

附录3

房地一体"跨村交易"——浙江
乐清市农村宅基地退出

乐清是温州市代管的浙江省辖县级市,东与台州市玉环县隔海相望,是"温台模式"的主要发源地和中国市场经济发育最早的地区之一。乐清市现有户籍人口128万人,传统意义上的农业人口116万人,占总人口的90%以上,人均土地面积0.32亩。由于人多地少且经商氛围浓厚,当地绝大部分农民都已不再务农,而是成为在全国乃至全球发展的大小商人。乐清是全国百强县,2015年其城镇常住居民人均可支配收入为46352元(全国为31195元),农村常住居民人均可支配收入为24891元(全国为11422元),都远高于全国平均水平。

作为中国市场经济的前沿阵地,早在1990年代,温州"弃农从商"的人们不断流向柳市、虹桥、大荆、乐成等镇,使上述区域迅速发展为经济中心和人口集聚区。经济的发展和人口的集聚引发了持续的农村房屋交易需求。农村房屋交易,让民营经济在乐清生根发芽并不断壮大,从而进一步吸引人口和资金的流入,最终形成了四大经济片区。随着当地工商业的蓬勃发展和城乡一体化加速,近年来,乐清市农村房屋和宅基地"房地一体"的跨集体经济组织交易现象日益普遍。

一 乐清农村房屋与宅基地交易情况

为了优化利用农村资源,获得经营发展资金,很多从事商业经营的乐清农民，都有抵押甚至转让自家农村房屋的实际需求。自1986年乐清为农村房屋办理产权登记以来，经政府备案的农房自愿有偿转让开始零星出现。至2007年底，经乐清市住建局登记备案的农房转让累计达88起。此时，无论是当地农村集体经济组织成员，还是城镇居民，甚至是户籍为其他省市但在乐清经商的居民，理论上都可以购置有房屋产权证的农村房屋并可以在住建局登记过户。不过，2008年住房和城乡建设部发布的《房屋登记办法》规定，"申请农村村民住房所有权转移登记，受让人不属于房屋所在地农村集体经济组织成员的，除法律、法规另有规定外，房屋登记机构应当不予办理"。受此影响，乐清市的农村房屋转让暂停。

但是，市场有强烈的农村住房转让需求。虽然政府不再备案过户，当地民间自发的农房转让仍然十分盛行。受温州市有关文件和农房抵押政策的鼓舞，2009年7月，乐清市委（2009）4号文件再次放开了农村房屋转让，"对持有集体土地使用权证和房产证的农村房产，允许在市域范围内农业户籍人口间转让"。不到半年时间，已有206起农房转让交易在住建局登记备案。此后，乐清市的农房交易迅速发展，2010年增加至383起，至2016年2月底，乐清市已累计完成7185起农村房屋交易，转让面积达115.73万平方米。其中仅"十二五"期间，就有5409起农村房屋转让在乐清市住建局进行了登记备案。

上述农房转让数量，是经住建局登记、备案和过户而完成的转让交易。实际上，这只占当地农村房屋转让交易的很小一部分，大量的农村房屋转让并没有经过政府部门。据乐清市农办副主任蔡永固估计，全市已达成的农房转让交易估计约有3万宗，其中近80%没有经住建局登记过户。不过，随着《物权法》的实施、物权理念的深入人心和当地农村房屋所有权登记工作的推进，农村房屋有证交易的比例正在上升。目前，新增的农房转让有证与无证交易约各占一半。

二 乐清房地一体"跨村"交易的具体做法

按照是否需要经住建局登记、备案和过户，乐清市的农村房屋跨村转让，可以分为"政府参与的"和"民间自发的"两种方式。尽管两种方式都建立在农村房屋和宅基地"地随房走、房地一体"的基础上，但其具体做法有明显区别。

（一）政府参与的农房跨村交易

在 2015 年以前，农户转让自家的房屋，除了需要拥有房屋所有权证和受让方为本市农业户籍人口之外，还需要出具非唯一住房确认书、不再申请宅基地承诺书、村集体出具的非唯一住房证明和同意转让的证明等材料。农民住房转让需缴纳契税、营业税等税费（总税率约 6.3%），还要向农民所在村缴纳基础设施配套费，每宗 0.5 万至 1.2 万元不等。

考虑到当地的户籍制度改革和浙江 2016 年 11 月将在全省范围内把农业户口和非农业户口统一居民户口，为了简化交易、符合社会发展需要，2015 年底制定的《乐清市集体土地范围内的房屋登记办法》规定，农村房屋所有权转让登记，除有正式交易合同外，还需要提供：①房屋所有权证；②完税凭证或减、免税凭证；③房屋所在地村集体经济组织同意转让的书面材料等。不再要求受让方必须为农业户口、不再申请宅基地承诺书、出让方提供非唯一住房证明等①。

当然，只有合法拥有"两证"——集体所有建设用地使用权证和《建设工程规划许可证》或《乡城建设规划许可证》，并提供房屋测绘报告的，才能申请房屋所有权初始登记、获得方所有权证进而转让。如此一来，违法违章建筑，无法申请房屋所有权证，也就不能经由政府登记、过户。

---

① 乐清市农办的工作人员表示，如果一个农房有两间，农户卖掉其中一间，显然应该允许；再如某农户只有一间房，他仍然可以卖下面 3 层，自住上面的几层，所以不应再要求"转让房屋非唯一住房"。

（二）民间自发的农房跨村交易

借助政府完成农房交易，一方面要求农房不能是违章建筑，另一方面还要求受让人拥有本地农业户口、缴纳税费等。但很多农村旧房改造时"少批多建"，成了违章建筑，而且很多想购置农房的人并不是当地农业户口。为了达成交易，让违章建筑和更多卖方人参与交易，一些农房交易采取了通过中间人私下签订"卖契"的方式完成。比如在"中国电器之都"乐清市柳市镇，成立于1990年的"柳市房产"的老板郑巨敏指出，无证农房的交易占公司交易量的近一半，为此该公司专门设计了被称为"卖契"的格式合同。"卖契"内容如下：

"立卖实契人＿＿＿，因另有发展，征得共有人同意，自愿将坐落在乐清市虹桥镇＿路＿号混合结构三层一间，情愿折价卖给＿＿＿为实业，日后任凭买方自行过户及管业享用。卖方应提供日后过户时一切有效证件及复印件，并协同买方办理过户手续。"接着，"卖契"描述所售物业的组成，特别标明"地基一概在内"，且无其他权利纠葛。再下来，是双方议定的成交价格，加注"价款随契收讫无存"，"永后不找不赎，双方情愿，永不反悔。恐后口说无凭，特立此契，永为存照"。最后签字前，是小字抄录的卖方房产证的信息，包括产权证号、建筑面积、以及四至。落款签字画押的，包括卖房人和共有人，以及"见中人"（房产中介老板）。

当地的其他房地产公司在农房交易居间服务时，做法也大致如此。在注重契约精神的乐清地区，习惯法得到了运行良好，因农房买卖产生的纠纷非常少。

此外，值得一提的是，乐清有一些村庄很欢迎外地人到本村投资、购房、落户。比如常住人口大约2400人的街口村，有四五百人来自其他村庄，其中200多人已通过"跨村"买房在街口村落户。为平衡各方利益，村两委规定，在街口村落户的外村人，除不享受村集体经济组织的收益分配权、土地承包经营权外，其他权利和义务与原住村民相同。

图 1　乐清民间的农村房屋交易凭证

图片来源：南方周末记者　王小乔。

附录4

2014年、2018年和2019年
三次农户调查问卷

冀鲁豫三省农户土地经营与退出意愿调查问卷（2014年）

省市县/区镇/乡村

调查员姓名　调查员电话

受访者姓名　受访者电话

调查日期　<u>2014</u>　年　月　日

一　家庭基本情况

A1. 您家总共有［　］人，其中劳动力（16～65周岁）［　］人，孩子（16周岁以下）［　］人，老人（65周岁以上）［　］人。

家庭成员基本信息：

序号	与户主关系:1户主;2配偶;3子女;4孙子/女;5父母;6儿媳/女婿;7兄弟姐妹;8祖父母;9其他	年龄	性别1男;2女	文化程度:1文盲;2小学;3初中;4高中;5大学;6研究生	近三年是否有务工经历:1是2否	目前从事的行业:1建筑装修;2制造业;3服务业;4商业零售业;5农业(务农);6上学;7其他	活动地点:1本村;2本镇非本村;3本县非本镇;4本省非本县;5外省(地点)	2013年在外工作时间(月)?	现金收入?(元/月)
A2被访									
A3									
A4									
A5									
A6									
A7									
A8									
A9									
A10									

A11. 家庭劳动力中，完全从事农业的劳动力〔　〕个，既从事农业也从事非农业的〔　〕个。

A12. 你们村离最近的城市（县城），多少里〔　〕? 主要交通工具是〔　〕? 到城里需要〔　〕小时〔　〕分钟?

A13. 你目前的身体状况如何?〔　〕

1 很不健康　2 比较不健康　3 一般　4 比较健康　5 很健康

A14. 你们家是否有党员?〔　〕0 = 没有　1 = 有（＿＿个）

二　农业经营与土地流转情况

B1. 你家目前承包集体耕地〔　〕亩，共有〔　〕块。主要种什么?

　　1 = 粮食（请注明）〔　〕　　2 = 经济作物（请注明）〔　〕

B2. 第二轮承包（1998 年左右）以来，你家承包地面积（或地块）是否调整过?〔　〕

0 = 否　　1 = 是→若是，调整过 [　] 次？

B3. 第二轮承包以来，村里有没有被征过地？[　]

0 = 没有　1 = 有

B4. 2013 年，你家种粮食的土地，每亩地一年（两季度）收入 [　] 元（建议用亩均产量乘以销售价格，再把不同作物收入加总）；种经济作物（蔬菜、水果等），每亩地一年收入 [　] 元。

B5. 你家是否想把一部分土地出租给别人种？[　] 0 = 否 1 = 是

如果本题选 1，为什么想出租土地？原因：＿＿＿＿＿＿＿＿＿＿

＿＿＿＿

B6. 你家是否已经出租了土地？[　] 0 = 否 1 = 是

如果本题选 1，是从 [　] 年开始出租土地的？

B7. 为什么你想把土地让别人种，但还没租出去？[　]

1 = 没人租　2 = 价格太低　3 = 达不到租地人的要求　4 = 家里有人反对　5 = 亲属帮忙种

B8. 你家有没有租别人家的地？[　]　　0 = 没有　1 = 有

若答没有，则跳至 B10

答"有"，你家租了 [　] 块地，共 [　] 亩？从 [　] 年开始流入的？流入的地之间 [　]（0 否 1 是）部分或全部连片；流入的地与自家地 [　]（0 = 否 1 = 是）部分或全部连片。

B9. 2013 年，租入的地，种什么？

1 粮食（注明）[　]；2 经济作物（注明）[　]。

每亩租金多少 [　] 元？[　]（0 = 没有 1 = 有）签合同？

每亩收入多少 [　] 元？

B10. 你家是否愿意进一步扩大土地经营规模？[　]

0 = 不愿意 1 = 愿意

为什么愿意（或不愿意）？原因：

B12. 去年（2013 年）你家总共经营（考虑土地流入和转出）[　] 块分散的地；共 [　] 亩。

三 农户家庭经济水平及资金流动情况

C2. 你觉得你家的经济状况（或收入水平），在当地属于哪一档？［　］

　　1 = 远低于平均水平　2 = 低于平均水平　3 = 平均水平　4 = 高

于平均水平　5 = 远高于平均水平

C3. 2013 年，你家的总收入是［　］元？其中，非农收入（务工、

做生意、土地出租等）占你家总收入的比例是［　］%？

C4. 2013 年你们家［　］（0 = 否　1 = 是）有向其他人或机构借钱，

如有，借钱的来源是：

来源	金额(元)	年利息	备注
C5. 从亲戚朋友借			
C6. 从信用社(农商行)借			
C7. 从农业银行借			
C8. 从邮政储蓄银行借			
C9. 从私人高利贷借			

四 2013年农业（种植业）生产及机械化生情况

项目	生产情况			机械耕地(秸秆粉碎请注明)		
	分散地块(块)	面积(亩)	总产量(斤)	面积(亩)	机械类型：1 自有机械 2 购买服务	总费用(元)
D1. 小麦				耕地：		
				碎秸秆：		
D2. 玉米						
D3. 水稻						
D4. 棉花						

项目	机械播种			机械收割		
	面积(亩)	机械类型：1 自有机械 2 购买服务	总费用(元)	面积	机械类型：1 自有机械 2 购买服务	总费用(元)
D1. 小麦						

续表

项目	机械播种			机械收割		
	面积(亩)	机械类型: 1 自有机械 2 购买服务	总费用 (元)	面积	机械类型: 1 自有机械 2 购买服务	总费用 (元)
D2. 玉米						
D3. 水稻						
D4. 棉花						

注：总费用一栏，自有机械者填汽油柴油总花费；购买机械服务者，填购买服务的花费。

五　农业机械服务情况及态度

（一）持有农业机械的农户（自己家拥有大型农业机械）——若没有大农机，跳到（二）

项目	型号	类别 (拖拉 机/收 割机)	哪年 购买	新机 还是 二手 机	购买 价格 (元)	是否 有补 贴	补贴 后价 格 (元)	哪年 报废 或出 卖	出卖 价格 (元)	马力	维修 次数	维修 总费 用 (元)
E1 第一台												
E2 第二台												
E3 第三台												
E4 第四台												

E5. 上述机械中，有没有哪些机械是跟别人合伙拥有：〔　〕。

E6. 您家拥有的农业机械除了为自家服务外，还给其他农户提供服务：〔　〕0 = 否　1 = 是

E7. 如果给其他农户提供服务，那是以何种形式收费？〔　〕

1 = 无偿帮忙；　　2 = 按市价收费；　　3 = 收费，但基于邻里关系价格要低于市价

（二）购买机械服务的农户

E8. 为您提供农业机械服务的个体（组织）是〔　〕

1 = 个体农机户　2 = 专门从事农机作业的农机大户

3 = 农机服务公司　4 = 政府（村集体）的农机服务队

5 = 农机行业协会　　6 = 农机合作组织　　　7 = 其他

E9. 2013 年为您提供农业机械服务的个体（组织）是哪里人〔　　〕

1 = 本村　　2 = 本镇非本村　　3 = 本县非本镇　　4 = 本省非本县

5 = 外省（地点）_____

E10. 您是通过何种途径获得农机服务个体（组织）的相关信息：〔　　〕

1 = 自己联系　2 = 朋友介绍　3 = 中介人　4 = 农机协会　5 = 农机合作组织　6 = 其他

E11. 使用农业机械服务时，是否签署合同或其他形式的协议？〔　　〕0 = 否　1 = 是

E12. 使用农业机械服务后，每亩单产有什么变化？〔　　〕

1 = 增加　　2 = 降低　　3 = 持平

E13. 使用农业机械服务后，劳力节约是否明显？〔　　〕

1 = 非常明显　　　2 = 明显　　　3 = 一般　　　4 = 不明显　　　5 = 非常不明显

E14. 您对农机作业服务个体（组织）的作业质量（活干的好坏）满意程度如何：〔　　〕

1 = 非常满意　　　2 = 比较满意　　　3 = 一般　　　4 = 不是很满意

5 = 非常不满意

E15. 您对农机作业服务个体（组织）的收费情况满意程度如何：〔　　〕

1 = 非常满意　　　2 = 比较满意　　　3 = 一般　　　4 = 不是很满意

5 = 非常不满意

E16. 您对农机作业服务个体（组织）的服务态度满意程度如何：〔　　〕

1 = 非常满意　　　2 = 比较满意　　　3 = 一般　　　4 = 不是很满意

5 = 非常不满意

六　土地权益：认知与主张

近一年来，你从事以下活动的频率如何？

活动项目	从不	很少	有时	经常	总是
F1 看/听承包地、宅基地相关的报刊、节目	1	2	3	4	5
F2 与他人聊承包地、宅基地的事儿	1	2	3	4	5
F3 进城办事（包括外地的城市）或串门	1	2	3	4	5

F4. 你认为你家的承包地归谁所有？〔　　〕

1＝农民自己　2＝集体　3＝国家

F5. 你认为你家的宅基地归谁所有？〔　　〕

1＝农民自己　2＝集体　3＝国家

F6. 你是否知道农村宅基地"一户一宅"的法律规定？〔　　〕

0＝不知道　1＝知道

F8. 你认为是否应该给农民发房屋产权证？〔　　〕

　　0＝否　1＝是　2＝无所谓

F9. 你家是否领到了　a《农村土地承包经营权证书》〔　　〕

　　0＝否　1＝是　d＝不清楚

c《房屋所有权证》〔　　〕

　　0＝否　1＝是　d＝不清楚

d《宅基地使用权证》〔　　〕

　　0＝否　1＝是　d＝不清楚

你对下面问题的态度（国家正在考虑这些事儿，答案没有对错）

项目	不应该	应该
F10 应该给农民耕地的长久使用权吗？	0	1
F11 应该允许农民自由买卖承包地吗？	0	1
F12 应该允许农民自由买卖宅基地吗？	0	1
F13 应该允许农民以承包地去银行抵押贷款吗？	0	1
F14 应该允许农民以宅基地去银行抵押贷款吗？	0	1
F15 应该允许农民把自家房屋卖给非本村人吗？	0	1

F16. 应该把村里的集体资产（假如有），量化给（只是确定每家占多少股份，不一定要分开单干）农民吗？〔 　〕

0 = 不应该　1 = 应该

F17. 如果政府征地，你觉得村民有权不接受吗？〔 　〕

0 = 没有权　1 = 有权

F18. 如果村庄要撤并或搬迁，你觉得村民有权拒绝吗？〔 　〕

0 = 没有权　1 = 有权

F19. 已经在城里落户，且有稳定工作的外出人员，还应该保留承包地吗？

0 = 不应该　1 = 应该→原因：＿＿＿＿＿＿

F20. 已经在城里落户，且有稳定工作的外出人员，还应该保留宅基地吗？

0 = 不应该　1 = 应该→原因：＿＿＿＿＿＿

七　城乡联系与宅地基处置

G1. 你家有没有人长期在城镇租房子？〔 　〕　0 = 没有　1 = 有

G2. 你家有没有人在城镇买了房子？〔 　〕　0 = 没有　1 = 有

G3. 你家有没有人买了小轿车？〔 　〕　0 = 没有　1 = 有

G4. 周围有没有邻居把举家搬入了城市？〔 　〕　0 = 没有　1 = 有

G5. 与别人相比，你家人在城里认识的人（朋友、同学等）〔 　〕

1 = 偏少　2 = 差不多　3 = 偏多

G6. 与别人相比，你们家在城里的亲戚多不多？〔 　〕

1 = 偏少　＝2 差不多　3 = 偏多

G7. 你觉得自己听普通话的能力是什么水平：〔 　〕

1 = 完全听不懂　2 = 比较差　3 = 一般　4 = 比较好　5 = 很好

G8. 你家人是否愿意随城市务工/生活人员一起进城？〔 　〕

0 = 否　1 = 是

如果不愿意，为什么？［　　］

　　1 = 不想增加他们的负担

　　2 = 城里生活不习惯

　　3 = 不喜欢和儿媳妇/女婿一起生活

　　4 = 家里的地需要种

　　5 = 家里有老人需要照顾，走不了

G9. 上次居委会选举/村委会选举，你是否参加了投票？［　　］

　　0 = 否　　1 = 是　　2 = 没有投票资格

G10. 你家是否加入了某种合作社（互助组）之类的组织：［　　］

　　0 = 否　　1 = 是

G11. 你家是村里的大姓吗？［　　］　　0 = 否　　1 = 是

G12. 你可以顺利从周边农户家里借到自行车、铁锹之类的工具？
［　　］　　1 = 完全不能　　2 = 基本上可以　　3 = 完全可以

G13. 你觉得你家生活是否幸福［　　］

1 = 很不幸福　　2 = 比较不幸福　　3 = 一般　　4 = 比较幸福　　5 = 很幸福

G14. 你家有宅基地［　　］处，总面积［　　］亩？

G15. 你家有没有长时间不住人的房屋或没盖房子的宅基地？［　　］

　0 = 没有　　1 = 有

G16. 你们家有没有买过或卖过宅基地流转？［　　］

0 = 没有　　1 = 有

G17. 村庄合并（如：由4个村合并成1个）宅基地复垦后，多出来的地（种庄稼）应该如何处置？［　　］

1 = 集体重新分配　　2 = 仍归原使用者使用

八　土地退出意愿与方式

H1. 如果村里把整村土地长期（10年以上）出租给公司，你愿意吗？
［　　］0 = 不愿意　　1 = 愿意

H2. 你愿意把<u>自家</u>的土地长期（30 年以上）出租吗？［　］

　　0 = 不愿意　　1 = 愿意

H3. 你愿意用自家的承包地，做抵押，获得银行贷款吗？［　］

　　0 = 不愿意　　1 = 愿意

　　你愿意用自家的承包地，为亲朋好友贷款做担保吗？［　］

　　0 = 不愿意　　1 = 愿意

　　你愿意把承包的土地，折资入股到企业，获得分红吗？［　］

　　0 = 不愿意　　1 = 愿意

　　你愿意把一分部或全部自家的承包地卖了吗？［　］

　　0 = 不愿意　　1 = 愿意

　　　　如果不愿意卖，为什么？原因：_____

　　　　如果愿意卖，每亩地给［　］钱，你才肯卖？

H4. 你愿意自家的土地被政府<u>有偿</u>征用吗？［　］

　　0 = 不愿意　　1 = 愿意

H5. 你认为土地买卖、宅基地流转需要通过村集体或当地政府吗？
［　］　　0 = 不需要　　1 = 需要

H6. 你愿意拿自家的宅基地，做抵押，获得银行贷款吗？［　］

　　0 = 不愿意　　1 = 愿意

　　你愿意以自家的宅基地，为亲戚朋友贷款做担保吗？［　］

　　0 = 不愿意　　1 = 愿意

　　你愿意把你家的宅基地，折资入股到企业，获得分红吗？［　］

　　0 = 不愿意　　1 = 愿意

H7. 如果用你家的宅基地换城镇住房，你愿意吗？［　］

　　0 = 不愿意　　1 = 愿意

H8. 如果用你家承包地换城镇养老保险（每个月给工资），你愿意
吗？［　］0 = 不愿意　　1 = 愿意

　　如果不愿意换，为什么？原因：_____

　　如果愿意换，每月给［　］钱（一家只发一份），你才肯换？

H9. 你愿意把自家闲置的宅基地卖掉吗？〔　〕

　　0 = 不愿意　　1 = 愿意

　　如果不愿意卖，为什么？原因：_____

　　如果愿意卖，每一个宅基地（以3分地计算）给〔　〕钱，你才肯卖？

H11. 如果整村搬迁到中心镇或者城里的同一个小区，你愿意吗？〔　〕　　0 = 不愿意　　1 = 愿意

H12. 你们村/组（生产队）有没有还没分的集体耕地、荒地、坑塘等？〔　〕　　0 = 没有　　1 = 有（答没有，跳至H14）

H13. 〔按理说，这些土地人人有份〕你愿意有偿放弃自家的那一份吗？〔　〕0 = 不愿意　　1 = 愿意

H14. 如果你们全家都搬到城里去了，且农村承包地可以买卖，你将怎么处理？〔　〕

　　1 = 荒着　　2 = 让亲属种　　3 = 租出去　　4 = 卖掉　　5 = 其他

H15. 如果你们全家都搬到城里去了，且房屋可以买卖，你将怎么处理？〔　〕

　　1 = 闲着，偶尔回来看一下　　2 = 给亲属用　　3 = 租出去（如果能租）　　4 = 卖掉　　5 = 其他

H16. 如果到城镇定居，你倾向于选择哪类城市？〔　〕

　　1 = 小城镇　　2 = 县城/县级市　　3 = 地级市　　4 = 省城　　5 = 北京/上海/天津等大城市

黄淮海农区农村土地退出及农业经营调查问卷（2018年）

A. 家庭基本信息（调查员注意：找最了解家里情况的"主事人"开始问，并允许其他家庭成员补充，14岁以下儿童只填1～9题）

A1 你家一共有 [ ] 口人，其中16～65岁的劳动力 [ ] 人，16岁以下的 [ ] 人，65岁以上 [ ] 人？在城里定居的 [ ] 人？

代码1：1＝户主；2＝配偶；3＝子女；4＝孙子女；5＝父母；6＝兄弟姐妹；7＝女婿儿媳；8＝岳父母；9＝祖父母；77＝其他（请注明）

代码2：1＝在家务农（→13）；2＝自营工商业（→14）；3＝受雇上班（→15）；4＝看孩子；5＝上学；6＝养病在家；7＝不固定\打散工；8＝赋闲；9＝养胎/坐月子；77＝其他（请注明）

代码3：1＝本村；2＝本乡镇非本村；3＝本县非本乡镇；4＝本市非本县；5＝本省非本市；6＝外省；7＝国外

序号	问题	单位和代码	受访者	各个家庭成员										
				2	3	4	5	6	7	8	9	10	11	12
A2	与户主的关系	代码1												
3	性别	1＝男；2＝女												
4	年龄	岁												
5	婚姻状况（1＝未婚；2＝已婚；3＝离婚；4＝丧偶；77＝其他）													
6	民族													
7	上了几年学（从小学开始计算）	年												
8	是否在校学生？	1＝是；5＝否												

续表

序号	问题	单位和代码	受访者	各个家庭成员										
				2	3	4	5	6	7	8	9	10	11	12
9	健康状况（1=很健康;2=比较健康;3=一般;4=比较差;5=非常差）													
10	近五年是否曾外出务工?（乡镇为界/工作地为准）	1=是;5=否(→14)												
11	2017年在家（本村的家）居住的时间	天												
12	2017年主要从事哪几种工作（选最主要的两个）？	代码2												
13	若在家务农,2017年你家务农总收入[ ]元?（根据C部分的表计算得出）													
14	若自营工商业,工作地点是 2017年自营工商业,净利[ ]元?（根据行业,大致估计）	代码3												
15	若受雇、打工（包括本地打散工、教师等）,工作地点是	代码3												
15.1	工作稳定吗?（1=不稳定;2=一般;3=很稳定）													
15.2	是否签订了合同?	1=是;5=否												
15.3	是否有城镇职工养老保险（交了5险或3险1金）?	1=是;5=否												
15.4	每个月工资多少钱?（若不是月工资,进行折算）	元/月												
15.5	2017年实际工作了多少天?	天												

续表

序号	问题	单位和代码	各个家庭成员											
			受访者	2	3	4	5	6	7	8	9	10	11	12
15.6	2017 年一共净挣了多少钱（扣掉上班期间的花销）?	元												
15.7	2017 年净挣的钱,总共给家里多少?	元												
15.8	他为什么给家里这些钱?（单选,最主要原因）	代码 4												
16	若有务农、自营工商、务工外的收入一比如当兵,是多少元?	元												

代码 4:1 = 日常开销;2 = 上学/学技术;3 = 买轿车/摩托/电动车;4 = 买房/宅基地/盖房;5 = 结婚/彩礼;6 = 买农用机械;7 = 租地;8 = 买农资;9 = 雇工;10 = 随份子;11 = 治病;12 = 还账;77 = 其他

B. 耕地信息

请将农户家 2017 [种的]（含租入的）、[租出的]、[抛荒的] 地块在图中标示出来:

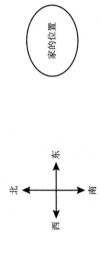

北
西 ←→ 东
南

家的位置

B1 二轮承包或分家时, 你家分了 [   ] 亩地, 共 [   ] 块? [当时] 按 [   ] 人分的?

B2 二轮承包（1998年左右）以来，承包地是否重新分过 [ ] 状？若是，重新分过 [ ] 次？

B3 你家是否已经拿到了土地承包证 [ ]？1=是；5=否

B4 你觉得你家的承包地归谁所有 [ ]？1=自己家；2=村、组集体；3=国家；4=说不清/不知道

B5 2017年，你家一共 种了 [ ] 亩 地，其中 租入 [ ] 亩 地，抛荒 [ ] 亩 地。 收获小麦 [ ] 斤？收获玉米 [ ] 斤，收获小麦 [ ] 斤？[ ] 亩，亩产 [ ] 亩，亩产 [ ] 斤？

B6 地块信息（地块多于10时，填写面积最大的10块）

代码1：1=小麦；2=玉米；3=大米；4=大豆；5=蔬菜；6=瓜果；7=棉花；77=其他（请注明）

代码2：1=自有且自种；2=换入（需和3. 换出联动）；3=换出联动；4=租入（含0租金）（→10.1至10.7和11）；5=租出（含0租金、入股）（→10.1至10.7和12）；6=抛荒（→13）；77=其他（请注明）

序号	问题	单位和代码	第一块	2	3	4	5	6	7	8	9	10
1	地块面积	亩										
2	种植作物种类（面积最大的两种，一年2季）	代码1										
3	该作物的亩数	亩										
4	地块离最近大路（能过大型农机）的距离	米										
5	肥沃程度～土地好坏情况（1=好地；2=一般；3=坏地）											
6	灌溉难易程度（1=容易；2=一般；3=很难；4=无法灌溉→10）											
7	灌溉水来源（1=地下水；2=河水；3=水库；77=其他-请注明）代码4											

续表

序号	问题	单位和代码	第一块	2	3	4	5	6	7	8	9	10
8	灌溉方式（1＝漫灌；2＝喷灌；3＝滴灌；77＝其他－请注明）											
9	地里（包括邻近地块）是否有灌溉井	1＝是；5＝否										
10	利用方式	代码2										
10.1	合同形式（协议）	1＝书面；2＝口头										
10.2	合同期限	年或99（不固定）										
10.3	合同从哪一年开始？（当前这次合同）	年										
10.4	合同与谁签订？	代码3										
10.5	租金多少（实物折算成货币，不考虑涨租）	元/（亩·年）										
10.6	合同是否可以提前结束（中止）？	代码4										
10.7	合同是否可以提前结束（中止）？	1＝是；5＝否										
11	若租入，最主要原因是什么？（单选）	代码5										
12	若租出，最主要原因是什么？（单选）	代码6										
13	若抛荒，最主要原因是什么？（单选）	代码7										
14	从哪一年开始荒的？	年										

续表

代码3:1＝本村熟人(包括亲属、朋友);2＝村集体;3＝本村的亲戚;5＝外村的亲戚;4＝外村的合作社;7＝外边的公司;8＝乡政府;77＝其他(请注明)

代码4:1＝种植前,租金年付;2＝收获后,租金年付;3＝多年合同租金一次付清;5＝种前,种后各付一部分;77＝其他(请注明)

代码5:1＝扩大规模;2＝实现连片经营;3＝受人之托,必须照看;4＝家庭劳动力不够,无法耕种;77＝其他(请注明)

代码6:1＝村集体统一转出;2＝家庭劳动力不够,无法耕种;3＝租金适合;4＝种地不赚钱;77＝其他(请注明)

代码7:1＝家庭劳动力不够,无法耕种;2＝土壤不够肥沃;3＝没有灌溉水;4＝收益太低,不想种了;5＝地块大小,不能用机械;6＝交通不便,管理麻烦;77＝其他(请注明)

B7 承包地流转与规模经营意愿

B7.1 是否想把家里 正在种的 (不考虑已经流转出去的) 地流转出去 [　]? 1＝是; 5＝否 (→B7.2);99＝不适用 (→B7.2)

若是,为什么还没转出去 [　]? 1＝没人租;2＝租金太低;3＝达不到租地人(土地连片)的要求;4＝其他(请注明)

家里有人反对;77＝其他(请注明)

B7.2 你家是否愿意把 全部的 承包地都入股到村里,交由村里统一出租或统一经营～可以随时退出 [　]?
1＝是; 5＝否

B7.3 假如两种情形(调查员注意:请确保受访人听懂了问题意思——可以类比打牌、做生意):1)把土地出租,一亩地每年得到1000元租金;2)以土地入股～可以随时退出,每亩地 八成 能拿到1250元分红,但也有 两成 可能性一分钱拿不到。你家选哪个 [　]? 1＝出租; 2＝入股; 3＝无所谓 (选项3必须念出来)

B7.4 你家想通过调串、互换减少地块的数量吗～最好把所有地都连片 [　]? 1＝不想 (→B7.5); 2＝无

所谓; 3 = 想; 4 = 已经这么做了; 5 = 不适用 (就一块地等)

如果需要花些钱, 比如每亩地不超过 200 元 (量地、整地的工作经费), 是否还想调串、互换 [   ]? 1 = 是; 5 = 否

B7.5 在目前条件下, 你家是否想多种一些地 [   ]? 1 = 是; 5 = 否 (→B7.6)

A) 若是, 为什么没有种更多的地?
1 = 缺资金; 2 = 缺劳力; 3 = 租金太贵; 4 = 租不到; 5 = 不赚钱; 77 = 其他 (请注明)

B) 若是, 你是否愿意花一些钱从本村人 (集体成员) 手中购买 (受让) 一些承包地 [   ]?
1 = 是; 5 = 否

B7.6 如果在家务农能与外出务工经商挣的钱一样多, 你们家人 (尤指长期外出的人) 是否愿意长期在农村从事农业 [   ]? 1 = 是; 5 = 否; 99 = 不适用

C. 农产品生产与农业机械化 (调查员注意: 本部分问的是 2017 年的情况, 总价值多少元尽量准确)

项目	种植面积 (亩)	地块数量 (块)	总产量 (斤)	总价值 (元)	家庭消费 (斤)	机器耕地 (亩)	机器播种 (亩)	机器灌溉 (浇地) (亩)	机器打药 (除钻心虫) (亩)	机器追肥 (亩)	机器打药 (除蚜虫) (亩)	机器收获 (亩)	送粮回家	秸秆粉碎	脱粒	烘干
						机器耕地 (亩)	机器播种 (亩)	机器灌溉 (浇地) (亩)	机器打药 (除钻心虫) (亩)	机器追肥 (亩)	机器打药 (除蚜虫) (亩)	机器收获 (亩)				
C1 小麦																
C2 玉米																
C3 使用自有农业机械的面积 (若家中没有农业机械, 则→C4)																
C4 使用外面收费农业机械的面积																

续表

	农产品生产消费情况					田间管理机械化（亩）								后续机器作业（亩）		
	种植面积（亩）	地块数（块）	总产量（斤）	总价值（元）	家庭消费（斤）	机器耕地（亩）	机器播种（亩）	机器灌溉（送地）（亩）	机器打药（除钻心虫）	机器追肥（除草）	机器打药（除蚜虫）	机器收获（亩）	送粮回家	秸秆粉碎	脱粒	烘干
C5 大米																
C6 大豆																
C7 蔬菜																
C8 瓜果																
C9 稻花																
C10 其他作物																
C11 牛羊猪鸡鸭鱼等畜产品																

计算信息:1. A13 家庭务农总收入＝所有农产品的总价值－一家庭消费农产品的价值。
2. 农产品总价值＝农产品产量 X 农产品市场的值。
3. 家庭消费农产品的价值＝家庭消费量 X 农产品市场单价。

提示信息:1. C3 或 C4 中机器耕地面积、播种面积、收获面积等，应当是小麦、玉米相关面积的加总。
2. 若是果蔬棉种种植、畜禽养殖户，各农产品的总价值，按 扣除成本后的年净收入 计算。

C12 与相邻地块或邻居比，1）你家买的小麦种子价格更贵吗〔　　〕? 1＝更贵；2＝更便宜；3＝差不多
　　2）玉米种子呢〔　　〕? 1＝更贵；2＝更便宜；3＝差不多

C13 与村里大部分人比，1）你家小麦播种时间更早吗〔　　〕? 1＝更早；2＝更晚；3＝差不多
　　2）玉米呢〔　　〕? 1＝更早；2＝更晚；3＝差不多

C14 与相邻地块比，1）你家小麦播种的更密（更稠）还是更稀〔　　〕? 1＝更密；2＝更稀；3＝差不多
　　2）玉米呢〔　　〕? 1＝更密；2＝更稀；3＝差不多

C15 与相邻地块或邻居比，1）你家每亩地的施肥量偏多吗〔　　〕? 1＝偏多；2＝偏少；3＝差不多

2) 用的化肥价格更贵（单价）吗 [ ]? 1=是；2=否；3=差不多

C16 与村里大部分人比，1) 你家小麦收获时间更早吗 [ ]? 1=更早；2=更晚；3=差不多

2) 玉米呢 [ ]? 1=更早；2=更晚；3=差不多

C17 总体来看，你家对农机服务 收费价格 满意吗 [ ]? 对 服务态度 呢 [ ]? 对 作业质量 呢 [ ]? 1=满意；2=不满意；3=说不上满意不满意；4=不适用（调查员注意：全部为单选题，并重点区分一部分和全部）

D. 土地退出意愿与态度

D1 如果国家征地（征走就再也没有了），有补偿，你家愿意吗 [ ]? 0=不愿意（➜D3）；1=愿意 ➜如果愿意，心里愿意 乐意 吗 [ ]? 0=不乐意；1=乐意

➜如果愿意，最喜欢那种补偿方式 [ ]? 1=把所有补偿一次性给现金；2=把补偿分月给（像养老保险那样）；3=去城镇买房抵减一部分费用

D3 每亩地 一次性给 [ ]万元（价格为40年当地最高租金-请先问被访人最高租金），你家愿意把 一部分 承包地卖给（交给）国家吗 [ ]? 1=是；5=否（➜D4）

全部 承包地都卖给/交给国家呢 [ ]? 1=是；5=否

D4 背景信息：国家政策和《农村土地承包法》都允许集体成员之间转让承包地。还是 每亩地 一次性给 X 万元（➜D5），如果有本村人想买你家 一部分 承包地，你愿意卖（转让）吗 [ ]? 1=愿意；5=不愿意

全部 承包地都卖掉（转让）呢 [ ]? 1=愿意；5=不愿意

D5 全家都已经进城、落户 且有收入稳定的人，长期保留农村的承包地，你觉得合理吗 [ ]? 1=合理；

2 = 不合理；3 = 不好说

D6 随着村里的人不断往城里走，本村可能没人想花钱买地，因此有人想把承包地卖给外村的人，你是否赞成

[ ]？1 = 是；5 = 否

证？

D7 你家有 [ ] 处宅基地，[ ] 处拿到了宅基证？

买过或 卖过 宅基地 [ ]？1 = 买卖过；5 = 没有

你家有 有闲置宅基地 吗 [ ]？1 = 有；5 = 没有

D8 当地买一个宅基地大概要 [ ] 元？（不知道，填 99 ➜ D10） 这价格的宅基地 面积 一般是 [ ] 分？

调研员计算：当地每 分 宅基地的价格是 [ ] 元？

D9 按照 D8 每 分 宅基地的市场价格：你愿意把自家闲置的宅基地卖给人吗 [ ]？如果是 国家给钱收购

呢 [ ]？1 = 愿意；5 = 不愿意（➜D11）

D10 如果每 分 宅基地给 1 万元，你愿意把自家闲置的宅基地卖给别人吗 [ ]？1 = 愿意；2 = 不愿意；

3 = 不适用 - 家里没有闲置宅基地（➜D11）

如果是 国家给钱收购 呢 [ ]？0 = 不愿意；1 = 愿意 ➜ 如果愿意，心里 乐意 吗 [ ]？0 = 不乐

意；1 = 乐意

D11 你家在村里一共有 [ ] 处房子？ 最近 一次盖正房（堂屋）是 [ ] 年？大概花了 [ ] 万

元？

你家 在城 里（镇）里 买房子了吗 [ ]？1 = 买了；5 = 否（➜D13）

D12 你家是否有长期闲置的房子 [ ] 愿意 把闲置的房子连同宅基地一起

转让给别人（卖掉）吗 [　]？1＝愿意；5＝不愿意

D13 如果整村一起搬迁到新村、乡镇或城里的同一个小区，你家愿意吗 [　]？0＝不愿意；1＝愿意 → 如果愿意，心里乐意吗 [　]？0＝不乐意；1＝乐意

D14 如果政策允许，有外人想在你们村买房子和承包地，并成为集体的一员，你的态度是 [　]？1＝坚决不同意；2＝不同意；3＝无所谓；4＝同意；5＝完全同意

E. 社会联系与集体行动

E1 如果你家急需1万多块钱，你能在一个星期内借到吗 [　]？1＝不能；2＝不好说/不知道；3＝能

E2 到2017年底，你家一共欠外面人 [　]万元，其中欠银行 [　]万元？（不欠钱/没有借钱：填0）

E3 你是党员吗 [　]？1＝是；5＝否 家里有 [　]个党员？ 是否有人当过村干部 [　]？1＝是；5＝否

E4 总的来说，与别人相比，你家人（注意：是所有的家人）在城里认识的人（包括亲戚、朋友、同学、同事等）[　]？1＝偏少；2＝差不多；3＝偏多

E5 你家人进城办事或串门的时候多吗（包括外地的城市）[　]？1＝从不；2＝很少；3＝有时/偶尔；4＝经常；5＝总是

你觉得你能适应城里的生活吗 [　]？1＝不能；2＝不好说/不知道；3＝能

E6 你有宗教信仰吗，信佛、信主、信什么的 [　]？1＝有；5＝没有 家里有 [　]人有宗教信仰？如果有，是否信上帝 [　]？1＝是；5＝否

E7 你家加入人民农业专业合作社了吗 [　]？1＝加入了；5＝没有

E8 假如村里有人丢了牲口（比如牛、羊），其他人会不会一起帮忙找 [　]？1＝肯定不会；2＝不会；3＝

说不好；4＝会；5＝肯定会

4＝会；5＝肯定会

E9　如果村里村的路坏了，村里人会不会自发联合起来把它修好 [　]？1＝肯定不会；2＝不会；3＝说不好；4＝会；5＝肯定会

E10　如果村里的路坏了很久一直没人修，你会不会找村干部反映 [　]？1＝肯定不会；2＝不会；3＝说不好；4＝会；5＝肯定会

E11　如果路坏了很久，也跟村干部反映过，但一直没人修，你家愿意牵头/领头把它修好吗 [　]？1＝不愿意；2＝说不好；3＝愿意（如回答愿意但…，认为是不愿意）

E12　你家和邻居相互帮忙，相互借东西的时候多吗 [　]？1＝从不；2＝很少；3＝偶尔；4＝经常

E13　村里人生产生活中的相互帮忙的时候忙多吗 [　]？1＝很少；2＝较少；3＝一般；4＝较多；5＝很多

你觉得需要加强吗 [　]？1＝需要；2＝不需要；3＝不好说

E14　除了村干部，你们村里还有有威望的人吗～大家普遍敬重、信服他 [　]？1＝有；5＝没有

E15　有人说：绝大多数亲戚、朋友等熟人都是可以信任的，他们不会骗人。你同意吗 [　]？1＝非常不同意；2＝不同意；3＝说不上同意不同意；4＝同意；5＝非常同意

E16　有人说：在这个社会上，绝大多数人都是可以信任的（还是好人多）。你同意吗 [　]？1＝非常不同意；2＝不同意；3＝说不上同意不同意；4＝同意；5＝非常同意

E17　有人说：在这个社会上，你一不小心，别人就会想办法占你的便宜。你同意吗 [　]？1＝非常不同意；2＝不同意；3＝说不上同意不同意；4＝同意；5＝非常同意

E18　五年以来，你觉得村里人和人的相互信任，变好了，还是变差了 [　]？1＝变好了；2＝没有变化；3＝变差了；4＝不知道/不清楚

E19　请打分：1分最低，10分最高。跟本地其他人比，你觉得你家的经济状况是 [　]分？

E20 总的来说，你认为当今社会公不公平 [ ]？1＝很不公平；2＝不大公平；3＝一般（说不上公平但也不能说不公平）；4＝比较公平；5＝很公平

E21 请打分：1分最低，10分最高。你给自己家生活的幸福程度打[ ]分？

E22 你知道村委会的产生程序（流程）吗？[ ]？1＝知道；5＝不知道

上次村委会选举，你家有人去投票了吗[ ]？1＝有；5＝没有

E23 请打分：1分最低，10分最高。总体来看，你对村两委的信任是[ ]分，对党中央和中央政府的信任是[ ]分，对乡镇政府的信任是[ ]分，对县级政府的信任是[ ]分，对咱国家现在的发展

一定要先问党中央，再问村两委等。可以问受访人"信得着，信得过"XX吗？能信它几分？（注意：信得着、信得过）

打[ ]分？

F. 政府信任与媒体使用

F1 你对下列制度满意吗？（调查员注意：先问满意、一般、不满意，如果受访人回答"满意"或"不满意"，再追问是"比较"还是"非常"）

项目	非常不满意	比较不满意	一般（满意）	比较满意	非常满意
1. 农业补贴制度—如良种					
2. 基础设施建设					
3. 环境保护					
4. 义务教育					
5. 农村养老制度					

续表

项目	非常不满意	比较不满意	一般（满意）	比较满意	非常满意
6. 合作医疗制度					
7. 低保、扶贫制度					

F2 过年期间你们村周边的公路是否经常拥堵 [　　]？1＝是；5＝否

F3 你们村周边有发臭的河流、坑塘吗 [　　]？1＝有；5＝没有

F4 你觉得（实际上）当官的和老百姓是平等的吗 [　　]？1＝是；2＝否；3＝说不好

F5 有人说：领导就像家长，我们应该听他们的话。你同意吗 [　　]？
1＝很不同意；2＝不太同意；3＝说不清；4＝比较同意；5＝很同意 （调查员注意：看受访人的回答，是正面还是反面情绪，决定是"2＝不太同意" 还是 "4＝比较同意"）

F6 如果 你家因为房子、地和别人发生严重矛盾，你如何解决 [　　]？
1＝自己解决/自认倒霉；2＝找熟人帮助解决；3＝寻求村委会的帮助；4＝找政府；5＝打官司/法律途径；
6＝求助电视台、报纸、杂志等媒体记者；7＝在网络上发帖曝光；8＝说不清楚；77＝其他

如果 你或你家人被拖欠很多工资或者货款呢 [　　]？

F7 关于 国家农业政策信息，你主要从什么渠道获知（单选）[　　]？
1＝村干部；2＝亲朋邻里；3＝手机网络新闻等；4＝电视、广播、报纸新闻，外出打工等方面的信息呢 [　　]？

关于 农产品市场行情，外出打工等方

专业合作社等组织；6＝村里的公告栏；77＝其他

F8 家里老人的祭日，回乡上坟烧纸 你觉得重要吗 [　　]？
在外边的人，回家过年呢 [　　]？5＝参加农民

1＝非常不重要；2＝不太重要；3＝一般；4＝比较重要；5＝非常重要

F9 过去一年，你使用以下媒体的时候多吗？看的多吗？（调查员注意：直接问你平时看"报纸"吗？）

项目	从不	很少	有时	经常	非常频繁（得空就看，每天看）
1. 报纸					
2. 杂志					
3. 广播					
4. 电视					
5. 互联网（包括手机上网）	→F12				

F10 一般情况下，每天看电视大约 [ ]个小时？（如果从来不看，填0 →F12）

F11 你最喜欢收看哪类电视节目（单选）[   ]？
1＝电视剧，电影；2＝本地新闻；3＝农村节目（《致富经》和其他农技节目等）；3＝综艺节目（《星光大道》等）；4＝中央电视台新闻联播；5＝本地新闻；6＝法制栏目（《今日说法》等）；7＝体育赛事；8＝戏曲，曲艺栏目；9＝广告；10＝天气预报；11＝没有偏好，有空就看；77＝其他

F12 你从不上网的原因是 [   ]？
1＝家里没电脑且手机没上网功能；2＝不会上网；3＝更习惯看报纸、电视、听广播；4＝喜欢和朋友一起；5＝怕上当受骗；6＝上网费钱；77＝其它（请说明）（→结束问卷）

F13 每天上网（包括手机上网）大约 [   ]分钟？

F14 你一般怎么上网（单选）[   ]？1＝自己家电脑；2＝手机上网；3＝村部的电脑；4＝网吧；5＝亲戚朋友

友家的电脑；6 = 村淘的电脑；77 = 其他（请说明）

F15 使用网络之后，你和本村及周边村的人，交流/沟通更多了吗 [ ]？

1 = 是的，交流更多了；2 = 没有明显变化；3 = 变少了，自己上网玩

F16 你上网（包括手机上网）做以下事情多吗？（调查员注意：本问题重点问，直接问"你平时使用微信或QQ多吗"？看"网络论坛呢"？

项目	从不	很少	有时	经常	非常频繁
1. 使用微信或QQ					
2. 浏览微博或网络论坛					
3. 看电视剧、电影、小说等					
4. 玩游戏					
5. 听音乐					

项目	从不	很少	有时	经常	非常频繁
6. 看新闻资讯					
7. 搜索个人感兴趣的话题					
8. 网上购物					
9. 网上销售					
10. 找工作					

问卷到此结束，非常感谢你的配合和帮助。请受访对象在领取劳务的名单上签字。

请问你愿意和我们保持联系吗 [ ]？ 1 = 愿意；5 = 不想

你的名字是？给个姓也行：

你的电话是：

调研地点： 省/ 市 县/区/市 乡/镇 村

调查员签字：

审校员签字：

苏鲁皖三省农村土地退出及农业经营调查问卷（2019年）

A. 农户家庭基本信息（调查员注意：找最了解家里情况的户主或"主事人"开始问，并允许其他家庭成员补充）

A1 你家一共有 [ ]口人，16岁以下 [ ]人，65岁以上 [ ]人？在城里定居 [ ]人？

A2 你是党员吗 [ ]？1＝是；0＝否 你家有 [ ]个党员？

A3 你现在是村干部吗 [ ]？1＝是；0＝否 你家有人曾经当过村干部吗 [ ]？1＝有；0＝没有

代码1：1＝户主；2＝配偶；3＝子女；4＝孙子女；5＝父母；6＝兄弟姐妹；7＝女婿\儿媳；8＝岳父母；9＝祖父母；77＝其他（请注明）

代码2：1＝在家务农；2＝受雇农；3＝自营工商业；4＝看孩子；5＝上学；6＝在家养病；7＝不固定\打散工；8＝赋闲\无业；9＝养胎\坐月子；77＝其他（请注明——如当兵、村干部）

代码3：1＝本村；2＝本乡镇非本村；3＝本县非本乡镇；4＝本市非本县本乡镇；5＝本省非本市本县（市，区）；6＝外省\本市；7＝国外

序号	具体问题	单位和代码	受访者	各个家庭成员（若超过12人，则略去16岁以下的）										
				2	3	4	5	6	7	8	9	10	11	12
A4	与户主的关系	代码1												
5	性别	1＝男；2＝女												
6	年龄（16岁以下成员只填4～9题）	岁												
7	婚姻状况（1＝未婚；2＝已婚；3＝离婚；4＝丧偶；77＝其他）													
8	上了几年学（从小学开始计算）	年												
9	健康状况（1＝很差；2＝比较差；3＝一般；4＝比较健康；5＝很健康）													

续表

序号	具体问题	单位和代码	受访者	各个家庭成员（若超过12人，则略去16岁以下的）										
---	---	---	---	2	3	4	5	6	7	8	9	10	11	12
10	近五年是否曾外出务工？（以乡镇为界/工作地为准）	1=是；0=否												
11	过去一年（从去年的今天到今天），在本村家里居住的天数	天												
12	过去一年，为自己家干农活的天数	天												
13	过去一年，主要干什么工作（选最主要的两个）？	代码2												
14	若受雇，打工（包括本地打散工、当教师等），地点是	代码3												
14.1	工作稳定吗？（1=不稳定；2=一般；3=很稳定）													
14.2	是否签了合同？	1=是；0=否												
14.3	是否交了5险或3险1金？	1=是；0=否												
14.4	每个月工资多少钱？（如果按天挣钱，折算成月）	元/月												
14.5	全年实际工作了几个月？（如果是天，折算成月）	月												
14.6	全年共净剩了多少钱－扣掉为工作的吃、住花销？	元/年												
15	若自营工商业，工作地点是	代码3												

续表

序号	具体问题	单位和代码	各个家庭成员（若超过 12 人，则略去 16 岁以下的）											
			受访者	2	3	4	5	6	7	8	9	10	11	12
16	自营工商业，全年净剩 [ ]元？（若农户不大清楚，调查员可以根据行业，帮农户大致估计，并请农户确认）													
17	若有务农、务工，自营工商业外的收入（如当兵），多少钱？	元/年												

B. 农业经营与耕地利用

B1 二轮承包（1998 年左右），或你们分家时～小家庭成立，你家分了 [ ]亩地，共 [ ]块？当时按 [ ]人分的？

B2 二轮承包（或你们小家庭成立）以来，你的承包地是否重新分过 [ ]？ 1 = 是；0 = 否（→B3）若是，重新分过 [ ]次？

B3 你觉得，村里的承包地，是否应该根据人口变动情况进行调整～也就是重新分地 [ ]？ 1 = 是；0 = 否（→B5）

B4 你家是否拿到了土地承包证 [ ]？ 1 = 是；0 = 否（→B5）最早的证是在 [ ]年拿到的？最新证上你家的地是 [ ]亩？

B5 你觉得你家承包地归谁所有 [ ]？ 1 = 自己家；2 = 村；3 = 国家；4 = 说不清/不知道

B6 你家现在实际种了 [ ]亩、[ ]块地？其中租人入流入 [ ]亩、[ ]块地（如果没租地 →B7），是从 [ ]年开始租的？

如果 有租入地：租人的最大的那块地，是在 [ ]年租人的？协议期限是 [ ]年？每年租金是 [ ]元？注意：如果无固定期限，协议期限按 1 年计算。

租人的地，对你来说，期限是偏长、偏短，还是刚好 [ ]？1＝偏长；2＝偏短；3＝刚好

租人的地，你觉得长期使用的稳定性如何（想用用几年用几年）[ ]？1＝很不稳定；2＝不大稳定；3＝一般；4＝比较稳定；5＝很稳定

租人的地，施用的化肥是否更多 [ ]？用的农药是否更多 [ ]？1＝是；0＝否

B7 最近一次，你家收获小麦 [ ] 亩，亩产 [ ] 斤？收获玉米 [ ] 亩，亩产 [ ] 斤？收获稻谷 [ ] 亩，亩产 [ ] 斤？注意：亩产量按干重计算。

如果 有租入地：与自己家的承包地相比，租入地的小麦亩产是偏高、偏低，还是差不多 [ ]、玉米亩产 [ ]、稻谷亩产 [ ]？1＝偏高；2＝偏低；3＝差不多

B9 你家买大型农机具，租别人地，领办农民合作社等，拿到的政府补贴金额是 [ ] 元？其中给的现金补贴 [ ] 元？注意：特指普通小农户拿不到的补贴。

B10 你家有租出去的地吗 [ ]？1＝有；0＝没有（→B11）

如果 有租出租的？现在一年租金 [ ] 元？跟谁 [ ] 签的协议？书面协议还是口头协议 [ ]？1＝书面；0＝口头

B11 基于当前的土地流转价格和务农收益，对于种地的面积多少，你家是想减少、想增加，还是觉得不用改变（不增不减）[ ]？1＝减少；2＝增加；3＝不用改变

B12 如果每亩地一年给 500 块钱，你家是否愿意把 一部分／全部 承包地入股到村里，交给村里统一出租或统一经营 [ ]？1＝是；0＝否 呢？

B13 你们村承包地出租的最高租金是每亩地一年 [ ] 元？种粮食的地，租金一般是每亩地一年 [ ] 元？雇人干农活，一般一天给 [ ] 元？（按男劳力计算）？

B14 每亩地一次性卖给 40 年本村最高租金，你家是否愿意把 一部分 承包地卖给\交给国家 [ ]？1 = 是；0 = 否（➡B15） 全部 都卖给国家呢 [ ]？1 = 是；0 = 否

B15 如果有人想买卖承包地，价格是 40 年最高租金一次付清，你家是否愿意转让 一部分 承包地 [ ]？1 = 是；0 = 否（➡B16） 全部 都卖掉呢 [ ]？1 = 是；0 = 否

B16 你家地有撂荒\抛荒的地吗，包括本来该种两季、现在种一季、闲一季（季节性撂荒）的地 [ ]？1 = 是；0 = 否（➡B17）

撂荒 [ ] 亩，其中只撂荒一季的是 [ ] 亩，是从 [ ] 年开始撂荒的？为什么撂荒：_____

B17 你觉得，是否应该允许农民自由买卖承包地（转让土地承包权）[ ]？1 = 是；0 = 否

B18 如果国家征地，按你当地标准给补偿，你家愿意吗 [ ]？1 = 愿意；0 = 不愿意 如果愿意，心里乐意吗 [ ]？1 = 乐意；0 = 不乐意

B19 如果政策允许，有外村人想来你们村买房子和承包地，并成为集体\村里的一员，你同意吗 [ ]？1 = 同意；0 = 不同意

C. 农产品生产与绿色发展（注意：本部分问的是过去一个作物年度的情况，销售单价和销售收入计算尽量搞准确）

项目	农产品生产情况						[提醒农户记录]三种粮食生产成本支出						
	种植地块数	种植面积/亩	销售单价/元每斤	总产量/斤	自家消费量/斤	销售收入/元	种子/元	化肥/元	农药/元	灌溉\浇地/元	农机作业/元	劳动力成本/元	土地成本/元	其他支出/元
C1 小麦													
C2 玉米													

续表

项目	农产品生产情况							【提醒农户记录】三种粮食生产成本支出							
	种植地块数	种植面积/亩	销售单价/元每斤	总产量/斤	自家消费量/斤	销售收入/元		种子/元	化肥/元	农药/元	灌溉、浇地/元	农机作业/元	劳动力成本/元	土地成本/元	其他支出/元
C3 稻谷（大米）															
	种植地块数	种植面积/亩				净销售收入\元									
C4 大豆（黄豆）															
C5 蔬菜															
C6 瓜、水果															
C7 棉花															
C8 其他作物															
C9 牛羊猪鸡鸭鱼等畜产品															

注意：

1. 销售收入＝（总产量－自家消费量）×销售单价；

2. 使用自己家的大型农机具，包括自家用工折价计算成本；

3. 劳动力成本，包括自家用工折价和雇工费用；

4. 土地成本，包括自家地折租和租入地的租金；

5. 三种粮食之外 C4－C9 农产品的销售收入，为扣除成本后的净销售收入。

C11 农业农村绿色发展

过去一年,你家在种地时:	自有耕地 1=是;0=否	租入耕地(没有租地则不填)1=是;0=否
1. 是否施用有机肥		
2. 是否施用农家肥		
3. 是否测土配方施肥		
4. 是否采用节水灌溉(如滴灌、喷灌等)		
5. 是否回收农膜(如未使用农膜,则本题不用回答)		
6. 是否焚烧农作物秸秆(主要为小麦、玉米、稻谷秸秆等)		
7. 是否使用无公害和绿色农药(低毒、低残留的农药)		

C12 在市场上买的蔬菜、水果等农产品,你觉得可以放心吃吗 [ ]? 1=很不放心;2=不大放心;3=一般;4=比较放心;5=很放心

C13 你自己家人吃的蔬菜、粮食、水果,种的时候,会不会少用化肥,或者尽量用农家肥 [ ]? 1=会;0=不会

C14 你觉得,废旧电池可以扔进河沟里、坑塘里吗 [ ]? 1=可以;0=不可以

C15 你觉得,附近的环境污染状况如何 [ ]? 1=比较严重;2=不太严重;3=没有问题;4=不知道

C16 农药会污染环境。假如不用农药,粮食产量会下降10%。你愿意不用农药吗 [ ]? 1=愿意;0=不愿意

C17 普通化肥会污染环境,有机肥能减少污染。假如有机肥价格高20%,用啥化肥粮食产量都一样。你愿意用有机肥吗 [ ]? 1=愿意;0=不愿意

C18 你以前知道农药会污染环境吗 [ ]? 1=一点不了解;2=不太了解;3=有所了解;4=比较了解;5=非常了解

C19 你以前知道过量施用化肥，不能增加粮食产量，只会污染环境吗 [　]？ 1 =一点不了解；2 =不大了解；3 =有所了解；4 =比较了解；5 =非常了解

C20 你觉得，农膜、塑料袋、塑料包装等会对环境造成危害吗 [　]？ 1 =会；0 =不会

C21 你觉得，禁止焚烧农作物秸秆，合理吗 [　]？ 1 =合理；0 =不合理

焚烧农作物秸秆会污染环境吗 [　]？ 1 =会；0 =不会

C22 你家附近有臭水坑、臭河沟之类吗 [　]？ 1 =很严重；2 =较严重；3 =一般；4 =很轻微

臭的程度如何 [　]？ 1 =很严重；2 =较严重；3 =一般；4 =很轻微

C23 你家附近有垃圾污染吗—如散发臭味的垃圾堆 [　]？ 1 =有；0 =没有（➜C23）

污染程度如何 [　]？ 1 =很严重；2 =较严重；3 =一般；4 =很轻微

D. 其他情况及媒体使用

D1 你家最新的房子是 [　]层，总使用\建筑面积是 [　]平？有闲置的房子吗 [　]？ 1 =有；0 =无

没有（➜D2） 是否愿意把闲置房子卖掉 [　]？ 1 =是；0 =否

D2 你家有 [　]处宅基地，总面积是 [　]平（1 亩 =10 分 =666 平方米），有 [　]处拿到了宅基

证？

D3 你家有闲置宅基地吗 [　]？ 1 =有；0 =没有（➜D4）

是否买过或卖过宅基地 [　]？ 1 =是；0 =否

宅基地卖掉 [　]？ 1 =是；0 =否

你们村有无地农户（无承包地）吗 [　]？ 1 =有；2 =没有；3 =不清楚 按照你们当地的市场价格，是否愿意把闲

原因是： 置宅基地卖掉，有 如果有 ，有 [　] 户？ 无地 [　] 户？

D4 一些农民全家都进城后，长期保留农村的承包地，你觉得合理吗 [　]？ 1 =合理；0 =不合理；77 =

不好说

D5 你家是村里的大姓吗 [ ]？1＝是；0＝否

D6 上次村委会选举，你家有人去投票了吗 [ ]？1＝有；0＝没有 你知道吗 [ ]？1＝知道，0＝不知道 村委会的产生程序（流程）你知道吗 [ ]？具了吗

D7 你的手机费、电话费一个月是 [ ]元？你家近5年买大型农机 [ ]辆小汽车？[ ]1＝买了了；0＝没买

D8 假如你需要借5万块钱，你觉得难吗 [ ]？1＝不难；2＝有点难度；3＝很难；4＝借不到

D9 家里老人的祭日，回乡上坟烧纸你觉得重要吗 [ ]？回家过年呢 [ ]？1＝非常不重要；2＝不太重要；3＝一般；4＝比较重要；5＝非常重要

D10 有人说：熟人都可以信任，在外工作的人，他们不会骗人。你同意吗 [ ]？1＝不同意；2＝说不好；3＝同意

D11 有人说：在这个社会上，绝大多数人都是可以信任的。你同意吗 [ ]？1＝不同意；2＝说不好；3＝同意

D12 有人说：领导就像家长，我们应该听他们的话。你同意吗 [ ]？1＝不同意；2＝要看他说的对不对；3＝同意

D13 请打分：1分最低，10分最高。跟本地其他人比，你觉得你的经济状况是 [ ]分？你对自己家生活的幸福程度打 [ ]分？

D14 请打分：1分最低，10分最高。总体来看，你对党中央和中央政府的信任是 [ ]分？对县级政府的信任是 [ ]分？对乡镇政府的信任是 [ ]分？对国家现在的发展情况打 [ ]分？对邻居呢 [ ]分？对"村两委"的信任是 [ ]分？

D15 你家加入农民合作社了吗 [ ]？1＝加入了；0＝没有 你家加入其它什么农民合作组织了吗—比如协会 [ ]？1＝加入了；0＝没有

D16 如果在家务农能与外出务工经商挣的钱一样多，你是否愿意长期在农村从事农业 [　]？1＝是；0＝否；77＝不适用（年龄超过60岁，有正式武工作等原因）

D17 过去一年，你参加了 [　]次农业技术培训或讲座？
除你外，你家其他人过去一年共参加了 [　]次农业技术培训或讲座吗？

D18 你了解与农村农业相关的政策吗？[　]？1＝完全不了解（→D20）；2＝不太了解；3＝一般；4＝比较了解；5＝非常了解

D19 关于农业农村政策，你最主要的一种了解渠道是 [　]？1＝电视；2＝收音机；3＝手机上网；4＝村里的公告；5＝认识的人；6＝其他（请注明：_____）

D20 关于环境污染问题，你最主要的一种了解渠道是 [　]？1＝电视；2＝收音机；3＝手机上网；4＝村里的公告；5＝认识的人；6＝其他（请注明：_____）

D21 你平均每天看电视 [　]个小时（如果不看电视→D22.2）？经常看什么电视节目：_____

你平时看中央台的《新闻联播》吗？ [　]？1＝从不看；2＝很少看；3＝有时看；4＝经常看；5＝非常频繁

D22 过去一年，你使用以下媒体的时候多吗？（调查员注意：本题重点问，直接问你平时看"报纸、杂志"吗？然后再追问一下）

项目	从不	很少	有时	经常	非常频繁（每天都看，得空就看）
1. 电视					
2. 收音机、电台广播					
3. 报纸、杂志					
4. 上网（包括手机上网）					

D23 你平均每天手机上网 [　　] 小时？手机上网主要干什么：

D24 你手机上网做以下事情多吗？（调查员注意：本题重点问，直接问 "你平时使用微信或 QQ 多吗"？看 "今日头条" 呢？）

项目	从不	很少	有时	经常	非常频繁
1. 使用微信或 QQ					
2. 看今日头条等资讯类 APP					
3. 看电视剧、电影、小说等					
4. 玩抖音、快手等					

项目	从不	很少	有时	经常	非常频繁
5. 玩游戏					
6. 搜索信息					
7. 网上购物					
8. 网上销售（卖农产品、做微商等）					

问卷到此结束，非常感谢你的帮助！过一段时间我们还会再来。你的名字（村里的常用名）是：_____

电话是：_____

调研员请借助手机导航进行补充：样本村离最近的城市（比如县城政府）的距离是 [　　] 千米或公里。

本户对调查的配合程度 [　　]：1＝不好；2＝一般；3＝很好

本户对调查比较特殊的情况是：_____

调研地点：_____省/_____市_____县（市、区）_____乡/镇_____村

调研时间：_____年_____月_____日

调查员：_____复审员：_____

参考文献

1. A. 恰亚诺夫，1996，《农民经济组织》，萧正洪译，北京：中央编译出版社。

2. 奥利弗·E. 威廉姆森，2002，《资本主义经济制度》，段毅才、王伟译，北京：商务印书馆。

3. 白积洋，2012，《农民土地退出的意愿与影响因素分析——基于湛江市 782 个农户样本调查》，《农业部管理干部学院学报》第 8 期。

4. 鲍建平，2018a，《农村宅基地入市交易的"义乌智慧"》，《浙江国土资源》第 1 期。

5. 鲍建平，2018b，《义乌"集地券"管理制度的探索与实践》，《中国土地》第 3 期。

6. 蔡昉，2017，《中国经济改革效应分析——劳动力重新配置的视角》，《经济研究》第 7 期。

7. 蔡昉，2019，《农业劳动生产率是城乡融合发展的基础》，清华大学中国农村研究院，http：//www. cirs. tsinghua. edu. cn/zjsdnew/20190916/2982. html。

8. 蔡昉、王德文，2005，《经济增长成分变化与农民收入源泉》，《管理世界》第 5 期。

9. 蔡基宏，2005，《关于农地规模与兼业程度对土地产出率影响争议的一个解答——基于农户模型的讨论》，《数量经济技术经济研究》第 3 期。

10. 蔡继明，2017，《全国人大代表蔡继明："三块地"改革关键是处理好农村宅基地的流转》，《中国经济周刊》2017 年 3 月 6 日，http：//www. ceweekly. cn/2017/0306/182765. shtml。

11. 曹阳、王春超，2009，《中国小农市场化：理论与计量研究》，《华中师范大学学报》（人文社会科学版）第 11 期。

12. 陈春生，2007，《中国农户的逻辑与分类》，《农业经济问题》第 11 期。

13. 陈海磊，2015，《土地流转对农业生产效率的影响研究——以山西（1986～2012）为例》，上海：上海交通大学。

14. 陈海磊、史清华、顾海英，2014，《农户土地流转是有效率的吗？——以山西为例》，《中国农村经济》第 7 期。

15. 陈会广、刘忠原、石晓平，2012，《土地权益在农民工城乡迁移决策中的作用研究——以南京市 1062 份农民工问卷为分析对象》，《农业经济问题》第 7 期。

16. 陈会广、钱忠好，2012，《土地股份合作制中农民土地财产的剩余权与退出权研究》，《中国土地科学》第 7 期。

17. 陈锡文，2010a，《农村改革的三个问题》，《中国合作经济》第 6 期。

18. 陈锡文，2010b，《当前农业和农村经济形势与"三农"面临的挑战》，《中国农村经济》第 1 期。

19. 陈锡文，2014，《关于农村土地制度改革的两点思考》，《经济研究》第 1 期。

20. 陈霄，2012，《农民宅基地退出意愿的影响因——基于重庆市"两翼"地区 1012 户农户的实证分析》，《中国农村观察》第 3 期。

21. 陈新武、蔡启奋，2015，《农村房屋空置现象堪忧——来自福建农村的统计调查报告》，《中国信息报》，2015 年 12 月 16 日，http：//www. zgxxb. com. cn/sygx/201512160017. shtml。

22. 陈训波，2012，《资源配置、全要素生产率与农业经济增长愿景》，《改革》第 8 期。

23. 陈训波、武康平、贺炎林，2011，《农地流转对农户生产率的影响——基于 DEA 方法的实证分析》，《农业技术经济》第 8 期。

24. 陈彦斌、肖争艳、邹恒甫，2003，《财富偏好、习惯形成和消费与财富的波动率》，《经济学（季刊）》第 1 期。

25. 仇童伟，2018，《农村劳动力非农转移会降低农地产出率吗?》，《中南财经政法大学学报》第 5 期。

26. 党国英，2016，《小农理想贻害中国农村现代化》，经济观察网，http：//www. eeo. com. cn/2016/0914/291962. shtml。

27. 德布拉吉·瑞，2002，《发展经济学》，陶然译，北京：北京大学出版社。

28. 邓小平，2004，《邓小平年谱（1975 – 1997）下册》，中央文献出版社。

29. 邓英淘，2013，《为了多数人的现代化——邓英淘经济改革文选》，北京：生活·读书·新知三联书店。

30. 董启民，2009，《农民恋地情结的成因与破解》，《理论导刊》第 10 期。

31. 杜润生，2009，《改革忆事》，北京：人民出版社。

32. 杜文娇、任大鹏，2011，《农村土地承包权退出的法理依据分析》，《中国土地科学》第 12 期。

33. 范鹏，2013，《农民职业化：新农村建设的立业之本》，《农村·农业·农民》（B 版）第 7 期。

34. 费孝通，2007，《江村经济》，上海：上海人民出版社。

35. 丰雷、蒋妍、叶剑平，2013，《诱致性制度变迁还是强制性制度变迁？——中国农村土地调整的制度演进及地区差异研究》，《经济研究》第 6 期。

36. 弗兰克·艾利思，2006，《农民经济学：农民家庭农业和农业发展》，胡景北译，上海人民出版社。

37. 弗兰克·艾利思，2006，《农民经济学》，胡景北译，上海：上海人民出版社。

38. 付江涛、纪月清、胡浩，2016，《新一轮承包地确权登记颁证是否促进了农户的土地流转——来自江苏省3县（市、区）的经验证据》，《南京农业大学学报》（社会科学版）第1期。

39. 盖庆恩、朱喜、名望、史清华，2017，《土地资源配置不当与劳动生产率》，《经济研究》第5期。

40. 高强、孔祥智，2013，《日本农地制度改革背景、进程及手段的述评》，《现代日本经济》第2期。

41. 高欣、张安录、李超，2016，《社会保障，非农收入预期与宅基地退出决策行为——基于上海市金山区、松江区等经济发达地区的实证分析》，《中国土地科学》第6期。

42. 宮崎猛，1998，《農業、農村環境創造の制度と政策》，堀田忠夫（編著），《国際競争下の農業・農村革新——経営・流通・環境》，東京：農林統計協会。

43. 龚宏龄，2017，《农户宅基地退出意愿研究——基于宅基地不同持有情况的实证研究》，《农业经济问题》第11期。

44. 关谷俊作，2004，《日本的农地制度》，北京：生活·读书·新知三联书店。

45. 郭熙保，2014，《市民化过程中土地退出问题与制度改革的新思路》，《经济理论与经济管理》第10期。

46. 韩长赋，2017，《让农民成为令人羡慕的职业》，《人民日报》，2017年9月3日，http://society.people.com.cn/n1/2017/0903/c1008-29511321.html。

47. 何秀荣，2016，《关于我国农业规模经营的思考》，《农业经济问题》第9期。

48. 贺雪峰，2009，《为什么要维持小农生产结构》，《贵州社会科学》第9期。

49. 贺雪峰，2010，《从土地权利问题看中国土地制度》，《中国市场》第 46 期。

50. 贺雪峰，2015a，《为谁的农业现代化》，《开放时代》第五期。

51. 贺雪峰，2015b，《中国农村家庭代际分工分析》，《学习时报》，2015 年 7 月 20 日。

52. 贺雪峰、印子，2015，《"小农经济"与农业现代化的路径选择——兼评农业现代化激进主义》，《政治经济学评论》第 2 期。

53. 洪炜杰、胡新艳，2018，《非正式、短期化农地流转契约与自我执行——基于关联博弈强度的分析》，《农业技术经济》第 11 期。

54. 黄宗智，2000，《华北的小农经济与社会变迁》，北京：中华书局。

55. 黄宗智、高原、彭玉生，2012，《没有无产化的资本化：中国的农业发展》，《开放时代》第 3 期。

56. 加里·斯坦利·贝克尔，1998，《家庭论》，北京：商务印书馆。

57. 加里·斯坦利·贝克尔，1998，《家庭论》，王献生、王宇译，商务印书馆。

58. 姜长云、杜志雄，2017，《关于推进农业供给侧结构性改革的思考》，《南京农业大学学报（社会科学版）》第 1 期。

59. 卡尔·马克思，2004，《资本论》，北京：人民出版社。

60. 柯善咨、赵玉奇、王莉，2014，《城市基础设施建设对土地产出率的影响及其地区差异》，《中国土地科学》第 2 期。

61. 课题组，2016，《成都农业共营制发展研究——以崇州市为例》，《中共四川省委党校学报》第 4 期。

62. 孔祥智，2012，《创新经营体系走出"日韩陷阱"》，《中国合作经济》第 12 期。

63. 李谷成、冯中朝、范丽霞，2009，《小农户真的更加具有效率吗？来自湖北省的经验证据》，《经济学（季刊）》第 1 期。

64. 李金宁、刘凤芹、杨婵，2017，《确权、确权方式和农地流转——基于浙江省 522 户农户调查数据的实证检验》，《农业技术经济》

第 12 期。

65. 李宁、何文剑、仇童伟、陈利根，2017，《农地产权结构、生产要素效率与农业绩效》，《管理世界》第 3 期。

66. 李荣耀、叶兴庆，2019，《农户分化、土地流转与承包权退出》，《改革》第 2 期。

67. 李尚勇，2017，《农业土地"规模化"经营风险巨大》，中国乡村发现，http：//www. zgxcfx. com/Article/53788. html。

68. 李松，2016，《承包地"变现"记：进城农民"退地"观察》，《半月谈》2016 年 8 月 5 日，http：//www. banyuetan. org/chcontent/jrt/201684/205563. shtml。

69. 列宁，1984，《列宁全集》，北京：人民出版社。

70. 林本喜、邓衡山，2012，《农业劳动力老龄化对土地利用效率影响的实证分析——基于浙江省农村固定观察点数据》，《中国农村经济》第 4 期。

71. 林文声、秦明、苏毅清、王志刚，2017，《新一轮农地确权何以影响农地流转？——来自中国健康与养老追踪调查的证据》，《中国农村经济》第 7 期。

72. 林毅夫，1994，《制度、技术与中国农业发展》，上海：格致出版社。

73. 刘洪仁、杨学成，2005，《转型期农民分化问题的实证研究》，《中国农村观察》第 4 期。

74. 刘慧，2017，《化肥农药减量增效促绿色发展》，《经济日报》，2017 年 12 月 22 日，http：//paper. ce. cn/jjrb/html/2017 – 12/22/content _ 351965. htm。

75. 刘同山，2016，《农业机械化、非农就业与农民的承包地退出意愿》，《中国人口·资源与环境》第 6 期。

76. 刘同山，2017，《农户承包地退出意愿影响粮食产量吗？——基于处理效应模型的计量分析》，《中国农村经济》第 1 期。

77. 刘同山，2018，《农地流转不畅对粮食产量有何影响？——以黄淮海农区小麦生产为例》，《中国农村经济》第 12 期。

78. 刘同山、孔祥智，2016，《参与意愿、实现机制与新型城镇化进程的农地退出》，《改革》第 6 期。

79. 刘同山、孔祥智，2019，《确权颁证、子孙传承与农民的承包地转让意愿》，《中国人口·资源与环境》第 3 期。

80. 刘同山、牛立腾，2014，《农户分化、土地退出与农民的选择偏好》，《中国人口·资源与环境》第 6 期。

81. 柳建平，2012，《中国农村土地制度及改革研究——基于当前土地功能变化视角的分析》，《经济体制改革》第 1 期。

82. 陆学艺、张厚义，1990，《农民的分化、问题及其对策》，《农业经济问题》第 1 期。

83. 罗必良，2013，《农地保障和退出条件下的制度变革：福利功能让渡财产功能》，《改革》第 1 期。

84. 罗必良、李玉勤，2014，《农业经营制度：制度底线、性质辨识与创新空间——基于"农村家庭经营制度研讨会"的思考》，《农业经济问题》第 1 期。

85. 马克思，2004，《资本论（第一卷）》，人民出版社。

86. 毛泽东，1991，《毛泽东选集》，北京：人民出版社。

87. 冒佩华、徐骥、贺小丹、周亚虹，2015，《农地经营权流转与农民劳动生产率提高：理论与实证》，《经济研究》第 11 期。

88. 倪国华、蔡昉，2015，《农户究竟需要多大的农地经营规模？——农地经营规模决策图谱研究》，《经济研究》第 3 期。

89. 聂建亮、钟涨宝，2015，《保障功能替代与农民对农地转出的响应》，《中国人口·资源与环境》第 1 期。

90. 彭长生，2013，《农民分化对农村宅基地退出补偿模式选择的影响分析——基于安徽省的农户调查数据》，《经济社会体制比较》第 6 期。

91. 彭长生、王全忠、钟钰，2019，《确权、农民分化与宅基地处置意愿——基于安徽、湖南两省农户调查数据的实证分析》,《南京农业大学学报》(社会科学版) 第 5 期。

92. 戚焦耳、郭贯成、陈永生,2015,《农地流转对农业生产效率的影响研究——基于 DEA – Tobit 模型的分析》,《资源科学》第 9 期。

93. 秦晖,2017,《"非交易的流转":土地改革的一大陷阱》,中国社会科学院农村发展研究所"双周论坛"内部报告。

94. 史清华,2005,《农户经济可持续发展研究:浙江十村千户变迁 (1986 ~ 2002)》,北京:中国农业出版社。

95. 宋丽娜,2015,《"重返光棍"与农村婚姻市场的再变革》,《中国青年研究》第 11 期。

96. 速水佑次郎、神门善久,2003,《农业经济论》,沈金虎等译,北京:中国农业出版社。

97. 孙鹏飞、赵凯、周升强、贺婧,2019,《风险预期、社会网络与农户宅基地退出——基于安徽省金寨县 626 户农户样本》,《中国土地科学》第 4 期。

98. 万能、原新,2009,《1978 年以来中国农民的阶层分化:回顾与反思》,《中国农村观察》第 4 期。

99. 王常伟、顾海英,2016,《城镇住房、农地依赖与农户承包权退出》,《管理世界》第 9 期。

100. 王春光、赵玉峰、王玉琪,2018,《当代中国农民社会分层的新动向》,《社会学研究》第 1 期。

101. 王东宾,2018,《法国农地金融的模式、经验与启示》,http://www.chinamfi.net/News_ Mes.aspx? type = 16&Id = 61519。

102. 王静、于战平、李卉,2015,《农户宅基地退出意愿及其影响因素分析——基于王口镇和独流镇的调查》《农村经济》第 1 期。

103. 王敏、诸培新、张建,2016,《农地流转对农户宅基地退出意愿影响研究——基于江苏省 855 户农户的调查结果分析》,《南京农业大学学报》(社会科学版) 第 4 期。

104. 王倩、余劲，2015，《农地流转对粮食生产投入产出的冲击效应》，《西北农林科技大学学报》（社会科学版）第 4 期。

105. 王雪云，2016，《农村土地经营权流转存在的问题及国际经验借鉴》，《世界农业》第 3 期。

106. 王兆林、杨庆媛、张佰林、藏波，2011，《户籍制度改革中农户土地退出意愿及其影响因素分析》，《中国农村经济》第 11 期。

107. 韦艳、张力，2011，《农村大龄未婚男性的婚姻困境：基于性别不平等视角的认识》，《人口研究》第 5 期。

108. 魏后凯，2017，《中国农业发展的结构性矛盾及其政策转型》，《中国农村经济》第 5 期。

109. 魏后凯、刘同山，2016，《农村宅基地退出的政策演变、模式比较及制度安排》，《东岳论丛》第 9 期。

110. 温铁军，2011，《农村是中国经济资本化进程稳定器》，《第一财经日报》，2011 年 12 月 30 日。

111. 温铁军，2013，《八次危机：中国的真实经验 1949～2009》，北京：东方出版社。

112. 温忠麟、张雷、侯杰泰、刘红云，2004，《中介效应检验程序及其应用》，《心理学报》第 5 期。

113. 翁鸣，2015，《中国粮食市场挤压效应的成因分析》，《中国农村经济》第 11 期。

114. 乌东峰、李思维，2013，《我国农户分化与异质融资需求》，《东南学术》第 6 期。

115. 吴康明、陈霄，2011，《农民土地退出意愿与关键环节拿捏：重庆例证路》，《改革》第 10 期。

116. 吴明凤、李容、杨宇，2017，《土地细碎化背景下地块生产趋同对农户购置农机的影响》，《西北农林科技大学学报》（社会科学版）第 2 期。

117. 伍德里奇，2010，《计量经济学导论》，费剑平译，北京：中国人民大学出版社。

118. 武剑，2009，《农地市场流转管理机制的构建——以法国土地治理和乡村建设组织为鉴》，《安徽农业科学》第 11 期。

119. 西奥多·W. 舒尔茨，2006，《改造传统农业》，北京：商务印书馆。

120. 习近平，2015，《坚持协调发展——"五大发展理念"解读之二》，《人民日报》2015 年 12 月 21 日，http：//theory. people. com. cn/n1/2015/1221/c40531 – 27953308. html。

121. 习近平，2019，《习近平关于"三农"工作论述摘编》，中共中央党史和文献研究院编，北京：中央文献出版社。

122. 夏柱智、贺雪峰，2017，《半工半耕与中国渐进城镇化模式》，《中国社会科学》第 12 期。

123. 谢琳、钟文晶、罗必良，2014，《"农业共营制"：理论逻辑、实践价值与拓展空间——基于崇州实践的思考》，《农村经济》第 11 期。

124. 徐勇，邓大才，2006，《社会化小农：解释当今农户的一种视角》，《学术月刊》第 7 期。

125. 徐志刚、宁可、钟甫宁、纪月清，2018，《新农保与农地转出：制度性养老能替代土地养老吗？——基于家庭人口结构和流动性约束的视角》，《管理世界》第 5 期。

126. 许恒周、吴冠岑、郭玉燕、密长林，2013，《宅基地确权对不同代际农民工宅基地退出意愿影响分析——基于天津 248 份调查问卷的实证研究》，《资源科学》第 7 期。

127. 许烺光，2001，《祖荫下：中国乡村的亲属，人格与社会流动》，台北：天南书局有限公司。

128. 许庆、刘进、钱有飞，2017，《劳动力流动、农地确权与农地流转》，《农业技术经济》第 5 期。

129. 扬·杜威·范德普勒格，2016，《新小农阶级》，北京：社会科学文献出版社。

130. 扬·杜威·范德普勒格，2016，《新小农阶级》，社会科学文献出版社。

131. 杨懋春，2001，《一个中国村庄：山东台头》，南京：江苏人民出版社。

132. 杨婷、靳小怡，2015，《资源禀赋、社会保障对农民工土地处置意愿的影响——基于理性选择视角的分析》，《中国农村观察》第4期。

133. 杨玉珍，2015，《农户闲置宅基地退出的影响因素及政策衔接》，《经济地理》第7期。

134. 姚洋，1998，《农地制度与农业绩效的实证研究》，《中国农村观察》第6期。

135. 姚洋，2000，《中国农地制度：一个分析框架》，《中国社会科学》第3期。

136. 姚洋，2017，《小农生产过时了吗?》，《北京日报》，2017年3月6日。

137. 叶剑平、蒋妍、丰雷，2006，《中国农村土地流转市场的调查研究——基于2005年17省调查的分析和建议》，《中国农村观察》第4期。

138. 叶兴庆，2015，《集体所有制下农用地的产权重构》，《毛泽东邓小平理论研究》第2期。

139. 叶兴庆，2016，《演进轨迹、困境摆脱与转变我国农业发展方式的政策选择》，《改革》第6期。

140. 于建嵘，2015，《访法札记》，成都：四川人民出版社。

141. 于伟、刘本城、宋金平，2016，《城镇化进程中农户宅基地退出的决策行为及影响因素》，《地理研究》第3期。

142. 袁铖，2009，《主要功能变迁视角下的中国农村土地制度创新》，《中南财经政法大学学报》第6期。

143. 袁铖，2010，《城乡一体化进程中农村宅基地使用权流转研究》，《农业经济问题》第11期。

144. 张琛、彭超、孔祥智，2019，《农户分化的演化逻辑、历史演变与未来展望》,《改革》第 2 期。

145. 张军扩、张云华,2017,《关于深化农村宅基地制度改革的思考》,《中国经济时报》,2017 年 4 月 27 日。

146. 张新光,2008,《关于小农经济的理论争论与现实发展》,《农业经济问题》第 4 期。

147. 张新光,2011,《"小农"概念的界定及其量化研究》,《中国农业大学学报》(社会科学版)第 2 期。

148. 张学敏,2013,《离农分化、效用差序与承包地退出——基于豫、湘、渝 886 户农户调查的实证分析》,《农业技术经济》第 5 期。

149. 张云华,2011,《完善农村宅基地制度》,北京:中国农业出版社。

150. 中共中央党史和文献研究院,2019,《习近平关于"三农"工作论述摘编》,北京:中央文献出版社。

151. 中共中央文献研究室,2004,《邓小平年谱(1975~1997)》,北京:中央文献出版社。

152. 钟甫宁、陆五一、徐志刚,2016,《农村劳动力外出务工不利于粮食生产吗?——对农户要素替代与种植结构调整行为及约束条件的解析》,《中国农村经济》第 7 期。

153. 钟文晶、罗必良,2014,《契约期限是怎样确定的?——基于资产专用性维度的实证分析》,《中国农村观察》,第 4 期。

154. 钟涨宝、寇永丽、韦宏耀,2016,《劳动力配置与保障替代:兼业农户的农地转出意愿研究》,《南京农业大学学报》(社会科学版)第 2 期。

155. 周其仁,2004,《产权与制度变迁:中国改革的经验研究(增订本)》,北京:北京大学出版社。

156. 周其仁,2014,《农地入市早就发生了》,《经济观察报》2014 年 6 月 9 日。

157. 周淑景,2002,《法国农业经营组织体系的变化与发展》,《中国农村经济》第 10 期。

158. 朱明芬，2006，《农民工家庭人口迁移模式及影响因素分析》，《中国农村经济》第 2 期。

159. 朱明芬，2009，《农民工家庭人口迁移模式及影响因素分析》，《中国农村经济》第 2 期。

160. 朱文珏、罗必良，2018，《农地价格幻觉：由价值评价差异引发的农地流转市场配置"失灵"——基于全国 9 省（区）农户的微观数据》，《中国农村观察》第 5 期。

161. 朱喜、史清华、盖庆恩，2011，《要素配置扭曲与农业全要素生产率》，《经济研究》第 5 期。

162. 朱新华，2014，《户籍制度对农户宅基地退出意愿的影响》，《中国人口·资源与环境》第 10 期。

163. 朱新华、蔡俊，2016，《感知价值、可行能力对农户宅基地退出意愿的影响及其代际差异》，《中国土地科学》第 9 期。

164. 滋贺秀三，2003，《中国家族法原理》，张建国、李力译，北京：法律出版社。

165. 邹伟、王子坤、徐博、张兵良，2017，《农户分化对农村宅基地退出行为影响研究——基于江苏省 1456 个农户的调查》，《中国土地科学》第 5 期。

166. Adamopoulos T. , and D. Restuccia, 2014: "The Size Distribution of Farms and International Productivity Differences", *American Economic Reviews*, 104（6）: 1667 – 1697.

167. Adamopoulos T. , and D. Restuccia, 2014, Land Reform and Productivity: A Quantitative Analysis with Micro Data, *Working Papers tecipa – 525*, University of Toronto, Department of Economics, https: // ideas. repec. org/p/tor/tecipa/tecipa – 525. html.

168. Alfaro L. , A. Charlton, and F. Kanczuk, 2008, "Plant Size Distribution and Cross – Country Income Differences", *NBER International Seminar on Macroeconomics*, 5（1）: 243 – 272.

169. Banerjee A. , and B. Moll, 2010, "Why Does Misallocation Persist?", *American Economic Journal*: *Macroeconomics*, 2 (1): 189 – 206.

170. Brandt L. , J. Leight, D. Restuccia, and T. Adamopoulos, 2017, Misallocation, Selection and Productivity: A Quantitative Analysis with Panel Data from China, *2017 Meeting Papers 404*, Society for Economic Dynamics, https://ideas. repec. org/p/red/sed017/404. html.

171. Carletto C. , S. Savastano, and A. Zezza, 2013, "Fact or Artifact: The Impact of Measurement Errors on the Farm Size – productivity Relationship", *Journal of Development Economics*, 103 (3): 254 – 261.

172. Chernina E. , P. C. Dower, and A. Markevich, 2014, "Property Rights, Land Liquidity, and Internal Migration", *Journal of Development Economics*, 110: 191 – 215.

173. Constantinides G. M. , 1990, "Habit Formation: A Resolution of the Equity Premium Puzzle", *The Journal of Political Economy*, 98 (3): 519 – 543.

174. Deininger K. , D. A. Ali, and T. Alemu, 2011, "Impacts of Land Certification on Tenure Security, Investment, and Land Markets: Evidence from Ethiopia", *Land Economics*, 87 (2): 312 – 334.

175. Deininger K. , D. A. Ali, and T. Alemu, 2013, "Productivity Effects of Land Rental Market Operation in Ethiopia: Evidence from a Matched Tenant – landlord Sample", *Applied Economics*, 45 (25): 3531 – 3551.

176. Deininger K. S. , and S. Jin, 2008, "Land Sales and Rental Markets in Transition: Evidence from Rural Vietnam", *Oxford Bulletin of Economics and Statistics*, 70 (1): 67 – 101.

177. Deininger K. , S. Jin, and H. K. Nagarajan, 2008, "Efficiency and Equity Impacts of Rural Land Rental Restrictions: Evidence from India", *European Economic Review*, 52 (5): 892 – 918.

178. Deininger K. , S. Jin, and S. Liu, 2015, "Impact of Property Rights

Reform to Support China's Rural – Urban Integration", *2015 Word Bank Policy Research Working Paper 8*, https: //ssrn. com/abstract = 26425.

179. de Janvry A. , K. Emerick, M. Gonzalez – Navarro and E. Sadoulet, 2015, "Delinking Land Rights from Land Use: Certification and migration in Mexico", *The American Economic Review*, 105 (10): 3125 – 3149.

180. Dollar D. , and S. Wei, 2007, "Das (Wasted) Kapital: Firm Ownership and Investment Efficiency in China", *NBER Working Paper* No. 13103.

181. Lee E. S. , 1966: "A theory of migration", *Demography*, 3 (1): 47 – 57.

182. Feder G. , and A. Nishio, 1999, "The Benefits of Land Registration and Titling: Economic and Social Perspectives", *Land Use Policy*, 15 (1): 25 – 43.

183. Foster L. , and J. Haltiwanger, C. Syverson, 2008, "Reallocation, Firm Turnover, and Efficiency: Selection on Productivity or Profitability?", *American Economic Review*, 98 (1): 394 – 425.

184. Granovetter M. , 1995, *Situating Fertility: Anthropology and Demographic Inquiry*, Cambridge University Press.

185. Gollin D. , D. Lagakos, and M. E. Waugh, 2014, "Agricultural Productivity Differences across Countries", *American Economic Review*, 104 (5): 165 – 170.

186. Heckman J. J. , 2010, "Selection Bias and Self – Selection", in Durlauf S. N. , and L. E. Blume (eds.), *Microeconometrics*, Palgrave Macmillan, pp. 103 – 118.

187. Holden S. T. , K. Deininger, and H. Ghebru, 2011, "Tenure Insecurity, Gender, Low – Cost Land Certification and Land Rental Market Participation in Ethiopia", *The Journal of Development Studies*, 47 (1): 31 – 47.

188. Hsieh C. T. , and P. J. Klenow, 2009, "Misallocation and Manufacturing TFP in China and India", *Quarterly Journal of Economics*, 124 (4): 1403 – 1448.

189. Jin S. , and T. S. Jayne, 2013, "Land Rental Markets in Kenya: Implications for Efficiency, Equity, Household Income, and Poverty", *Land Economics*, 89 (2): 246 – 271.

190. Jin S. , K. Deininger, 2009, "Land Rental Markets in the Process of Rural Structural Transformation: Productivity and Equity Impacts from China", Journal of Comparative Economics, 37 (4) : 629 – 646.

191. Kahneman D. , J. L. Knetsch, and R. H. Thaler, 1990, "Experimental Tests of the Endowment Effect and Coase Theorem", *Journal of Political Economy*, 98 (3): 1325 – 1348.

192. Kompas T. , T. N. Che, H. T. M. Minh, and H. Q. Nguyen, 2012, "Productivity, Net Returns, and Efficiency: Land and Market Reform in Vietnamese Rice Production", *Land Economics*, 88 (3): 478 – 495.

193. Macours K. , A. de Janvery, and E. Sadoulet, "Insecurity of Property Rights and Social Matching in the Tenancy Market", *European Economic Review*, 2010, 54 (7): 880 – 899.

194. Maddala G. S. , 1983, *Limited Dependent and Qualitative Variables in Econometrics*, Cambridge: Cambridge University Press.

195. Ma W. , and A. Abdulai, 2017, "The Economic Impacts of Agricultural Cooperatives on Smallholder Farmers in Rural China", *Agribusiness*, 33 (1): 537 – 551.

196. Muraoka R. , Jin S. , T. S. Jayne, 2018, "Land Access, Land Rental and Food Security: Evidence from Kenya", *Land Use Policy*, 70: 611 – 622.

197. North D. , and R. P. Thomas, 1973, *The Rise of the Western World: A New Economic History*, Cambridge University Press.

198. Otsuka K. , 2007, "Efficiency and Equity Effects of Land Markets", in Evenson, R. , and P. Pingali (eds.), *Handbook of Agricultural Economics*, 3 (1): 2671 –2703.

199. Rahman S. , and M. Rahman, 2009, "Impact of Land Fragmentation and Resource Ownership on Productivity and Efficiency: The Case of Rice Producers in Bangladesh", *Land Use Policy*, 26 (1): 95 –103.

200. Agesa R. U. , and S. Kim, 2001: "Rural to Urban Migration as a Household Decision: Evidence from Kenya", *Review of Development Economics*, 5 (1): 60 –75.

201. Agesa R. U. , 2004, "One Family, Two Households: Rural to Urban Migration in Kenya", *Review of Economics of the Household*, 2 (2): 161 –178.

202. Ryder H. E. , and G. M. Heal, 1973, "Optimal Growth with Inter –temporally Dependent Preferences", *The Review of Economic Studies*, 40 (1): 1 –31.

203. Schultz T. W. , 1964, *Transforming Traditional Agriculture*, The University of Chicago Press.

204. Singh L. Squire, and J. Strauss, 1986, *Agricultural Household Models: Extensions, Applications and Policy*, The John Hopkins University Press.

205. Bhattacharyya S. , 2001: "Capitalist Development, Peasant Differentiation and the State: Survey Findings from West Bengal", *The Journal of Peasant Studies*, 28 (4): 96 –98.

206. Syrquin M. , 1986, Productivity Growth and Factor Reallocation, in CheneryH. (ed.), *Industrialization and Growth*, Oxford University Press.

207. van Dijk T. , 2003, "Scenarios of Central European land fragmentation", *Land Use Policy*, 20: 149 –158.

208. Wang Y. , L. Xin, X. Li, and J. Yan, 2017, "Impact of Land Use

Rights Transfer on Household Labor Productivity: A Study Applying Propensity Score Matching in Chongqing, China", *Sustainability*, 9 (1): 4 – 22.

209. World Bank, 2007, *World Development Report 2008: Agriculture for Development*, The World Bank.

210. Zhang B., and C. A. Carter, 1997, "Reforms, the Weather, and Productivity Growth in China's Grain Sector", *American Journal of Agricultural Economics*, 79 (4): 1266 – 1277.

后　记

本书是本人主持的国家社会科学基金重点项目"城镇化进程中农户土地退出及其实现机制研究"（批准号：16AJY012）的最终成果，也是本人自 2013 年以来持续研究农村土地退出问题的阶段性总结。

六年前，大部分研究农村土地的学者都在关注农村土地流转（其实是土地经营权出租），加上受传统的"农民不能失地"观念影响，学界、政界都存在一些担忧和抵触，农村土地退出还是一个很少有人研究的领域。我之所以关注并持续研究这一问题，与个人经历密切相关。工业化、城镇化引发数亿农村人口向城镇迁移，从"乡土中国"向"城乡中国"转变，是过去 20 余年中国经历的重大历史变革。我本人亦是通过升学离开农业、走出农村的一份子。2006 年大学毕业留京工作后，我拿到了北京户口，买房成了最大的问题。当时北京商品住宅均价在 6000 元左右，但我资金不够，就想着如果允许处置农村土地（使用权）就好了——全家最值钱的资源资产就是村里的承包地、宅基地及其上的房屋。这埋下了我日后研究农村土地退出问题的种子。

将日常想法转化为学术研究，需要有理论、数据和方法作为支撑。幸运的是，2013 年，国务院发展研究中心农村经济研究部张云华师兄找我合作，刚好他 2011 年在多个省份做的农户调查问卷，设计了农户土地使用现状与处置意愿问题。正是师兄的数据和学术、政策指导，让我把长期以来的想法写成了学术论文，进入了农村土地退出这一至今仍然非常前沿的研究领域。在这一过程中，除导师孔祥智教授外，何安华师兄、高强师兄也在理论分析、计量方法等方面给予我诸多指导与帮助。

在博士学位论文《土地退出：农民意愿与方式选择》2014 年开题时，有参与答辩的老师指出这一选题可能会被人认为有主张农村土地私有化的风险，但也认为从"农民意愿"这一角度研究土地退出有重要价值。在 2016 年中央"一号文件"提出"维护进城落户农民土地承包权、宅基地使用权、集体收益分配权，支持引导其依法自愿有偿转让上述权益"之后，农村土地退出这一概念日益为学界、政界所接受。2017 年，中国社会科学院学部委员、农村发展研究所原所长张晓山研究员听说早在几年前我的博士学位论文就研究农村土地退出时，赞叹我导师对学生研究方向能够如此包容支持。为了完成博士学位论文，我与同学蔡键博士合作，在冀、鲁、豫三省开展了 800 户农户问卷调查，在此基础上完成了 10 余万字的博士学位论文，并被学院推荐申请学校优秀博士学位论文。不过，受制于中国农村土地制度改革实践、掌握的材料以及对这一问题的理论认识，博士学位论文主要论证了部分农民有土地退出意愿、退出意愿形成的机理，至于退出的具体实现机制、有意愿但不能退出有何影响，则未能展开分析。因自知研究尚有很大欠缺，此后有出版社邀请将博士学位论文修改出版，我未敢应承。

2015 年博士毕业进入中国社会科学院农村发展研究所工作后，我有了更多机会接触中央农办、原农业部和全国各个农村土地制度改革试验区。尤其是 2016 年在时任农村发展研究所副所长杜志雄研究员的推荐下，我成为全国农村改革试验区评估验收专家，实地调查各试验区的农村土地退出实现机制更加便利。同年获准立项的国家社科基金重点项目则为深入这一研究提供了资金支持。另外值得一提的是，2016 年我在北京购置了住房，此后太太也毕业工作，家庭经济状况有所改善，处置农村土地带来的收益对我而言作用不大，此时我已经不想再处置农村土地。随着父母年龄越来越大，因缺乏承租人，家里的承包地只能部分出租，部分粗放经营；宅基地和房屋没有租赁市场，只能长期闲置。农村土地资源的低效、无效利用状况可见一斑。

未来几十年，仍将有数以亿计的农村人口迁入城镇。与之相随，原本同质性较强的农民群体日益分化，农户家庭的发展方向日益多样化。土地是农业之基，也是农民最重要的资源资产。人口的迁移、发展方向的转变，一般会要求家庭财富相应流动。在城镇化和农户分化过程中，一些农民会想处置自己的土地权益，但也有部分农民想扩大经营规模，发展成为"以农为业、力农致富"的新型职业农民。诺斯在《西方世界的兴起》一书中指出："有效率的农民不能随意获得更多的土地，无效率的农民不能随意处置他的某些土地，这种情况通常都会降低农业的总效率。"而且，与中国国情比较相近的日本，农民"离农、进城"后继续保有农村土地，成为"不在地主"，严重制约了日本农业发展。因此，农村土地能否随着人口迁移在剩余农业人口中进行再配置，影响着农地利用效率、农业转型和城镇化进程。

基于此，依托国家社会科学基金项目，我一方面论证实施农村土地退出必要性、紧迫性——2018年完成了黄淮海农区6省（市）20县（市、区）1026户农户土地退出及农业经营问卷调查，形成了《农地流转不畅对粮食产量有何影响？——以黄淮海农区小麦生产为例》等论文；另一方面详细考察了宁夏平罗、重庆梁平、浙江义乌等改革试验区农村土地退出的实现机制，形成了《农户承包地的退出路径：一个地方试验》等论文。相关研究成果多次受到国务院、中央农办、农业农村部领导的肯定性批示，一些观点建议被吸纳进中央文件。国家社科基金项目"城镇化进程中农户土地退出及其实现机制研究"，也在2019年3月以"优秀"等级结项。

本书是我工作调动至南京林业大学后，在国家社会科学基金项目结项报告基础上，吸纳博士学位论文部分内容及相关学术论文，根据项目结项或论文发表时匿名评审专家和期刊编辑意见，修改完善而成。书稿的部分内容，作为国家社会科学基金项目的阶段性研究成果，已公开发表于《中国农村经济》《中国人口·资源与环境》《改革》等学术期刊。同时，为了让论证更全面、充分，书稿还包括了本人新主持的另一项国家社会科学基金项目（上一个项目的延续和深入）已经或即将发表的两篇论文。当然，受限于人力、物力和学术水平，本书肯定还存在一些不尽如人意的地方，请各位读者不吝指教，以便在今后的研究中进一步完善。

国家社会科学基金项目结项评审过程中，匿名评审专家对项目研究提出了深刻、翔实的意见；论文发表过程中，匿名评审专家、期刊编辑给我们提供了极好的建议；项目立项、结项报告及论文撰写、书稿完善过程中，国务院发展研究中心农村经济研究部副部长张云华研究员、中国社会科学院农村发展研究所副所长苑鹏研究员等多位课题组成员多次提出宝贵建议。上述意见与建议，对于完善书稿内容、拓展研究深度有重要作用。此外，中国社会科学院农村发展研究所任常青研究员（也是课题组成员）提出的以"农村社区化""地随人走"实现城乡一体化进程中土地资源优化配置的改革思路，对本人有重要启发。在此一并表示感谢。

感谢社会科学文献出版社的吴云苓老师、蔡莎莎老师给出的专业意见，认真细致、富有成效的编辑工作，以及特别给予我大半年的书稿修改时间。两位编辑老师的帮助不仅使本书顺利出版，还在很大程度上保障了书稿质量。

感谢全国哲学社会科学规划工作办公室的有关领导和国家社会科学基金的评审专家，让本人有机会在中国城乡大变革的伟大时代，立足于农民需求和国家需要，持续深入地研究农村土地退出问题。

希望中国的农村土地问题，经历我们这代人后，能够得到很好的解决。

刘同山

2020 年 2 月 14 日于玄武湖畔

图书在版编目（CIP）数据

城镇化进程中农村土地退出及其实现机制／刘同山
著 . -- 北京：社会科学文献出版社，2020.4
ISBN 978 - 7 - 5201 - 6553 - 2

Ⅰ.①城… Ⅱ.①刘… Ⅲ.①农村 - 土地问题 - 研究
- 中国 Ⅳ.①F321.1

中国版本图书馆 CIP 数据核字（2020）第 063214 号

城镇化进程中农村土地退出及其实现机制

著 者／刘同山

出 版 人／谢寿光
责任编辑／吴云苓 张 超

出 版／社会科学文献出版社·皮书出版分社 （010）59367127
地址：北京市北三环中路甲 29 号院华龙大厦 邮编：100029
网址：www.ssap.com.cn
发 行／市场营销中心（010）59367081 59367083
印 装／三河市龙林印务有限公司

规 格／开 本：787mm × 1092mm 1/16
印 张：23.75 字 数：345 千字
版 次／2020 年 4 月第 1 版 2020 年 4 月第 1 次印刷
书 号／ISBN 978 - 7 - 5201 - 6553 - 2
定 价／128.00 元